중국의 기막힌 옛사람들
벽전소사(癖顚小史)

[明] 華淑 編 / 金宰賢·樓澤園·劉晨旭 譯著

중문

≪嶺南大中國文學硏究室叢書≫를 내면서

　우리 嶺南大學校 中國言語文化學科는 1976년에 中語中文學科라는 이름으로 학부 과정이 창설되고, '80년에는 석사과정이, '82년에는 박사과정이 설치되어, 국내의 中語中文學 관련 학과 가운데서는 이미 역사도 오래되고, 약간의 전통도 확립된 학과로 인정받고 있다. 그동안 박사학위를 받은 사람도 50여 명이 넘고, 학부와 대학원 졸업생 중 국내외 각 대학에 교수가 된 사람도 거의 50여 명이 넘는데, 반세기 가까운 세월이 지나다 보니 이들 중에는 이미 정년퇴직한 교수들도 여러 명이 된다. 이에 더하여 우리 학과에서 석박사 학위를 취득한 중국 유학생 중에는 한국과 중국의 대학에서 현재 교수로 임용된 졸업생도 10여 명이 훨씬 넘는다.

　1990년 무렵 대학원에 재학 중인 학생들이 중심이 되어 ≪中國古代社會≫라고 하는 文字學과 考古學에 관련된 책을 함께 번역해서 출판한 일도 있고, 또 몇 가지 독회도 끊임없이 행하였으며, 중국인 교환교수들이 오면, 그들의 전공분야를 찾아서 방학 때마다 특강을 마련하여 듣기도 하였다. 이외에도 물론 학부나 대학원에서 수업을 진행하면서 준비 정리한 교재나 번역물 같은 것도 생겨나고, 볼만한 학위 논문이나 그 부산물로 만든 작업들도 많이 나오곤 하였다.

　이와 같은 여러 가지 작업물을 학과에서 일관성 있게 모아보는 것이 좋을 것이라는 생각이 들어, 1994년에 ≪中國語文學譯叢≫이라는 半年刊 잡지를 하나 만들어

번역물은 거기에 싣게 하여 2024년 현재 59집까지 발간하였으며, 다음으로 다시 이 ≪叢書≫를 기획하여 번역물을 포함 단행본으로 낼 만한 책은 이 총서로 묶기로 하였다.

이러한 일련의 작업을 진행하기 위하여서는 상당한 경비가 필요하며, 또 그것 이상으로 학과의 모든 교수와 강사 조교 대학원생, 나아가서 졸업생들 사이의 긴밀한 협조가 필요한 것이 사실이다. 시작 단계에서는 그렇게 넉넉치 않았으나 약간의 기금을 마련하여 일을 추진하였는데, 그 후 계속 모금을 하여 2024년 현재 5억원 가까운 학과 발전기금을 적립하기까지 큰 변화를 이루게 되었다. 아마 우리들이 얼마나 사심 없이 일을 하느냐에 따라 앞으로도 기금이 불어날 것으로 믿고 있다. 중요한 것은 우리들의 합심협력이다.

이 총서의 내용은 우리 영남대 중문인들의 저서나 번역을 포함한 것인데, 앞으로 권수가 쌓여가면서 학계나 일반 독서계의 좋은 반응을 얻게 될 날을 기대하며, 우리나라 중국어문학계의 학풍 진작에도 일조가 될 것을 확신한다.

아무쪼록 각 방면의 지지와 협조를 두루 부탁드린다.

편집인 일동

머리말

≪벽전소사≫는 중국의 역대 인물 가운데 기이한 습관 또는 광적 취향을 가진 자와 그 언행(言行)이 특이하여 세간에 잘 알려진 자의 기행을 기록한 명말(明末)에 편집된 책이다. 소벽(笑癖), 좌전벽(左傳癖), 전벽(錢癖), 창가벽(瘡痂癖) 등의 48개 조(條)로 구분하여 기이한 습관을 기록한〈벽사(癖史)〉와 고개지(顧愷之), 완적(阮籍), 예형(禰衡) 임첨(任瞻), 곽충서(郭忠恕), 장욱(張旭), 미불(米芾) 등 7명의 특이한 언행을 기록한〈전사(顚史)〉의 두 부분으로 구성되어 있다. 원문 내용은 주로 기존의 사서(史書)에 기록된 개별 인물의 열전(列傳) 또는 필기 소설류, 설화집 등에서 발췌하여 편집한 것으로, 이 점에서≪벽전소사≫의 저자를 편저자로 칭하는 것이 적절해 보인다. 아울러 판본에 따라 다르나 주로 문장의 상단과 하단에 자신의 감상을 짧게 기록한 미주(眉註)와 조주(條註)를 달아 매 조를 구성하고 있다.

≪벽전소사≫의 판본으로는 ① 화숙(華淑)의 ≪청수각쾌서십종(淸睡閣快書十種)≫ 십오권본(十五卷本), ② 명(明) 민우심(閔于忱) 집(輯)의 ≪침함소사(枕函小史)≫・사권(四卷)・오종(五種) 송균관각주묵투인본(松筠館刻朱墨套印本) Harvard Uni. 소장(所藏), ③ ≪벽전소사≫ 일권(一卷) 강호사본(江戶寫本) 일본 국립공문서관 소장(日本 國立公文書館 所藏), ④ ≪벽전소사≫ 일권(一卷) 부사천가장본(富士川家藏本) 일본 경응의숙대학 소장(日本 慶應義塾大學 所藏) 등이 전해진다.

4개의 판본을 비교해보면 내용상 큰 차이를 보이진 않지만 체계와 편저자의 감상을 적은 주해(註解)의 표기 방식과 자체(字體)와 자구(字句) 등에서 일부 차이가 존재한다. 예를 들면 48개 벽(癖)의 항목 순서에서 약간의 차이를 보이기도 하며, 부사천가장본의 경우 예아벽(譽兒癖)을 예벽(譽癖)으로 표기하는 등의 자구(字句)

상의 차이도 보인다. 이는 수사본(手寫本)과 인쇄본(印刷本)의 차이에서 기인한 것으로 보인다.

강호사본은 원굉도(袁宏道)의 〈벽사제사(癖史題辭)〉와 탕빈윤(湯賓尹)의 〈벽사소인(癖史小引)〉을 서문으로 삼고 있으며, 주묵(朱墨)으로 미비(眉批)와 권점(圈點)을 표기하고 있으며 문수거사(聞脩居士)의 〈벽전소사〉를 발문(跋文)으로 두고 있다. 그러나 〈전사〉부분이 없다.

부사천가장본의 경우 원굉도와 탕빈윤의 서문, 목차의 체제가 강호사본과 일치하나 미비가 없으며, 본문의 내용과 나란히 주해를 표기하고 있다. 발문 또한 강호사본과 동일하다. 강호사본과 더불어 수사본(手寫本)이다. 〈전사〉부분 또한 없다.

≪침함소사≫본은 주묵(朱墨)으로 쓴 미비(眉批)와 권점(圈點)이 있는데 본문에 나란히 주묵의 주해를 병기해 놓았다. 〈전사〉부분이 없으며 인쇄본이다.

≪청수각쾌서십종≫본은 미비가 없으나 흑묵(黑墨)의 권점이 있다. 주해는 본문에 나란히 기록하였으며 〈벽사〉의 마지막 조인 시벽(詩癖) 다음에 〈전사〉부분이 이어진다. 이 때문에 다른 판본과 달리 화숙의 발문이 문두(文頭)에 위치하고 있다. ≪침함소사≫와 마찬가지로 인쇄본이다.

이에 본서는 〈벽사〉와 〈전사〉를 모두 기록하고 있는 ≪청수각쾌서십종≫본을 주 저본으로 삼았으며 일부 내용이 누락되거나 이체자(異體字)와 속자(俗字)의 판별을 위해 나머지 판본도 참조하였다. 예를 들면 ≪청수각쾌서십종≫본의 〈벽사〉의 시벽(詩癖) 조(條)에는 주해가 없이 종이를 덧댄 흔적이 있는데 이 경우 다른 판본에서 내용을 추록하여 번역하였다. 또한 판본마다 상이한 주를 참조하여 내용상 반복되는 것을 제외하고 모두 옮겨 번역하였다.

판본에 관하여 기존 연구에 따르면 일본의 중국 고전소설 출판 목록[1]에 ≪벽전소사≫가 있는 것으로 보아 일본에서 추가 수사 판본이 있을 것으로 예상된다. 반면 한국 내에서 유입과 출판의 흔적은 찾지 못하였다.

---

[1] 민관동, ≪中國古代小說在韓國硏究之綜考≫, 武漢大學出版社, 2016, 136쪽.

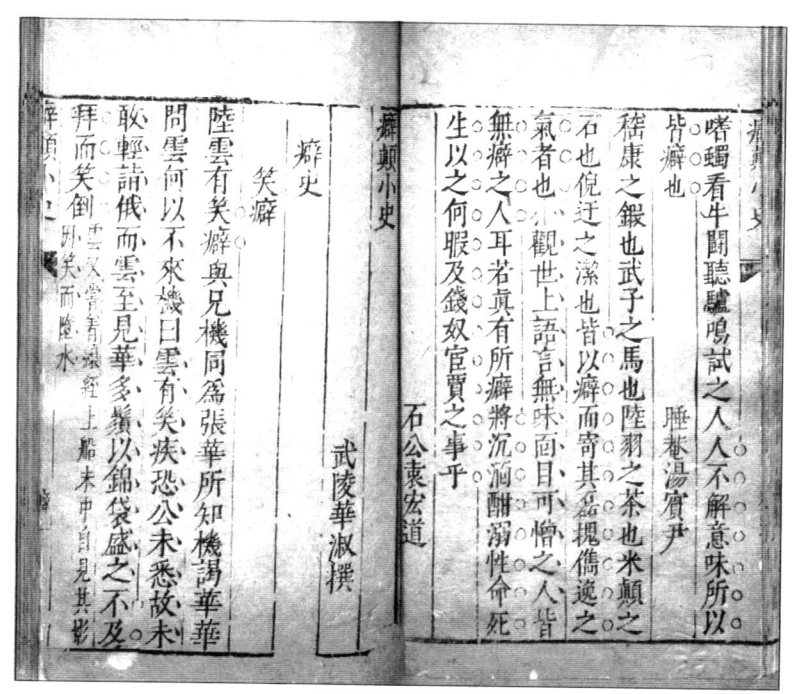

≪淸睡閣快書十種≫ 十五卷 本

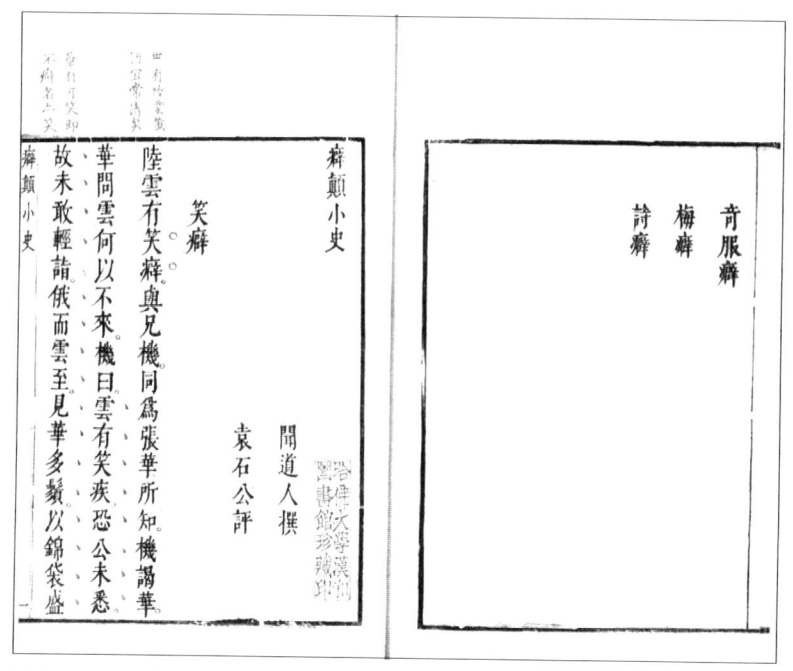

明 閔于忱 輯 ≪枕函小史≫ 四卷·五種, 松筠館刻朱墨套印本(Harvard Uni. 所藏)

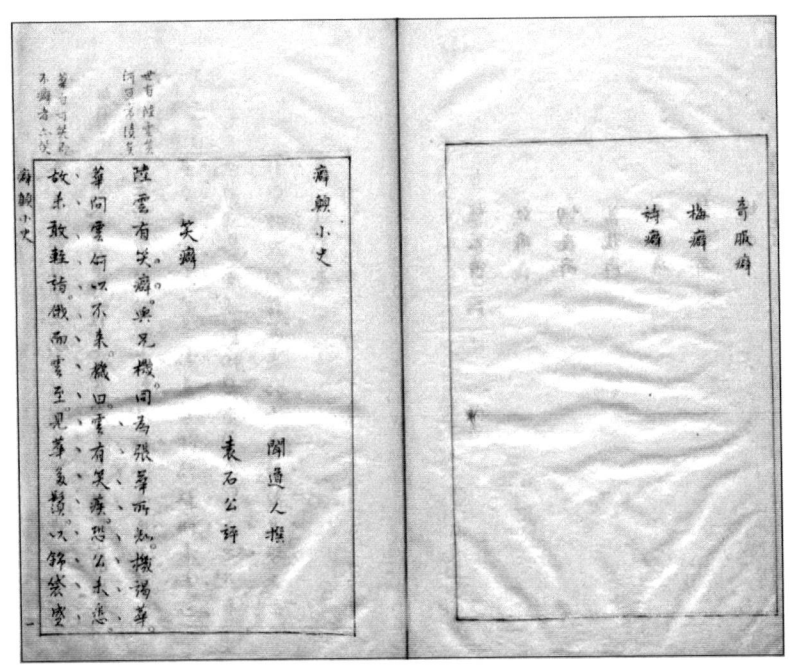

≪癖顚小史≫ 一卷, 江戶寫本(日本 國立公文書館 所藏)

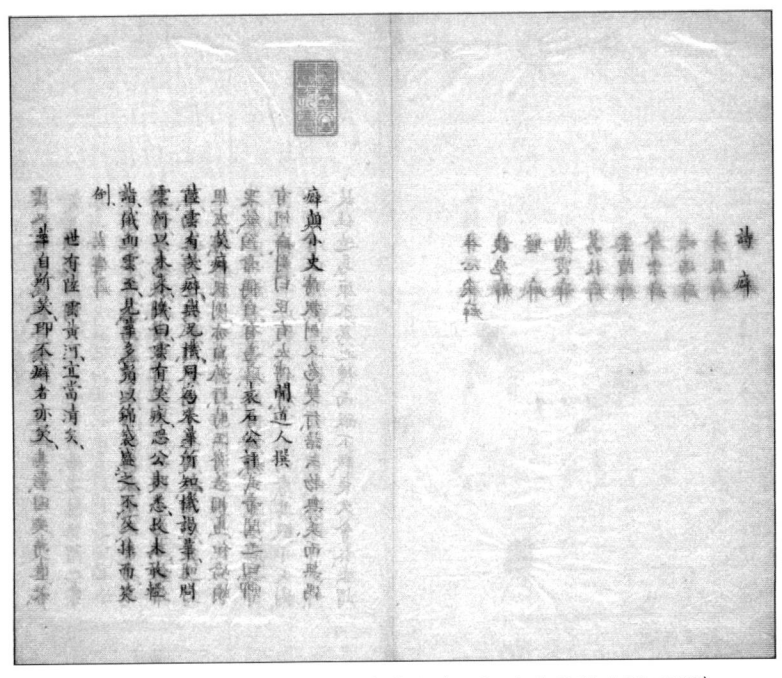

≪癖顚小史≫ 一卷, 富士川家藏本(日本 慶應義塾大學 所藏)

주 저본 ≪청수각쾌서십종≫은 서문(序文)에 해당하는 〈벽전소사발(癖顚小史跋)〉, 〈전사〉, 〈벽사제사〉를 문두에 배치하고 있는데, 이 책의 편저자인 문수거사 화숙이 〈벽전소사발〉을 지었다.

화숙(1589~1643)은 명 만력 무석(無錫) 사람으로 자(字)는 문수(聞脩), 호(號)는 단원거사(斷園居士)이다. 그는 평생 독서를 유일한 취미와 즐거움으로 삼은 인물로, 당시 화씨(華氏) 일가(一家)는 대대로 중국 무석 지역에서 장서(藏書)와 책의 간행과 유통에 종사하였다. 중국 최초의 동판(銅版) 활자(活字) 인쇄본(印刷本)인 ≪송제신주의(宋諸臣奏議)≫ 150권이 바로 화숙의 선조인 화수(華燧)의 회통관(會通館)에서 나왔다고 한다. 화숙은 이러한 집안 배경을 바탕으로 전인(前人)들의 다양한 저작을 집록·각색하여 ≪명시선(明詩選)≫ 12권과 ≪품차팔요(品茶八要)≫, ≪주고(酒考)≫ 등의 잡서(雜書)를 포함하여 다방면의 서적을 출간하였다. 본 번역물인 ≪청수각쾌서십종·벽전소사≫ 또한 각종 사서(史書)나 ≪세설신어(世說新語)≫ 등에서 전해지는 인물의 기행을 집록하여 출간하였는데, '쾌서(快書)'의 서명에서 알 수 있듯 화숙 본인도 세상의 영화(榮華)는 멀리한 채 즐거움 삼아 출간한 것으로 보인다. 이러한 그의 태도는 서문에도 잘 드러난다.

> 아, 성벽은 타고난 성품이 지극한 것으로 사람들의 비난받을 대상이 아니며, 전(顚)은 사람의 참된 본색으로 세상의 법도를 따르지 않는다. '전(顚)'은 옛 시대의 '광(狂)'을 의미하고, '벽(癖)'은 옛 시대의 '견(狷)'을 의미하니 광자도 아니고, 견자도 아니면, 내가 누구를 따르겠는가? 차라리 벽자(癖者)와 전자(顚者)를 따라야 하지 않겠는가?

이를 보면 화숙의 본서 출간 목적은 단순히 사람들의 흥미를 끌 만한 이야기를 모아 출판하여 서적 판매를 위했던 것이 아니라 내면에서 진정으로 추구하는 자신만의 기호나 의취(意趣)를 가진 자에 주목하여 그 가치를 긍정했던 것이다.

중국문화에 있어서 하나의 인간상으로서 벽자와 전자에 관한 관심과 이해는 공자(孔子)로부터 시작된다. '광자(狂者)'와 '견자(狷者)'를 긍정한 인물이 바로 공자이기 때문이다. 공자의 언행을 기록한 ≪논어(論語)·자로(子路)≫에 공자는 광자와 견자에 대해 다음과 같이 말하고 있다. "공자께서 말씀하셨다. 중용의 도를 행하는 사람과 함께할 수 없다면, 광자나 견자와 함께 하겠다. 광자는 진취적이고, 견자는 옳다고 생각지 않는 일을 행하지 않는다(子曰 : 不得中行而與之, 必也狂狷乎! 狂者進取, 狷者有所不爲也)." 여기서 공자는 중용의 도를 따르는 '중행(中行)'의 어려움을 인정함과 동시에 하나의 이상적 인간상의 차선책으로 광자와 견자를 언급하며 그들과 함께 하겠다고 말한다. 뒤이어 광자는 진취적인 인간이고 견자는 옳지 않는 일은 행하지 않는 인간상이라 설명하며 그 이유를 밝힌다. 이는 보통 사람과 다른 언행으로 상식에 벗어난 광자가 아닌 진취적 인간상인 광자와 자신의 신념에 어긋나는 일을 절대로 행하지 않는 고집스러운 인간상인 견자를 긍정한 것이다. 이런 의미에서 본서의 편자인 화숙 역시 세속과 다른 자신만의 벽(癖)과 전(顚)을 행한 자들의 가치를 긍정함과 동시에 본서의 편찬 이유를 광자와 견자를 들어 그 근거로 삼고 있다.

서문 〈전사〉는 원굉도(明, 1568~1610)가 장유우(張幼于)에게 보낸 척독(尺牘)의 내용 일부분을 발췌하여 옮겨 적은 것이다. 〈벽사제사〉는 수암(睡菴) 탕빈윤과 석공(石公) 원굉도 문장이 중복해 보이는데, 즉 원굉도의 〈병사(甁史)·십호사(十好事)〉 문장을 일부 발췌하여 옮겨 놓은 것이다. 실제 원굉도와 편저자가 교류했는지는 알 수 없다.

수암 탕빈윤은 중국 안휘(安徽) 선주인(宣州人)으로 명 만력 23년(1595) 차석으로 과거 시험에 급제한 인물이다. 이 '벽사제사'를 탕빈윤이 실제로 지은 것인지 아니면 앞서 원굉도의 경우와 같이 그의 기존 문장을 발췌하여 옮긴 것인지는 확실치 않다. 그러나 기존 연구에 따르면 탕빈윤은 화숙과 활동 시기가 비슷하고 당시 국자감 좨주 신분으로 '서상(書商)'과 밀접한 왕래를 가졌는데, 화숙이 서상임을 감안한다면 서문은 두 사람 간의 교류를 통해 직접 지어진 '진적(眞籍)'일 가능성이 있다. 그러나 진적의 여부와 관계없이 여기서 주목해야 할 것은 원굉도와 탕빈윤의 글을 가져와 서문으로 삼은 연유이다. 답은 글 속에 있다.

> 혜강(嵇康)의 단벽(鍛癖), 무자(武子)의 마벽(馬), 육우(陸羽)의 차벽(茶), 미불(米芾)의 석벽(石), 예우(倪迂)의 결벽(潔) 모두 벽(癖)으로 그들의 크디 크고 준일한(俊逸) 기운을 그곳에 의탁하였다. 내가 보니 세상에서 '말이 무미건조하고, 면목이 가증스러운 인간들은' 모두 벽이 없는 자들이다. 만약 진정으로 벽이 있다는 것은 어떤 것에 탐닉하여 흥겹게 빠져있어 생명과 생사의 문제로 삼는데 금전의 노예가 되거나 벼슬을 사는 일 따위의 일에 신경 쓸 겨를이 있겠는가?

〈벽사제사〉에서 원굉도는 벽(癖)이란 진정한 내면의 기호를 쫓는 것으로 그 정도가 생사를 논할 정도이며 벽이 없는 자는 가증스러운 인간으로 말하고 있다. 벽과 전을 긍정하는 것이다. 이러한 관점은 화숙의 세계관과 일치하는데 화숙은 이를 인용하여 출간의 목적을 분명히 하고 사상적 근거로 삼고자 했던 것으로 보인다. 탕빈윤 또한 선비는 도리어 벽(癖)이 없음을 걱정해야 한다며 같은 태도를 취하고 있다. 이러한 태도는 앞서 언급한 바와 같이 공자의 광자(狂者)와 견자(獧者)에 대한 긍정에서 시작되어 위진남북조 시기 노장사상에 기반한 많은 명사들이 보여준 표일(飄逸)하고 방달(放達)한 모습에서도 찾아볼 수 있다. 예를 들면 《세설신어(世說新語)》속 인물에 대한 서사(敍事)에서 '광(狂)'은 모두 찬미의 의미를 담고 있다. 이후 송대(宋代) 주희(朱熹)로 대표되는 유학자들에 의해 노불(老佛)을 비판하며 '광'이 중행(中行)과 중용(中庸)을 벗어난 행동과 정신 상태를 의미하는 부정적 개념으로 이해되기도 하였지만 원굉도와 같이 명대에 이르러 서위(徐渭), 왕기(王畿), 왕수인(王守仁), 이지(李贄)와 같은 인물에 의해 광 또는 광자는 성인의 경지에도 이를 수 있는 인간상으로 보기 시작한다. 화숙 또한 '전'은 광으로 '벽'을 견으로 이해하고 있어 그 맥을 같이 한다.

이에 본서의 등장인물로는 위진남북조 시대의 사람이 다수를 차지하는데 이는 당시가 혼란스러운 사회·정치적 환경으로 세속을 멀리하고 은거하며 진취(眞趣) 실

현에 몰두한 명사의 사례가 많은 이유 때문일 것이다. 우리에게 잘 알려진 죽림칠현 같은 인물들이 대표적이다. 이들을 포함하여 당·송 시대 등의 인물 가운데 기이한 언행에 관한 문헌 기록을 다양한 소재별로 구분하여 해당 인물의 특징적 습관이나 행동에서 각 조(條)의 제목을 취하여 벽 부분 48개 조, 전 부분 7조로 나누고 있다.

내용적 측면에서 보면 단순히 상처 딱지를 즐겨 먹었다는 창가벽(瘡痂癖)과 같은 사소한 습관 따위를 기록한 항목도 있으나, 수암 탕빈윤은 애벌레와 나귀 울음소리를 좋아한 일 조차 광달의 정신이 있기 때문으로 보았는데 특정 인물의 배경을 이해하고 본다면 화숙이 서문에서 말한 의도를 분명히 알 수 있다. 예를 들면 왕희지가 '아벽(鵝癖)' 즉 거위를 좋아하는 벽이 있었다고 하는데, 단순히 거위를 좋아했다는 사실만을 보면 아무런 시사점을 전달해주지 않지만 왕희지(王羲之)의 서예 인생을 이해한다면 그의 거위벽은 서예에 대한 무한한 관심과 열정에서 비롯된 습관임을 알 수 있게 된다. 화숙이 서문에서 강조한 벽과 전의 가치가 기이한 언행 속에 녹아 있는 것이다. 하지만 본서는 상세한 배경 설명에 관한 주해가 없이 간단한 감상적 생각을 적는 것에 그쳐 아쉽다. 그러나 한편으로 이해해보면〈벽전소사〉에서 다루고 있는 인물이 소식(蘇軾), 도연명(陶淵明), 혜강(嵇康), 유비(劉備) 등 대부분 자신의 열전 기록이 있는 등 중국 문화사의 유명 인물이었다. 이에 당시 독자의 기본적 이해가 갖추어져 있어 생략했을 것이란 생각이 들기도 한다. 하지만 지금의 독자가 보기엔 별로 친절하지 못한 책임은 분명하다. 이에 해당〈서문〉을 번역하여 책의 의도를 명확히 드러내고 각 조의 원문을 해석한 뒤 해당 인물과 시대적 배경에 대한 간단한 설명을 적은 '[설명]' 부분을 더하여 독자의 이해를 돕고자 하였다. 아울러 [설명] 부분은 해당 인물 또는 각 분야의 선행 연구에 기대어 작성된 것이 많아 여러 연구자분께 송구와 감사의 말씀을 드린다.

마지막으로 이 책은 역저자의 지도교수이신 영남대학교 중국언어문화학과 우재호 교수님과 북송 4대 서예가로 이름 높았던 미불의 서예시에 관한 학술논문(〈米芾의 書藝詩를 통해 본 書藝觀〉), (≪中國語文學≫ 제92집, 2023)을 연구·게재하는 과정을 통해서 마련되었다. 미불은 기이한 행동을 일삼는 것으로도 이름 나 '미전(米

顚)'으로 불리기도 하였다. 이에 그의 생애와 기이한 행동에 관한 고사의 문헌 기록을 찾던 중 ≪벽전소사≫를 접하게 되었는데, 〈벽사〉의 결벽(潔癖), 석벽(石癖), 서화벽(書畫癖)과 〈전사〉 7명 중 한 사람으로 미불을 무려 4개 조의 주인공 삼고 있어 상당한 흥미가 생겼었다. 하지만 기록된 내용은 모두 역사서와 필기 소설류의 원전에서 발췌한 것이라 문학적 가치는 높지 않은 것으로 생각하였다. 하지만 당시의 시대상에 비추어 보았을 때 〈서문〉에서 말하고 있는 개인의 즐거움과 가치관의 추구, 다양한 관심사에 대한 긍정은 시대를 앞선 신선한 생각이자 오늘날의 현대 사회에서 개인이 누리고 있는 가치의 맹아(萌芽)가 이 무렵 서서히 등장하게 된 것이 아닌가 생각하게 하였다. 두예(杜預)의 좌전벽(左傳癖)과 같이 한 분야, 한 서적에 몰두하여 해당 분야 전문가로 성장한 이야기 등은 오늘날 우리에게는 흔한 성공담에 불과할 것이다. 하지만 화숙의 시대는 경전에 통달하고 성품과 심성을 닦는 전인적(全人的) 인간상이 이상적 모델이었다. 그럼에도 화숙은 한 권의 서에 몰두한 벽자의 인간상을 찬미하고 있는데, 이것이 이 책의 가치라 할 수 있다.

이 책은 많은 분의 도움으로 세상에 나올 수 있게 되었다. 본서가 결실을 맺을 수 있도록 물심양면으로 지지해 주고 세심한 지적을 해주신 학과 교수님들께 이 자리를 빌려 다시 한번 감사드린다. 아울러 짧은 시간 내에 원고를 꼼꼼히 교정해준 이채훈 박사와 미흡한 원고를 거두어 좋은 모습으로 만들어주신 중문출판사 장의동 사장님께도 감사의 말씀을 드린다.

2024년 7월 14일

역저자 일동

목 차

≪嶺南大中國文學硏究室叢書≫를 내면서 / 3
머리말 / 5
서문(序文) / 19
    〈쾌서범례(快書凡例)〉 ·· 19
    〈벽전소사 발문(癖顚小史跋)〉 ···································· 20
    〈전사(顚史)〉 ·· 23
    〈벽사제사(癖史題辭)〉 ·· 26

상편 : 〈벽사(癖史)〉

  1. 소벽(笑癖, 웃음을 참지 못하는 벽) ····························· 29
  2. 좌전벽(左傳癖, ≪좌전≫만을 열독하는 벽) ················ 31
  3. 단벽(鍛癖, 쇠를 불려 단련하기를 좋아하는 벽) ········· 35
  4. 창가벽(瘡痂癖, 부스럼을 뜯어 먹는 벽) ······················ 37
  5. 아벽(鵝癖, 거위를 좋아하는 벽) ································· 39
  6. 서벽(書癖, 독서를 좋아하는 벽) ································· 43
  7. 걸벽(乞癖, 구걸하는 벽) ··· 45
  8. 전벽(錢癖, 돈을 밝히는 벽) ·· 49
  9. 마벽(馬癖, 말을 좋아하는 벽) ···································· 52
 10. 여명벽(驢鳴癖, 나귀 울음소리를 좋아하는 벽) ·········· 55

11. 주벽(酒癖, 술을 좋아하는 벽) ···················· 57
12. 이벽(毦癖, 삭모를 좋아하는 벽) ···················· 61
13. 극벽(屐癖, 나막신을 좋아하는 벽) ···················· 63
14. 결벽(潔癖, 깨끗한 것을 좋아하는 벽) ···················· 66
15. 국벽(菊癖, 국화를 좋아하는 벽) ···················· 72
16. 주수벽(晝睡癖, 낮잠 자기를 좋아하는 벽) ···················· 75
17. 고비벽(古碑癖, 옛 비석 보기를 좋아하는 벽) ···················· 78
18. 다벽(茶癖, 차를 좋아하는 벽) ···················· 79
19. 투벽(妬癖, 질투하기를 좋아하는 벽) ···················· 83
20. 화벽(花癖, 꽃을 좋아하는 벽) ···················· 85
21. 갈고벽(羯鼓癖, 갈고의 연주를 좋아하는 벽) ···················· 87
22. 목마벽(목마 타기를 좋아하는 벽) ···················· 90
23. 서화벽(書畫癖, 서화를 좋아하는 벽) ···················· 92
24. 석벽(石癖, 돌을 좋아하는 벽) ···················· 94
25. 비파벽(琵琶癖, 비파를 좋아하는 벽) ···················· 99
26. 향벽(香癖, 향을 좋아하는 벽) ···················· 102
27. 예아벽(譽兒癖, 자식 자랑하기를 좋아하는 벽) ···················· 105
28. 혁벽(奕癖, 바둑을 좋아하는 벽) ···················· 108
29. 법서벽(法書癖, 서예를 좋아하는 벽) ···················· 111
30. 곡벽(哭癖, 울기를 좋아하는 벽) ···················· 115
31. 유벽(遊癖, 유람하기를 좋아하는 벽) ···················· 120
32. 기벽(芰癖, 마름 먹기를 좋아하는 벽) ···················· 123
33. 담벽(談癖, 이야기 나누기를 좋아하는 벽) ···················· 126
34. 죽벽(竹癖, 대나무를 좋아하는 벽) ···················· 129
35. 내벽(內癖, 아내를 몹시 사랑하는 벽) ···················· 132
36. 외벽(外癖, 남색(男色)의 벽) ···················· 134
37. 산수벽(山水癖, 산수를 좋아하는 벽) ···················· 138
38. 우심적벽(牛心炙癖, 소 염통을 구워 먹길 좋아하는 벽) ···················· 140

39. 담귀벽(談鬼癖, 귀신 이야기하기를 좋아하는 벽) ·· 143
40. 수벽(睡癖, 졸기를 좋아하는 벽) ··· 146
41. 연하벽(烟霞癖, 고요한 산수 경치를 좋아하는 벽) ···································· 148
42. 여지벽(荔枝癖, 여지를 좋아하는 벽) ·· 150
43. 안독벽(案牘癖, 공무 처리하기를 좋아하는 벽) ······································ 153
44. 성악벽(聲樂癖, 노래를 좋아하는 벽) ·· 155
45. 납촉벽(蠟燭癖, 촛불을 좋아하는 벽) ·· 157
46. 기복벽(奇服癖, 특이한 옷을 좋아하는 벽) ··· 159
47. 매벽(梅癖, 매화를 좋아하는 벽) ·· 162
48. 시벽(詩癖, 시를 좋아하는 벽) ··· 166

하편 : 〈전사(顚史)〉

1. 고개지(顧愷之) ·· 169
2. 완적(阮籍) ·· 172
3. 예형(禰衡) ·· 177
4. 임첨(任瞻) ·· 185
5. 곽충서(郭忠恕) ·· 188
6. 장욱(張旭) ·· 191
7. 미불(米芾) ·· 196

참고문헌 / 213

서문(序文)

〈쾌서범례〉

≪벽전소사(癖顚小史)≫는 모두 역사(歷史)와 전기(傳記) 가운데 널리 알려지고 믿을 만한 이야기들을 수집하여 기록한 것이며 일부 관련은 있으나 억지로 끌어 덧붙인 내용은 여기에 기록하지 않았다.

〈快書凡例〉

癖顚小史, 悉因史傳中有成說者始採入, 稍涉附會者不載.

〈벽전소사 발문〉

　　온 세상이 향원(위선자)들로 가득 차 있다. 그러나 진정한 '癖(성벽)'과 '顚(광증)'을 이룬 자는 거의 허황되지 않고 거짓됨이 없다.

　　세상 사람들은 세속의 법도를 따르고, 나는 나 자신의 법도를 따르는데, 비유하자면 (세상 사람들은) 생황 가락에 노래 부르며 귀를 즐겁게 하고, 아름다운 여인의 아양을 보며 눈을 즐겁게 하고, 고기와 술이 입에 물리도록 실컷 먹을 때, 나는 홀로 청랭천(淸冷泉)의 물을 마시고, 초동 목수의 노래를 들으며, 새들의 말소리와 벌레 우는 소리 따라 부르고 나무 꼭대기에 비치는 산의 경치와 산봉우리에 무심히 오가는 구름 바라보며 나의 법을 따르고자 하니, 뭐가 안될 것이 있으랴?

　　비유하자면, 네 필의 말이 끄는 고관대작의 수레를 우레와 같은 소리로 (채찍질하며) 질타할 때, 나는 홀로 누더기 승복 걸치고, 오래된 초가집 선사에 부들방석 깔고 앉아, 중생의 보잘 것 없는 이야기를 하는 것이 뭐가 안될 것이 있으랴?

　　아, 성벽은 타고난 지극한 성품으로 사람들의 비난받을 대상이 아니며, 광중은 사람의 참된 본색으로 세상의 법도를 따르지 않는다. '전(顚)'은 옛 시대의 '광(狂)'을 의미하고, '벽(癖)'은 옛 시대의 '견(狷)'을 의미하니 광자도 아니고, 견자도 아니면, 내가 누구를 따르겠는가? 차라리 벽자(癖者)와 전자(顚者)를 따라야 하지 않겠는가?

　　이 문집을 읽는 자는 마땅히 고승, 협객, 우류, 문아한 풍류의 멋을 아는 선비같은 자들일 것이며, 향을 피우고 정좌하고 청담한 이야기를 나누며 산방(山房)과 들집(野閣)에 살거나, 조각배(扁舟) 띄어놓고 자적하거나, 득의하지 못하여 마음속 깊이 탄식하는 자에게 적합할 것이다.

　　이와 달리 속세의 범인(凡人), 고관대작, 세상일에 고담준론을 펼치는 자, 잡다한 일로 혼란스럽게 하는 자, 벼슬에 제수되어 관리의 명부에 든 자에게 읽히게 된다면 이 소사(小史)의 의미는 퇴색될 것이다. (이에) 나는 차라리 당산인(唐山人)을 본받아, 원고를 돌돌 말고는 표주박 속에 집어 놓고, 강 위에 띄워 보내겠다.

문수거사 화숙 씀.

〈癖顚小史跋〉

擧世皆鄕愿[1]也. 集癖集顚不几誕歟[2]非也. 世自世法, 我自我法, 譬之笙歌娛耳, 妖冶[3]悅目, 腥[4]醲[5]厭口之時, 而吾獨飮淸冷泉[6], 聽樵歌牧, 唱鳥語蟲鳴, 看樹頭山色峯頂閒雲, 何不可耶? 譬之, 高軒駟馬,[7] 叱咤如雷之時, 而吾獨披毳衲[8], 坐蒲團,[9] 茅菴古寺談人天[10]小品[11]何不可耶? 嗟乎, 癖有至性, 不受人損. 顚有眞色, 不被世法. 顚其古之狂歟!, 癖其古之狷歟!, 不狂不狷[12], 吾誰與歸[13], 寧癖癲也歟? 讀是編者, 宜高僧, 宜俠客, 宜羽流[14], 宜騷雅[15]韻

---

[1] 향원(鄕愿) : '향원'은 글자 그대로 '동네(鄕)에서 신실하다(愿=原)고 인정받는 사람'이라는 의미이다. 그러나 공자(孔子)는 ≪논어(論語)・양화(陽貨)≫에 "향원은 덕을 해치는 자이다(鄕愿, 德之賊也)."라고 말하고 있는데, 한 고을에서 신실하게 행동하는 척 하지만 덕을 해치는 도둑과 같은 사이비(似而非) 군자로 규정하고 있다. 이혜경, ≪맹자(孟子)≫(해제), 서울대학교 철학사상연구소, 2004. 인용.

[2] 여(與)와 동일.

[3] 요야(妖冶) : 요염하게 아양을 떨며 방정치 못한 모습.

[4] 성(腥) : 어류 또는 육류의 음식.

[5] 농(醲)은 농(膿) 자의 이체자(異體字)로 맛이 강하고 자극적인 술을 의미.

[6] 청랭천(淸冷泉) : 물이 맑고 찬 샘을 말하는데, 여기서는 쓸쓸하고 적막한 산 속의 작은 연못 정도로 이해할 수 있겠다. 장형(張衡) ≪남도부(南都賦)≫ "耕父揚光于淸冷之淵."와 이백(李白)의 ≪유남양청랭천(游南陽淸冷泉)≫에서 찾아볼 수 있다.

[7] 고헌사마(高軒駟馬) : 고귀한 사람이 타는 수레를 이르는 말. '고헌(高軒)'은 덮개가 높고 서서 탈 수 있는 수레를 말하며 '사마(駟馬)'는 네 필의 말이 끄는 수레를 의미.

[8] 취납(毳衲) : 털실로 짠 길이가 길고 품과 소매가 넓은 승복을 의미.

[9] 포단(蒲團) : 부들로 둥글게 틀어 만들어서 깔고 앉는 방석(方席). 승려(僧侶)가 좌선(坐禪)할 때에 쓰기도 함.

[10] 인천(人天) : 불교의 육도윤회(六道輪回) 가운데 인도(人道)와 천도(天道)를 의미한다. 여기서는 일반적으로 인간 세상의 중생을 의미.

[11] 소품(小品) : 민간에 떠도는 짤막한 이야기로 다양한 주제의 세속적인 기이한 내용을 담고 있는 패설(稗說)을 의미함.

[12] 광견(狂狷) : 머리말 참조.

士[16]), 宜焚香靜坐, 宜淸談[17]), 宜山房野閣, 宜扁舟[18]), 宜感慨[19])不得意時[20]),
反是而爲市俗[21]), 爲冠蓋[22]), 爲談世事, 爲雜亂, 除書[23])仕籍[24])中是史之劫也.
吾寧效唐山人[25]), 撚稿納瓢中而浮之江. 閒脩居士 華淑[26]) 題.

---

13) 귀(歸) : '따르다, 붙좇다(존경하거나 섬겨 따르다)'를 의미함.
14) 우류(羽流) : 우화등선(羽化登仙)은 "날개가 돋아 신선(神仙)이 되어 하늘에 오른다."는 뜻으로, 번잡한 세속을 벗어나 즐거운 상태를 가리키는 말이다. 소식(蘇軾)의 적벽부(赤壁賦)에 이 말이 나오며, 우류는 우화등선을 목표로 하는 무리라는 뜻.
15) 소아(騷雅) : 시문(詩文)을 짓고 읊는 풍류(風流)의 도(道).
16) 운사(韻士) : 풍류 멋을 아는 사람.
17) 청담(淸談) : 속(俗)되지 않은 청아(淸雅)한 이야기.
18) 편주(扁舟) : 조각배 등의 작은 배를 의미
19) 감개(感慨) : 매우 감격(感激)하여 마음속 깊이 느끼어 탄식(歎息)함.
20) 득의(得意) : 스스로의 즐거움을 얻거나 자신의 뜻을 이룸을 의미하는데 득의는 과거에 급제하여 관직에서 자신의 뜻을 펼칠 수 있는 것을 말하고, 부득의는 관직에 나아가지 못하거나 관직에서 물러나 재야에 묻혀 평민으로 지내는 것을 말한다.
21) 시속(市俗) : 범용(凡庸)하고 속(俗)된 평범한 사람을 일컬음.
22) 관부(冠蓋) : 중국 고대 관리의 관모와 수레의 덮개를 가리키는 말로 고관(高官), 귀인(貴人) 또는 지체 높은 관리 집안을 의미한다. 여기서는 부와 명예를 추구하는 세속적 인간을 의미한다.
23) 제서(除書) : 벼슬을 제수(除授)할 때 전조(銓曹)에서 임명된 관리의 명단을 적은 문안(文案)이나 사령장(辭令狀). 한국고전용어사전 2001.3.30.
24) 임적(仕籍) : 관리의 이름이나 그 내력을 기록한 명부 따위를 일컫는 말.
25) 당산인(唐山人) : 방외지사(方外之士)인 당(唐) 당구(唐球, 880~907)를 말한다. 송(宋) 계유공(計有功)의 ≪당시기사(唐詩紀事)·당구(唐球)≫에 다음과 같은 기록이 있다. "당구는 촉 지방의 미강산(味江山)에 생활한 인물로 방외지사(方外之士)이다. 시를 짓고는 그 원고를 돌돌 말아 큰 표주박 속에 집어 넣곤 하였는데, 병들어 들어 눕게 된 후에는 그 표주박을 물 위에 흘러 보내고는 다음과 같이 말하였다. '이 글이 간신히 물속에 가라앉지 않고 누군가의 손에 들어가게 된다면 내가 얼마나 고심했는지를 알 것이다.' 그리고는 표주박이 신거(新渠)에 이르고 그것을 알아본 자가 말하길, '당산인의 표주박이다.'라고 하였다. (球居蜀之味江山, 方外之士也. 爲詩撚藁爲圓, 納入大瓢中. 後臥病, 投於江曰 : '斯文苟不沉沒, 得者方知吾苦心尔.' 至新渠, 有識者曰 : '唐山人, 瓢也.')
26) 화숙(華淑) : ≪벽전소사≫의 편저자로 1589년에 출생하여 1643년에 졸하였다. 명 만력 무석(無錫) 사람으로 자는 문수(聞脩), 호(號)는 단원거사(斷園居士)이다. 그는 평생 독서를 유일한 취미와 즐거움으로 삼은 인물로 당시 화씨(華氏) 일가(一家)는 대대로 중국 무석 지역에서 장서(藏書)와 책의 간행과 유통에 종사하였다.

〈전사〉

미침(顚)은 옛 사람들 중에 쉽게 찾아볼 수 없는데, 불가(佛家)에서 찾아보면 보화(普化)가 있다. 장무진(張無盡)의 시 이르길, "반산(盤山) 법회에서 근두(筋斗)를 행한다고 하는데, 이곳에 이르니 보화의 미침을 비로소 알겠구나."라고 하였는데, 보화의 미침은 바로 이러하다. 보화가 비록 광적이지만 진실로 고승이다.

도교에서도 찾아보면, 주전(周顚)이 있다. 고황제(高皇帝)를 도와 예를 드리는 자였다. 도교에는 이러한 사람들이 많은데, 남채화(藍采和)·장삼풍(張三丰)·왕해풍(王害風) 같은 사람들이 모두 주전과 같은 유(類)의 사람들이다.

유가에서 찾아보면, 바로 미전(米顚)이 있다. 미전은 기석(奇石)에 절하며 장인(丈人)이라 불렀으며, 재상 채경(蔡京)에게 편지를 보냈을 때, 편지 가운데 배 한 척을 그려놓았는데, 미불의 미침은 진실로 웃을 만하다. 죽음을 앞두고는 합장을 하며 말하였다. "중향국(衆香國)에서 와서 중향국으로 돌아간다."

〈顚史〉1)

顚在古人中, 亦不易得, 求之釋2), 有普化3)焉. 張無盡4)詩曰 : "盤山5)會裡

---

1) 이 문장은 원굉도(袁宏道, 明 1568~1610)가 장유우(張幼于)에게 보낸 척독(尺牘)의 내용 일부분을 발췌하여 옮겨 적은 것으로 보인다. 이 편지에서 원굉도는 '광전(狂顚)'에 관해 전문적으로 논하였는데, 이에 이를 '전사(顚史)' 부분의 서문으로 삼은 듯하다. (≪원중랑집(袁中郎集)≫ 권십일(卷十一) 해설집지사(解脫集之四) 척독(尺牘), 〈장유우(張幼于)〉: 錢伯城 箋校, ≪袁宏道集箋校≫, 上海古籍出版社, 1981, 501쪽) 또한 원굉도와 화숙이 교류하였다는 기록은 확인할 수 없었다.

2) 석(釋) : 석가(釋迦), 불교(佛敎)를 의미.

3) 보화(普化) : 중국 당대(唐代) 승려이다. 선종(禪宗)의 일파인 보화종의 시조이다. 보적(寶積)의 교화를 받아 깨달음을 얻었다고 전해진다. 그는 방울을 흔들고 다니는 등 기인(奇人)이었으며 걸식하다가 결국 스스로 관에 들어가 죽었다.

4) 장상영(張商英) : 1043~1122년, 북송 촉주(蜀州, 四川 崇慶) 신진(新津) 사람. 자는 천각(天覺)이고, 호는 무진거사(無盡居士)다. 대관(大觀) 4년(1110) 상서우복야(尚書右僕射)가 되어 채경의 정책을 변경시켜 공평하게 정무를 보았다. 대신들의 공격으로 폄적되었다가 나중에 다시 원직에 복관(復官)하고

翻筋斗6), 至此方知普化顚7)" 是也. 化雖顚去, 實古佛8)也. 求之玄9), 有周顚10)
焉, 高皇帝11)所禮敬者也. 玄門12)尤多, 他如藍采和13)·張三丰14)·王害風15)之

죽었다. 시호는 문충(文忠)이다. 저서에 ≪호법론(護法論)≫ 1권과 ≪신종정전(神宗正典)≫, ≪무진거사집(無盡居士集)≫ 등이 있다. (임종욱 외, ≪중국역대인명사전≫, 2010. 인용)

5) 반산(盤山) : 반산은 유주(幽州, 오늘날의 중국 하북성 일대)에 위치하고 있는데, 많은 불교문화를 담고 있는 산이다. 아울러 보화(普化)의 스승인 응적대사(凝寂大師)는 당나라 때의 승려로 유주(幽州, 河北) 반산(盤山)에 살면서 종풍(宗風)을 떨쳐 세칭(世稱) 반산보적(盤山宝積)으로 불렸는데, 여기서 말하는 반산이 이곳이다.

6) 번근두(翻筋斗) : 근두는 땅재주의 대표적인 이칭 중 하나이다. 한·중 두 나라에서 근두(跟斗), 근두(筋斗), 근두(斤頭), 곤두 등으로 고르게 나타난다. 중국의 경우에는 ≪곡성산방필진(穀城山房筆塵)≫에서 "번근두(翻跟斗)자의 의미는 '조(趙)나라의 중산왕을 죽이다'의 약자에서 시작하나, 후대 사람들이 머리가 땅에 떨어지는 것을 신체를 뒤집어 뛰어 넘는다고 여겨서, 금두(金斗)라고 부르는 것이다."라고 하여 근두(跟斗)라는 명칭이 최초로 나타난다. (전경욱, ≪한국전통연희사전≫, 2014. 인용)

7) 장상영(張商英)의 ≪답평선사(答平禪師)≫에 "吐舌耳聾師已曉, 搥胸祇得哭蒼天. 盤山會裏翻筋斗, 到此方知普化顚." 출처한다.

8) 고불(古佛) : 지혜가 뛰어나고 덕이 높은 승려에 대한 존칭.

9) 도가(道家)를 지칭.

10) 주전(周顚) : 명 태조 주원장에게 도움을 주었다는 도인. 주전은 지금의 요녕성 건창(建昌) 사람으로 자는 신보(信甫)이고, 본명은 밝혀지지 않았다. 사람들에게 전(顚, 엎드러지다·뒤집히다 뜻)이라 불려 이름으로 삼았는데, 홍무(洪武) 연간(1368~1398)에 그의 나이 14세 무렵 괴상한 병에 걸려 장쑤성 난창(南昌) 일대 시장에서 밥을 얻어먹고 다니며 괴상한 말과 행동을 하여 사람들이 주전(周顚) 혹은 전선(顚仙)으로 불렀다. 그는 어떤 때는 스님 역할을 하고 또 도사 노릇도 했다고 했는데, 명 태조 주원장은 그를 도가의 인물로 보았다. 주원장이 위급할 때마다 큰 도움을 주었다고 전해진다. (한국인문고전연구소, ≪중국인물사전≫, 인용)

11) 고황제(高皇帝) : 명(明)나라 태조(太祖)인 주원장(朱元璋)을 가리킴.

12) 현문(玄門) : ≪노자(老子)≫의 "玄之又玄, 衆妙之門(현묘하고 또 현묘함하니, 모든 기묘함의 문이다)."의 구절에서 출전되어 후에 '현문'은 도교를 가리키게 됨.

13) 남채화(藍采和) : 출생-사망 미상, 당(唐)나라 때 사람으로 안휘성(安徽省) 봉양현(鳳陽縣) 임회관진(臨淮關鎭)에서 득도하여 신선이 되었다고 전해진다. 육유(陸遊)의 ≪남당서(南唐書)≫ 중에 그는 당(唐)나라 말기의 은둔했던 선비로 알려진다. 원대(元代) 잡극(雜劇) ≪남채화(藍采和)≫에서 그의 성명은 허견(許堅)이라고 한다. 그는 누더기 적삼을 걸치고 한쪽 발에만 신발을 신었고, 손으로 목판을 두들기며 시정에서 구걸했다고 하고, 취하면 노래를 부르며 천하를 주유(周遊)했다고 한다. 뒤에 주루(酒樓)에서 퉁소소리를 듣고 홀연히 승천하여 갔다고 한다. 북송(北宋) 때에 신선들의 회합에서 철괴리(鐵拐李)가 그를 석순산(石筍山)으로 초대하여 팔선(八仙) 중의 일원이 되었다고 한다. (한국인문고전연구소, ≪중국인물사전≫, 인용)

14) 장삼풍(張三丰) : 1247년(전설)~1458년(추정), 이름은 군실(君實)이고, 자는 전일(全一), 호는 삼풍(三豊), 현현자(玄玄子), 장랍탑(張邋遢), 보화용인(葆和容忍)이다. 원나라를 거쳐 명나라 때까지 생존했다고 하는 그는 장안충(張安忠)의 다섯째 아들로 무당파 조사(祖師)이다. 서화(書畫)와 시사(詩詞)에도 능했던 그는 저서로 ≪대도론(大道論)≫, ≪현기직강(玄機直講)≫, ≪현요편(玄要篇)≫, ≪무근수(無根樹)≫ 등이 있다. 그는 단도(丹道) 수련과 무당파 무술의 집대성자로 태극권을 창시했다. 홑겹의 옷

類皆是. 求之儒, 有米顚16)焉. 米顚拜石, 呼爲丈人17), 與蔡京書, 書中畫一船, 其顚尤可笑. 然臨終合掌曰 : "衆香國18)裏來, 衆香國裏去."19)

으로 한겨울을 났고, 한번 밥을 먹으면 쌀 한 말을 먹거나 또는 한 달간 식사를 안 하고도 살 수 있었다는 전설이 전할 정도로 신비의 인물이다. (한국인문고전연구소, ≪중국인물사전≫, 인용)

15) 왕해풍(王害風) : 1113~1170년, 중국, 금대(金代)의 도사. 새로운 도교의 일파인 전진교(全眞敎)의 창립자. 섬서성 감양대위촌 사람. 처음에 과거에 뜻을 두었으나 이루지 못하고, 무거(무사의시험)에 응시해서 합격했다. 그렇지만 중용되지 못하고 긴장감 없는 생활을 보내서 해풍(害風)이라고 불렸다. 1159년, 감하진(甘河鎭)에서 여동빈(呂洞賓)이라는 이방인을 만나서 구전의 비결을 전수받은 후에 처자를 버리고 수업, 득도해서 전진교(금련정종)를 개창했다. (한국사전연구사, ≪종교학대사전≫, 1998. 인용)

16) 미불(米芾) : 북송 시대의 서가이자 화가이다. 그는 기이한 행동으로 미전(米顚) 또는 미치(米痴)로 불리기도 하였다.

17) 장인(丈人) : 남자(男子) 노인(老人)에 대한 존칭(尊稱).

18) 중향국(衆香國) : 불교에서 상상한 가상의 나라의 이름. ≪유마경(維摩經)・향적불품(香積佛品)≫에 "상방의 세계로 사십이 항하의 모래알처럼 많은 불토를 지나면 중향국이란 나라가 나오는데, 부처님의 호가 향적이다(上方界分過四十二恒河沙佛土有國名 '衆香', 佛号 '香積')."가 나온다.

19) 미불의 시 〈임화게(臨化偈)〉에 다음의 구절이 전해진다. "衆香國中來, 衆香國中去. 人欲識去來, 去來事如許. 天下老和尚, 錯入輪回路." (朱祖延 主編, ≪米芾集≫, 湖北敎育出版社, 2006)

〈벽사제사〉

　사람들 모두 자신들만의 치우쳐 좋아하는 것이 있다. 이를 이르러 벽(癖)이라 하는데, 그 벽의 모습이 마치 극도로 어떤 것에 탐닉하여 어리석어 보이기도 하고 미친 것 같기도 하다. 심지어는 손·입·귀·눈의 신체가 자신을 느끼지 못하는 정도이니, 은혜를 입고도 좋아할 수 없고, 원수를 만나도 분노할 수 없을 지경이다.

　선비는 벽(癖)이 없음을 걱정해야 하는데, 진실로 벽이 있다는 것은 신묘한 운치가 특히 속세의 관심 밖의 것에 의탁하게 되는데, 이 모든 것이 다 흠선(欽羨)할 만한 것들이다. 비유컨대, 자물쇠를 열지도 않았는데, 어느 것이 저절로 들어온 것과 같지 않겠는가? 이에 부귀와 빈천(貴賤), 궁함과 통함(窮通), 득과 실(得喪), 비방과 칭찬(毀譽) 모두가 어느새 사람의 정서를 기쁨 내지 즐거움으로만 몰아가게 되니, 이러한 사람은 가슴 속에 벽(癖)이 없다.

　유비(劉備)의 삭모(槊毛), 혜강(嵇康)의 단철(鍛鐵), 완부의 납부(蠟屐)는 천 년 전의 인물들이다. 그들의 광달(狂達)을 생각해보면, 죽어서도 그 명성이 오늘날까지 전해지고 있으며 애벌레·소싸움·나귀 울음소리 따위를 좋아하는 것에도 마찬가지로 (이러한 광달의 정신을) 찾아볼 수 있는데, 다른 이들은 모두 그 흥취를 이해할 수 없는데, 이는 모두 벽(癖)에 해당하기 때문이다.

　　　　　　　　　　　　　　　　　　　　　　　수암 탕빈윤

　혜강(嵇康)의 단벽, 무자(武子)의 마벽(馬), 육우(陸羽)의 차벽(茶), 미전(米顚)의 석벽(石), 예우(倪迂)의 결벽(潔) 모두 벽(癖)으로 그들의 크디 크고 준일한(儁逸) 기운을 그곳에 의탁하였다. 내가 보니 세상에서 '말이 무미건조하고, 면목이 가증스러운 인간들은' 모두 벽이 없는 자들이다. 만약 진정으로 벽이 있다는 것은 어떤 것에 탐닉하여 흥겹게 빠져있어 성명과 생사의 문제로 삼는데 금전의 노예가 되거나 벼슬을 사는 일 따위의 일에 신경 쓸 겨를이 있겠는가?

　　　　　　　　　　　　　　　　　　　　　　　석공 원굉도

〈癖史題辭〉

　　凡人有所偏好, 斯謂之癖. 癖之象, 若痴若狂. 手口耳目不可以自喻, 恩不能喜, 讎不能怒者也. 士患無癖耳, 誠有癖則神[1]有所特寄世外, 一切可艷之物. 猶之未開其鑰[2], 何自入哉. 故凡貴賤・窮通・得喪・毀譽・動能駈[3]遣人意與之爲喜怒者, 其人皆胸中無癖者也. 劉備之耽, 嵇康之鍛, 阮孚之蠟屐[4], 千載人. 想其狂達[5], 卒以名不廢至今, 嗜蠋・看牛闘・聽驢鳴試之, 人人不解意味, 所以皆癖也. 睡菴 湯賓尹[6]

　　嵇康[7]之鍛也, 武子[8]之馬也, 陸羽[9]之茶也, 米顚[10]之石也, 倪迂[11]之潔皆

---

[1] 신(神) : 신비롭고 고상한 운치. '신운(神韻)' 또는 '운미(韻味)'를 의미.

[2] '약(鑰)'과 통한다.

[3] '구(驅)'의 이체자

[4] 납부(蠟屐) : 나무가 말라 터지는 것을 방지하기 위하여 겉에 밀랍을 녹여 칠한 나막신.

[5] 광달(狂達) : 성정이 자유분방하며 어떤 것에도 구애받지 않음을 의미. 송(宋) 소식(蘇軾)의 ≪완적소대(阮籍嘯臺)≫시에 다음과 같은 구절이 있다. "阮生古狂達, 遁世默无言."

[6] 탕빈윤(湯賓尹) : 자는 가빈(嘉賓), 호는 수암(睡庵)이다. 별호(別号)는 운림(霍林)으로 중국 안휘(安徽) 선주인(宣州人). 명 만력 23년(1595)차석으로 과거 시험에 급제한 인물이다. 후에 만력 시기 부정부패와 이민족의 침략으로 명나라는 안밖으로 혼란스러웠는데, 이때 다양한 당파가 등장한다. 그중 하나의 세력이 '선당(宣黨)'인데 당시 남경(南京)의 국자감(國子監) 좨주(祭酒)였던 탕빈윤이 당수였다. 그리고 이 '벽사제사(癖史題辭)'를 탕빈윤이 실제로 지은 것인지 아니면 앞서 원굉도의 경우와 같이 그의 기존 문장을 발췌하여 옮긴 것인지는 확실치 않다. 그러나 기존 연구에 따르면 탕빈윤은 화숙과 활동 시기가 비슷하고 당시 국자감 좨주 신분으로 '서상(書商)'과 밀접한 왕래를 가졌으며, 화숙이 서상임을 감안한다면 두 사람 간의 교류와 '진적(眞籍)' 일 가능성은 있다. 이 점에 관해서는 추가 확인이 필요하겠다. (章宏偉, 〈明代科擧与出版业的關系―以湯賓尹爲例〉, ≪學習与探索≫ 2013년 第12期, 1쪽, 참조)

[7] 혜강(嵇康) : 죽림칠현 중 한 사람으로 조위 시대 인물이다. 223년에 출생하여 262년에 졸하였다. 노장사상에 심취하였으며 방달한 행동으로 유명하였다.

[8] 무자(武子) : 진(晉) 나라 왕제(王濟)의 자로 자세한 생몰년은 미상이다. 오늘날 태원(太原) 진양(晉陽) 출신으로 자는 무자(武子)이다. 원문과 같이 말의 성질을 잘 이해하였다는 이야기는 ≪진서≫에 기록되어 있다.

[9] 육우(陸羽) : 733년에 출생하여 804년에 졸하였다. 자는 홍점(鴻漸), 호는 상저옹(桑苧翁), 동강자(東岡子), 동원(東固), 경릉자(竟陵子)로 중국 당나라 시인이자 차(茶)의 전문가이다.

[10] 미전(米顚) : 앞 장의 주석(16)의 미불을 가리킨다.

[11] 예우(倪迂) : 예원진(倪元鎭) : 원대(元代) 화가 예찬(倪瓚, 1301~1374년)을 말한다. 자는 원진(元眞)이

以癖, 而寄其磊12)傀13)儁14)逸之氣者也. 余觀世上, "語言無味, 面目可憎"15)之人皆無癖之人耳. 若眞有所癖, 將沉湎16)酣溺, 性命死生以之, 何暇及錢奴17)宦賈之事乎.18) 石公 袁宏道

다. 극단적으로 결벽하며 속진(俗塵)을 꺼려하여 '예우(倪迂)'라고 불릴 정도로 기이한 언동이 많은 점에서 미불과 닮았다고 한다. 그의 결벽에 관한 고사는 ≪우포잡기(寓圃雜記)≫에 전해지기도 한다.

12) 뢰(磊) : 돌이 많이 쌓인 모양으로 '뜻이 큼'을 의미.

13) 괴(傀) : 위대(偉大)한 모양, 큰 모양을 의미.

14) '준(俊)'과 통함.

15) 어언무미(語言無味), 면목가증(面目可憎) : "하는 말이 무미건조하고 생김새도 가증스럽다."라는 뜻으로, 말이 단조롭고 내용이 없으며 생김새도 밉살스러운 것을 비유하는 고사성어이다. 중국 당(唐)나라 때 한유(韓愈)가 지은〈송궁문(送窮文)〉에서 유래되었다.

16) 침면(沉湎) : 어떤 일에 빠져 몹시 탐닉함을 의미.

17) 전노(錢奴) : 직역하면 '돈의 노예'라는 뜻으로, '돈을 모으는데 집중하는 사람' 또는 '돈을 모을 줄만 알고 쓸 줄을 모르는 사람'을 낮추어 부르는 말이다. 즉 수전노(守錢奴)를 의미함.

18) 이 문장 또한 원굉도의〈병사(甁史)・십호사(十好事)〉문장을 일부 발췌하여 옮겨 놓은 것이다. (≪袁中郎集≫ 卷二十四〈甁史・十好事〉: 錢伯城 箋校, ≪袁宏道集箋校≫, 上海古籍出版社, 1981, 826쪽. 참조)

상 편
〈벽사癖史〉

무릉화숙武陵華淑 지음撰

1. 소벽(笑癖, 웃음을 참지 못하는 벽)

　육운(陸雲)은 웃음을 참지 못하는 버릇이 있었는데, 어느 날 그의 형 육기(陸機)와 함께 서진(西晉)의 중신인 장화(張華)를 알현하러 왔다. 장화 또한 두 형제를 알고 있었다. 육기가 장화를 찾아뵙자, 장화가 물었다. "육운은 어찌해서 오지 않았는가?" 그러자 육기가 대답하였다. "육운이 웃음을 참지 못하는 버릇이 있습니다. 선생께서 이를 모르셔서 (선생께) 우를 범할까 두려워, 선 듯 이를 수 없었습니다." [미주 : 세상에 육운이 있어 황하가 응당 맑아질 것이다.] 잠시 뒤 육운이 도착하여 장화를 보았는데, 장화가 길고 풍성한 수염을 비단 주머니에 넣어 묶어 놓고 있었다. [미주 : 장화가 웃음을 산 것은 소벽(笑癖)이 없는 자 또한 웃음을 참지 못할 것이다.] 이를 본 육운이 절도 올리지 못하고 포복절도하였다.
　조주 : 어느 날은 육운이 상복을 입고 수질(首絰)과 요질(腰絰)을 차고 배에 올랐는데, 물속에 비친 자신의 그림자를 보고 웃겨 물에 빠진 적도 있었다. [미주 : 예복을 갖춰 입은 그림자 모습이 스스로 쑥스러운 것이다.]

[陸雲有笑癖. 與兄機. 同爲張華所知, 機謁華. 華問雲何以不來. 機曰：雲有笑疾, 恐公未悉, 故未敢輕詣 (眉註：世有陸雲, 黃河宜當淸矣). 俄而雲至, 見華多鬚以錦袋盛之 (眉註：華自所笑, 卽不癖者亦笑.), 不及拜而笑倒. 條註：雲又嘗着練経, 上船水中, 自見其影, 因笑而墮水.[1] (眉註：領影自慚)]

[설명]

　　육운은 서진 시대 인물로, 생몰 기간은 262~303년이다. 자는 사룡(士龍)이며 오군(吳郡) 오현(吳縣)[2] 출신이다. 어릴 때부터 총명한 것으로 유명하였으며, 5세 때 ≪논어(論語)≫, ≪시경(詩經)≫을 읽었으며, 16세에 '현량(賢良)한 자'로 천거되었다. 문학비평의 방법을 논한 내용으로 유명한 ≪문부(文賦)≫의 작자인 그의 형 육기(260~303) 또한 육운과 더불어 당대 '이육(二陸)'으로 불리며 명성이 자자하였다. 육운의 오군 육씨(陸氏) 집안은 당시 강동(江東) 지역에서 명망 있는 가문 중 하나였으나, 진 무제 태강(太康) 원년인 280년에 오나라가 폐망하고 육씨 형제의 벼슬길과 삶 또한 순탄치 않게 되었다. 태강 9년 289년, 황제의 부름을 받고 낙양(洛陽)으로 가 벼슬길에 올랐다. 두 형제의 벼슬길에 오른 일은 당시 강동의 선비에게 많은 영향을 미쳐 강동의 선비들이 앞다투어 낙양으로 갔다고 한다. 이육(二陸)은 남방 사람에게 일종의 정신적 지도자로 여겨졌다고 한다. 미주에 육운이 있어 황하가 맑아질 것이라 하였는데, 이 말은 위진 시대 이강(李康)이 쓴 ≪운명론(運命論)≫："황하가 맑아지면 성인의 후계자가 나타난다(夫黃河淸而聖人傳人生)."에서 출원한다. 이 또한 육운의 재주와 인물됨을 잘 보여준다.

　　그러나 당시 주류 세력이었던 북방인은 남방인을 미개하게 여겼는데, 심지어 육운은 오나라 지방 사투리로 조롱까지 받았다고 한다. 이러한 벼슬길 과정에서 당시 태상(太常)이자 화려한 시문으로 잘 알려졌으며 장재(張載)·장협(張協)과 함께 삼

---

[1] 원문 출처 및 출현 서적 : ≪진서(晉書)·육운전(陸雲傳)≫
[2] 오현(吳縣) : 오늘날의 강소성(江蘇省) 소주시(蘇州市)이다.

장(三張)이라 불린 장화(張華, 232~300)를 육씨 형제가 본문과 내용과 같이 방문한 것으로 보인다.3)

그가 웃음벽에 있었다는 사실은 본문뿐만 아니라, ≪진서(晉書)·육운전(陸雲傳)≫을 비롯한 여러 문헌에서도 인용되고 있는데, 그 가운데 이상은(李商隱)의 시 〈奉和太原公送前楊秀才戴兼招楊正字戎〉에서도 기록하고 있다. "누가 사룡이 웃음병이 있다고 꺼리는가, 아름다운 수염이 필경 진사공과 비슷하구나(誰憚士龍多笑疾, 美髭終類晋司空)." 여기서 진사공은 장화를 가리킨다. 전고(典故)를 자주 인용한 것으로 유명한 만당(晩唐)의 시인 이상은(李商隱, 812~858)과 육운의 시대적 차이를 고려했을 때, 육운이 웃음벽이 있었다는 것은 위진시대부터 당대(唐代)까지에도 자연스럽게 받아들여진 고사로 보인다.

하지만 그가 어떻게 웃음벽을 가지게 되었고, 웃음의 의미는 무엇인지에 대해 논한 문헌 기록을 찾지 못했다. 단순히 육운의 웃음벽에 대한 일화의 묘사만 있을 뿐이다. 당시 고관대작인 장화에게 앞으로의 순탄한 벼슬길을 부탁해야 하는 상황에서 육운의 웃음은 소탈하고 예절이나 형식에 크게 얽매이지 않는 수수한 개인의 성정에 기반한 것으로 생각된다.

2. 좌전벽(左傳癖, ≪좌전≫만을 열독하는 벽)

진대(晋代) 두예(杜預)는 경서(經書)에 부지런히 열중하고 사색하여, ≪춘추좌전경전집해(春秋左氏經傳集解)≫를 저술하였다. 또한 여러 학자들의 계보를 참고하여 ≪춘추석례(春秋釋例)≫를 지었다. 지우(贄虞)가 이를 상찬하며 말하였다. "좌구명이 본디 ≪춘추(春秋)≫의 이해를 위해 ≪좌전(左傳)≫을 지었는데, ≪좌전≫이 드디어는 단독으로 세상에 전해지게 되었다. 원래 ≪석례≫는 ≪좌전≫을 위해 마

---

3) 한국인문고전연구소, ≪중국인물사전≫의 내용을 참조·요약하여 작성하였다.

련되었지만 밝히고 있는 것이 어찌 ≪좌전≫에만 그치겠는가? 이로 인해 ≪석례≫ 또한 절로 세상에 통용되고 있는 것이다." [미주 : 오늘날 ≪춘추좌전경전집해≫와 ≪춘추석례≫가 동시에 짝지어 전해지는데, 옛말에 "물건이 좋지 않으면 짝이 없다."라고 하는데 꼭 이와 같다.] 이때 서진시대(西晉時代) 왕제(王濟)는 모습만 보고 말을 판단하는 것에 능했다. (또한) 화교(和嶠)는 많은 재산을 모았는데, 두예가 일찍이 "왕제는 마벽(馬癖)이 있고, 화교는 전벽(錢癖)이 있다."라고 하였는데, 무제(武帝)가 그것을 듣고 묻길, "경은 무슨 벽이 있는가?", 이에 두예가 답하길 "신은 좌전벽이 있습니다."라고 하였다.

[杜預耽思經籍. 爲春秋左氏經傳集解. 又參考衆家譜第爲釋例. 贊虞賞之曰 : "左丘明本爲春秋作傳, 而左傳遂自孤行." 釋例本爲傳設, 而所發明何但左傳?, 故釋例亦自孤行. (眉註 : 今左傳釈例又爲雙行, 語云物無美, 而無偶者又亦然.) 時王濟善相馬. 和嶠頗聚斂. 預常稱濟有馬癖嶠有錢癖. 武帝聞之曰 : "卿有何癖, 對曰臣有左傳癖."[4]]

[설명]

　　두예(杜預)은 중국 진대(晉代)의 인물로 생몰 기간은 조위(曹魏) 문제(文帝) 황초(黃初) 3년(222)에서 서진(西晉) 무제(武帝) 태강(太康) 5년(284)이다. 자는 원개(元凱)이다. 그가 출생한 시점은 한(漢) 왕조가 무너지고 조위 왕조가 수립된 지 2년이 지난 뒤로 왕조 교체와 천하 통일 등의 큰 역사적 변화가 일어나고 예정되어 있었다. 이를 그는 직접 경험하였다. 두예는 경조(京兆) 두씨 가문 출신으로 조부 두기(杜畿, 163~224)는 후한 말 하동군태수(河東郡太守)로서 조조(曹操)를 도왔으며, 부친 두서(杜恕, 198~252)는 조위에서 유주자사(幽州刺史) 등의 관직을 지낸 인물이다.

　　두예에게는 두 개의 별칭이 있었다고 한다. 탁지상서(度支尙書) 때에는 '두무고(杜武庫)'라고 불렸는데, 재능과 지식의 많음이 무기고(武庫)에 병기가 늘어서 있는

---

4) 원문 출처 및 출현 서적 : ≪진서(晉書)·두예전(杜預傳)≫

것에 비유하여 붙인 것이다. 또한 도독형주제군사(都督荊州諸軍使)로 형주를 관할하고 있을 때 백성들이 그를 '두보(杜父)'라 부를 정도로 능력이 뛰어났다. 무엇보다 두예가 오늘날 우리에게도 잘 알려진 것은 ≪춘추좌씨전(春秋左氏傳)≫의 주석서(註釋書) 때문이다. ≪춘추(春秋)≫는 공자가 노(魯)나라에 전해 오는 사관 기록을 바탕으로 은공(隱公) 원년(기원전 722)에서 애공(哀公) 14년(기원전 481) 사이의 중요한 일을 편년체(編年體)로 기록한 것이다. 그러나 그 내용을 살펴보면 "누가 누구를 만났다.", "누가 누구와 싸워 이겼다." 정도의 간단한 기록에 그치어 역사적 배경과 진행 과정에 대한 설명이 없다. 따라서 주를 달아 이를 보충 설명한 ≪춘추≫의 주석서가 등장하였는데, 대표적으로 3가지가 있다. 공양고(公羊高)의 ≪공양전(公羊傳)≫, 곡량숙(穀梁俶)의 ≪곡량전(穀梁傳)≫, 좌구명(左丘明)의 ≪좌씨전(左氏傳)≫을 '춘추삼전(春秋三傳)'이라 한다.5) 두예는 이 ≪춘추좌씨전(春秋左氏傳)≫을 무척 좋아하였다고 하는데, 심지어 그를 칭하여 좌전벽(左傳癖)있다고 할 정도였다. 이러한 사실은 중국은 물론 고려 후기의 문인 임춘(林椿)이 지은 ≪국순전(麴醇傳)≫에서도 확인할 수 있다.

> 왕이 묻기를, "경은 무슨 버릇이 있느냐." 하니, 대답하기를, "옛날에 두예(杜預)는 ≪좌전(左傳)≫의 벽(癖)이 있었고, 왕제(王濟)는 말(馬)의 벽이 있었고, 신은 돈 벽이 있나이다."6)

여기서 술을 의인화한 주인공 국순이 두예가 ≪좌씨전(左氏傳)≫에 심취한 버릇을 비하며 자신을 전벽이 있다고 말하는 대목이다.

두예는 별개의 책으로 되어 있던 ≪춘추(春秋)≫의 경문(經文)과 ≪좌씨전≫을 정리하여 ≪춘추좌씨경전집해(春秋左氏經傳集解)≫, ≪춘추석례(春秋釋例)≫, ≪춘추장력(春秋長歷)≫ 등을 저술하였다. 이를 통해 그는 ≪좌씨전≫을 집대성하고 춘

---

5) 김학주, ≪중국문학사≫, 신아사, 2014, 106쪽 참조.
6) 해석과 원문은 한국고전번역원 임창순(역), ≪동문선(東文選)≫·제100권·전(傳)·국순전(麴醇傳)≫을 인용하고 따랐다. "上問曰. 卿有何癖. 對曰. 昔杜預有傳癖. 王濟有馬癖. 臣有錢癖."

추학의 정통적 위치에 올려놓았다는 평을 받고 있다. 구체적으로 ≪좌전(左傳)≫의 해석법이 독창적이고, 범례(凡例)와 변례(變例) 등 새로운 의례(義例)를 수립하고 그에 기초한 해석 체계를 세웠으며, ≪춘추좌씨경전집해≫는 '집해'의 명칭에서 알 수 있듯이 좌전 연구를 집대성하여 그 위에 자신의 해석을 더 하였으며, 상충하는 내용 사이에서 실증성과 합리성을 두어 서술하고 있으며 그의 ≪좌전≫에 대한 관심과 성과는 역사학을 독립적인 학문 분야로 '자각'시키는데 기여하였다.

앞서 언급한 바와 같이 두예는 지식이 풍부하여 다방면에서 두각을 보였다. 예를 들면 태시율령(泰始律令)의 제정에 실무를 책임졌는데, 그는 율령을 완성하고 주해서를 출간하였으며 이 율령을 '두율(杜律)'이라 부르기도 하였다. 이 태시율령은 중국 법 가운데 율과 령(令)을 처음으로 구분하였다고 한다. 또한 그는 역법서인 ≪춘추장력(春秋長歷)≫과 ≪춘추좌씨(春秋左氏傳)≫의 지리에 대해 주석을 달았으며, 속이 차면 엎어지고 적당하게 차면 균형을 이루는 기구로 임금의 경계를 위해 두예가 다시 복원하여 제작하였다는 의기(欹器), 물레방아의 원리와 유사한 연기수대(连機水碓), 부교(浮橋) 등을 제작하는 등 과학 방면에서도 뛰어난 재능을 보였다. 이를 보면 두예가 ≪춘추≫ 역사서를 읽고 다양한 지식과 삶에 대한 통찰을 키웠는지 원래 재능이 뛰어나 그가 저술한 ≪춘추좌씨경전집해(春秋左氏經傳集解)≫과 같이 다양한 사실과 사건을 기록한 역사서의 맥락을 살피고 구체적 사실에 대해 검증하고 해석하는 것에 두각을 보였는지는 알 수 없지만, 두예 삶의 행적을 살펴보면 그의 다방면의 지식과 경험은 인간사를 두루 망라하고 있는 역사서를 논하는데 적합했을 것이다.[7]

---

[7] 위 '설명' 내용은 주로 김석우 지음, ≪두예 춘추학에 대한 새로운 이해≫, ㈜일조각, 2019를 참·요약하여 작성하였다.

3. 단벽(鍛癖, 쇠를 불려 단련하기를 좋아하는 벽)

　　혜강(嵇康)의 성품은 단철(鍛鐵)하기를 좋아하였다. 그의 집에 무성한 버드나무 한 그루가 있었는데, 그 주위로 물이 힘차게 흘렀다. 혜강은 매 여름에는 그 (나무) 아래 기거하며 단철하면서 시종 청빈하게 살았다. 일찍이 향수(또는 상수, 向秀)와 함께 큰 나무 아래에서 쇠를 단련하였는데, 스스로 풍부하고 넉넉하게 생각하였다. 영천인 종회(鍾會)는 귀공자로 [명리(名理)에] 정통하고 (셈법과 기예에) 재주가 있었다. 일부러 혜강이 있는 곳에 이르게 되었다. (그러나) 혜강이 예를 잘 갖추지도 않고 대장일을 멈추지 않았다. [미주 : 동진(東晉)의 간문제(簡文帝)가 말하길, "빼어남이 도리어 자신의 도를 해쳤다."라고 하였다.] 한참 지나 종회가 가려하자, 혜강이 물었다. "무엇을 들으러 왔다가, 무엇을 보고 가십니까?", 종회가 답하였다. "들을 것을 들으러 왔다가 볼 것을 보고 갑니다."라고 하며 떠났다. [미주 : 마치 선(禪)에서 깨닫는 이치(理致)가 (그 속에) 들어 있는 것 같다.]

[嵇康性好鍛. 宅中有一柳樹甚茂. 乃激水圍之. 每夏月居其下以鍛初居貧. 嘗與向秀共鍛于大樹之下. 以自贍給[8]. 潁川鍾會. 貴公子也. 精鍊有才辨. 故往造焉. 康不爲之禮而鍛不輟 (眉註 : 簡文云, "儁傷其道."). 良久會去. 康謂曰 : "何所聞而來, 何所見而去." 會曰 : "聞所聞而來見, 所見而去."[9] (眉註 : 似有禪理可參.)]

[설명]

　　혜강(嵇康)은 삼국시대 위(魏)나라 초군(譙郡) 질현(銍縣) 출신으로 죽림칠현(竹林七賢)의 한 사람이다. 자는 숙야(叔夜)다. 위·진 교체기 위 문제(文帝) 황초(黃初) 4년(233)에 출생하여 위 원제(元帝) 경원(景元) 2년(262)에 사망하였다. 그는 당시

---

8) 섬급(贍給) : 풍부하고 넉넉함.
9) 원문 출처 및 출현 서적 : ≪진서(晉書)·혜강전(嵇康傳)≫, ≪세설신어(世說新語)·품조(品藻)≫

의 시대적 풍조에 힘입어 '노장사상(老莊思想)'을 매우 좋아하였으며, 죽림칠현 중에 한 사람인 완적(阮籍)과 같이 양생술(養生術)에도 관심이 많았다고 한다. 또한 재주가 뛰어나 가야금(琴)을 연주하고 시(詩)를 읊으며 유유자적한 삶을 영위했다고 전해진다. 키는 칠척팔촌(七尺八寸)의 장신이며 용모도 뛰어나 사람들이 용장봉자(龍章鳳姿)라 칭하였다. 천성은 매우 자연스러워 꾸밈이 없었으며 고요함을 좋아하였다고 한다. 당시 조조의 '현재주의(賢才主義)'의 영향 때문인지 그의 집안은 변변하지 못했지만 22세에 위 종실의 장락정(長樂亭) 공주와 결혼한다. 그러나 가평정변(嘉平政變) 등의 사마의(司馬懿)가 주도한 위진 교체의 산통으로 혜강은 산양(山陽)에 은거하게 된다. 이때 그가 교류한 인물이 완적(阮籍), 산도(山濤), 향수(向秀), 완함(阮咸), 왕융(王戎), 유령(劉伶) 등의 죽림칠현 인물들이다. 특수한 품격을 지닌 사람을 뜻하는 이 위진시대의 명사(名士)들은 다음과 같은 특징을 지니고 있는데, 즉 청담(淸談)에 능해야 한다는 것이다. 청담의 내용은 ≪노자(老子)≫, ≪장자(莊子)≫, ≪역경(易經)≫의 삼현학(三玄學)이고 모나지 않고 완곡하게 말하는 담언미중(談言微中)의 방식으로 말해야 한다. 이러한 특징에서 원문의 혜강과 종회(鍾會)의 대화법을 이해해 볼 수 있을 것이다.

   이러한 배경에서 혜강은 가난한 젊은 시절 향수와 여안(呂安) 등과 함께 쇠를 단련하는 것으로 생활하였고, 어느 날 위(魏)나라 대신 종요(鍾繇)의 막내 아들 종회가 명사들과 친분을 가지기 위해 혜강을 찾아오게 된다. 그러나 혜강은 여느 때와 같이 단철하는데 열중할 뿐 종회를 거들떠 보지도 않았다. 그리고 종회가 떠나려는 때, 담언미중의 방식으로 "무엇을 들으러 왔다가, 무엇을 보고 가십니까?", "들을 것을 들으러 왔다가 볼 것을 보고 갑니다." 의 대화가 이루어진 것이다. 서로의 마음을 은연중 드러내는 것이다. 당시 권력자 종회는 이를 계기로 혜강에게 적의를 품게 되고 결국 여손(呂巽)과 여안 간의 갈등에 연루되어 있던 혜강을 종회가 사마소(司馬昭)에게 사형을 건의하게 되면서 40세의 젊은 나이에 정치적 참살을 당하고 만다.[10] 이에 미주에 빼어남이 도리어 자신을 해쳤다고 한 것이다.

4. 창가벽(瘡痂癖, 부스럼을 뜯어 먹는 벽)

유옹(劉邕)의 성품은 부스럼 딱지를 먹는 것을 좋아하였다. 맛이 복어(鰒魚)와 비슷하였다. [미주 : 사람이 벽(癖)이 없고 기이하지 않으면, 이 또한 기이한 것 중에 기이한 것이다.] 어느 날 맹영휴(孟靈休)를 찾아간 적이 있었다. 그는 자창(炙瘡)을 앓고 있었는데, (그의 몸에서) 부스럼 딱지가 침상 위에 떨어지자 유옹이 이를 주워 먹었다. 영휴가 크게 놀랐는데, 아직 떨어지지 않은 딱지까지 모두 떼어 그가 먹어 버렸다. 유옹이 가자 맹영휴가 하욱(何勖)에게 편지를 써 말하길, "지난번 (제가) 유옹에게 먹혀 (드디어는) 온몸에 피가 흐를 지경입니다." 라고 하였다.

조주 : 기이하다.

[劉邕性嗜瘡痂. 以味似鰒魚. (眉註 : 人不癖不奇, 此又奇之奇者.) 嘗詣孟靈休. 靈休先患炙瘡11). 痂落牀上. 邕取食之. 靈休大驚痂未落者悉褫取飴邕. 邕去靈休與何勖書曰 : "劉邕向顧見噉, 遂擧體流血."12) 條註 : 奇.]

[설명]

유옹의 생몰에 관해서는 명확하지 않다. 오늘날의 호남성(湖南省) 조양시(棗陽市)인 형주(荊州) 의양(義陽) 출신으로 자는 남화(南和)이다. 남북조(南北朝) 시기의 송(宋) 관리를 지낸 것으로 전해지며 동진(東晉) 유목(劉穆)의 손자로 남강군공(南康郡公)을 습작(襲爵)하였다. 그가 부스럼 딱지를 즐겨 먹었다는 기록은 ≪송서(宋書)·유목지전(劉穆之傳)≫에서 시작되어 전해져 내려오는 것으로 보인다. 이후 유옹의 창가를 먹는 벽은 기괴한 습관 또는 괴벽스러운 취향을 일컫는 대명사가 되

---

10) 위 '설명' 내용은 주로 혜강 지음·한흥섭 옮김, ≪혜강집≫, 소명출판, 2006, 450~465쪽을 참조·요약하여 작성하였다.
11) 자창(炙瘡) : 화상(火傷)을 의미.
12) 원문 출처 및 출현 서적 : ≪송서(宋書)·유목지전(劉穆之傳)≫

어 '기가지벽(嗜痂之癖)' 또는 '기가성벽(嗜痂成癖)'으로 오늘날까지 전해진다. 예를 들면 청(淸) 포송령(蒲松齡)의 ≪요재지이(聊齋志異)·사권(卷四)·나찰해시(羅刹海市)≫에 "거짓으로 꾸민 얼굴로 아부하는 일만은 인간 세상과 귀신 세계가 전혀 다름이 없고, 상처 딱지를 떼어 먹으면서 맛있다고 하는 괴벽(嗜痂之癖)도 온 세상이 똑같기만 하구나!(花面逢迎, 世情如鬼. '嗜痂之癖', 擧世一轍)"13)의 기록이 있으며14), 오늘날의 마오둔(茅盾)의 ≪야독우기(夜讀偶記)≫에 "옛사람들은 이러한 단정함을 옹용(雍容)하고 전아(典雅)하는데, 탄복함을 드러낸다. 이야말로 진정한 기가성벽(嗜痂成癖)이라 할 수 있다."15) 라고 쓰고 있다.

한국에서도 같은 용례를 찾아볼 수 있는데, 조선 후기의 학자인 김정희(1786~1856)의 ≪완당전집(阮堂全集)≫ 제4권 서독(書牘)의 〈여금군(與金君)〉에 "천한 몸은 그대 있을 때와 같아서 모든 것이 한 치의 자람도 없으며 초목의 낡은 나이 갈수록 더욱 뻔뻔스럽기만 해지니 온갖 추태는 남이 보면 당연히 침을 뱉을 것이며 아무리 그대 같은 기가(嗜痂)로도 아마 더불어 수식하기는 어려울 걸세. 그림자를 돌아보고 스스로 웃는다네."16)의 기록이 있다.

≪벽전소사·창가벽≫의 원문에는 기록되지 않았지만 ≪송서·유목지전≫에 "송의 관리 200여 명이 죄가 있고 없음을 따지지 않고 서로 번갈아가며 채찍질을 해서 (채찍질로 생긴) 딱지를 받쳤다고 한다."17)라고 하였으니 후대인이 기가지벽(嗜痂

---

13) 해석은 포송령 지음·김혜경 옮김, ≪요재지이·3권≫, 민음사, 2003, 35쪽을 따랐다.
14) 이외의 기록으로는 명(明) 육용(陸容)의 ≪숙원잡기(菽園雜記)≫ : "古人嗜味之偏, 如劉邕之瘡痂, 僻謬極矣. 予所聞亦有非人情者數人. 國初名僧泐季潭喜糞中芝麻, 雜米煮粥食之. 駙馬都尉趙輝, 食女人陰津月水. 南京内官秦力強喜食胎衣. 南京國子祭酒劉俊喜食蚯蚓", 명 풍몽룡(馮夢龍)의 ≪지낭보(智囊補)·자서(自序)≫ : "餘坐蔣氏三徑齋小樓近兩月, 輒成≪智囊≫二十七卷, 以請教於海内之明哲, 往往濫蒙嘉許, 而嗜痂者遂異餘有續刻.", 청 조익(趙翼)의 ≪裙帶魚臭如醃鱻莪洲百門乃嗜嗜詩以調之≫ : "臭味輻輳不可親, 嗜痂偏作席間珍.", 노신(魯迅)의 ≪熱風·對於批評家的希望≫ : "譬如廚子做菜, 有人品評他壞, 他固不應該將廚刀鐵釜交給批評者, 說道你試來做一碗好的看 ; 但他卻可以有幾條希望, 就是望吃菜的沒有'嗜痂之癖', 沒有喝醉了酒, 沒有害著熱病, 舌苔厚到二三分." 등이 있다.
15) 모순(茅盾) ≪야독우기(夜讀偶記)≫二 : "從前人把這種呆板稱爲'雍容典雅', 表示了非常的欽佩, 這眞是嗜痂成癖."
16) 해석과 원문은 한국고전번역원 신호열(역), 1988, ≪阮堂全集≫·제4권·서독(書牘)·〈與金君〉을 인용하고 따랐다. "賤狀如君在時. 毫無一寸長. 草木殘年. 去益顚干. 種種醜態. 人當吐之. 雖如君嗜痂. 恐難與之修飾之也. 顧影亦笑."

之癖)을 기이한 성벽을 대표 상징하는 말로 삼기에 충분해 보인다.

5. 아벽(鵝癖, 거위를 좋아하는 벽)

왕희지의 성품은 거위를 좋아하였다. 회계산에 한 노파가 홀로 거주하며, 거위 한 마리를 키우고 있었는데, 잘 울었다. (이에) 왕희지가 사고자 하였으나 그러지 못하였다. 결국에는 벗을 데리고 하인들에게 명하여 수레를 준비시키고 (직접) 이르러 보고자 하였다. 왕희지가 당도한다는 소식을 들은 노파가 그 거위를 삶아 왕희지에게 대접하였다. 이를 안 왕희지가 종일토록 탄식을 금치 못했다.

회계산에 한 도사가 살았는데, 좋은 거위들을 기르고 있었다. 왕희지가 (직접) 그곳에 가서 보고는 매우 흡족해하였다. (이에) 도사에게 그 거위들을 사고자 하였으나, 도사가 말하길, "내게 ≪도덕경≫을 써준다면 거위 떼 모두와 응당 서로 주고받겠소." 왕희지가 기뻐하며 써 주었다. 거위를 대바구니에 담아 돌아가는데 매우 즐거워하였다.

조주 : 운치(韻致)가 심히 깊다.

[王羲之性愛鵝. 會稽有孤居姥, 養一鵝善鳴. 求市未得. 遂攜親友, 命駕就觀. 姥聞羲之將至. 烹以待之羲之. 嘆惜彌日. 山陰有一道士. 養好鵝, 羲之往觀焉. 意甚悅. 固求市之. 道士云 : "爲寫道德經, 當擧群相贈耳." 羲之欣然. 寫畢. 籠鵝而歸, 甚以爲樂.18) 條註 : 韻甚.]

[설명]

왕희지는 동진(東晉)의 서예가로 중국 서예의 전범(典範)이자 서성(書聖)으로 존

---

17) ≪송서(宋書)·유목(劉穆)≫ "南康國吏二百許人, 不問有罪无罪, 遞互與鞭, 鞭瘡痂常以給膳."
18) 원문 출처 및 출현 서적 : ≪진서(晉書)·왕희지전(王羲之傳)≫

경받고 있다. 자는 일소(逸少)이고 우군장군(右軍將軍)을 지내 왕우군(王右軍)이라고도 불렸다. 307년에 출생하여 365년에 사망하였다. 그의 일곱 번째 아들 왕헌지(王獻之)와 함께 '이왕(二王)' 또는 '희헌(羲獻)'이라 불린다.

원문은 거위를 좋아했던 왕희지의 두 가지 일화를 소개하고 있다. 이 사실은 ≪진서·왕희지전≫에도 기록되어 있다. 그렇다면 왕희지는 왜 거위를 좋아하게 된 것일까? 원문의 일화에서도 알 수 있듯이 가장 설득력 있는 해석으로는 서예와 관련되어 있다는 것이다. 하얀 깃털과 붉은 발톱을 가진 거위가 아름다운 자태를 뽐내며 뒤뚱뒤뚱 걷기도 하고 목을 빼고 울며 좌우로 돌리는 모습에 착안하여 이를 서예에 접목하고자 거위를 아끼고 관찰하기를 좋아했다는 것이다. 이를 두고 후대인들은 구체적으로 거위의 '목을 돌리다'라는 뜻의 전경(轉頸) 동작에서 팔을 돌리는 동작을 의미하는 일종의 서예 기술인 '전완(轉腕)'법이 착안되었을 것이라 여기기도 하였다.

이에 관한 청나라 서예가 포세신(包世臣)은 거위의 움직임과 서예의 동작을 연결하여 다음과 같은 시를 남기기도 하였다.

> 全身精力到毫端, 온 몸의 힘을 붓 끝에 모으고,
> 定氣先將兩足安. 벼루를 놓기 전에 먼저 두 발을 안정시켜라.
> 悟入鵝群行水勢, 거위 떼가 물 위를 가는 형세를 깨달으면,
> 方知五指力齊難. 비로소 다섯 손가락 힘을 고르게 하는 어려움을 알리라.

왕희지가 글을 써주고 거위를 얻으려 했다는 고사는 '환아(換鵝)'로 불리며 중국 역대 문학 작품 속에 전고(典故)로 많이 활용되었으며, 〈관아도(觀鵝圖)〉, 〈왕희지관아도(王羲之觀鵝圖)〉, 〈왕우군관아도(王右軍觀鵝圖)〉, 〈우군환아도(右軍換鵝圖)〉, 〈황정환아(黃庭換鵝)〉, 〈왕희지완아도(王羲之玩鵝圖)〉 등의 이름으로 그려지기도 하였다. 이 그림들은 대표적으로 두 가지 도상으로 나누어져 나타나는데, 왕희지가 거위를 애호하며 이를 쳐다보고 있는 장면을 그린 '왕희지관아도'와 글을 써주고 거

위와 바꾸었다는 '왕희지환아도'이다. 대표적으로 송(宋) 마원(馬遠)의 ≪왕희지완아도(王羲之玩鵝圖)≫가 있다. 이 그림의 좌측 위쪽에는 제화시(題畵詩)가 적혀있는데, 다음과 같다.[19]

欹坐蔭靑松, 푸른 솔 그늘에 기대앉으니,
高風振千古. 높은 풍도 천고에 떨쳤네.
脩然好鵝賓, 초연히 거위 좋아하는 손님은
山陰掃寒素. 산음에서 붓 휘두르는 소박한 사람일세.

〈그림〉 송(宋) 마원(馬遠) ≪왕희지완아도(王羲之玩鵝圖)≫ 臺北故宮博物院 藏

---

19) 남예지, ≪조선시대 왕희지 고사도 연구≫, 홍익대학교 대학원 석사학위 논문, 2022, 12~13쪽 인용.

또한 이백(李白)은 다음의 고사를 바탕으로 쓴 시 2수를 남기기도 하였다. 〈왕우군(王右軍)〉과 〈송하빈객귀월(送賀賓客歸越)〉이다.

〈왕우군(王右軍)〉
右軍本淸眞, 왕희지는 본래 담백하고 욕심이 없어,
瀟灑出風塵. 속세에 살면서도 소탈했다지.
山陰遇羽客, 산음 땅에서 도사를 만나니,
要此好鵝賓. 거위 좋아하는 이 손님을 초대했지.
掃素書道經, 하얀 비단에 도경(道經) 쓰니,
筆精妙入神. 정묘한 운필은 입신의 경지에 들었구나.
書罷籠鵝去, 다 쓰고 나서 조롱에 거위 담아 돌아갔는데,
何曾別主人. 주인에게 작별 인사는 했을까?

〈송하빈객귀월(送賀賓客歸越)〉
鏡湖流水漾淸波, 경호(鏡湖)의 흐르는 물에 맑은 물결 일어나니,
狂客歸舟逸興多. 배 타고 돌아가는 사명광객(四明狂客) 흥이 도도하구나.
山陰道士如相見, 산음 땅에서 도사를 만나거든,
應寫黃庭換白鵝. 응당 ≪황정경(黃庭經)≫ 써주고 거위와 바꾸시게나.

참고로 왕희지가 써준 글이 ≪도덕경(道德經)≫ 또는 ≪황정경(黃庭經)≫인지에 관해서는 의견이 분분하기도 하다.[20]

이를 보면 왕희지는 서예의 필법을 연마하기 위해 거위를 좋아하였다고 하니 '아벽'이 아니라 '서예벽'이 있다고 해야 할 것이다.

---

[20] 위 '설명' 내용은 주로 궈롄푸 지음·홍상훈 옮김, ≪왕희지 평전≫, 연암서가, 2007, 85~88쪽을 참조·요약하여 작성하였다.

6. 서벽(書癖, 독서를 좋아하는 벽)

　유준(劉峻)은 항상 삼대로 만든 횃불을 저녁부터 아침까지 켜놓고 책을 읽었다. 때로는 (자신도 모르게) 잠들어 버려 횃불에 빈발(鬢髮)이 타는 것을 느끼고 잠에서 깨곤 하였는데 (이내) 다시 책을 읽었다. 진귀한 책을 있다는 것을 들으면, 반드시 가서 빌려줄 것을 간청하였는데, 최위조(崔慰祖)가 그를 일러 '서음(書淫)'이라 하였다. [미주 : 독서하기 위해 책을 빌려 읽는 것은 기이할 만한 것이 못 된다. 그러나 (책을 읽다가) 마거에 빈발을 태운 일은 매우 기이하다.]

　황보사안(皇甫士安)은 책 읽기를 탐닉하였는데, 심지어는 먹고 자는 것도 잊어버릴 지경이었다. [미주 : 세상에 맞수(對)가 없는 것이 없다.] 사람들이 그것을 보고 '서음'이라 불렀다.

[劉峻讀書. 常燎麻炬[21]. 從夕達旦. 時或昏睡. 蒸其鬢髮[22]. 及覺復讀. 聞有異書. 必往祈借崔慰祖謂之書淫[23]. (眉註 : 讀書借書不足奇, 燎麻蒸鬢髮便奇.) 皇甫士安[24]耽玩典墳[25]. 至忘寢食. (眉註 : 世未嘗無對) 時人目爲書淫.[26]]

[설명]
　유준(劉峻)은 남조 양(梁)나라 평원(平原) 사람으로 자는 효표(孝標)고, 본명은

---

[21] 마거(麻炬) : 삼대를 묶어 만든 횃불.
[22] 빈발(鬢髮) : 살쩍(관자놀이와 귀 사이에 난 머리털)과 머리털.
[23] 서음(書淫) : 글 읽기를 지나치게 즐김. 또는 그런 사람.
[24] 황보사안(皇甫士安) : 사안(士安)은 진(晉) 나라 황보밀(皇甫謐)의 자이다. 황보밀이 풍비(風痺)에 걸려 반신불수가 되었으면서도 침식(寢食)을 잊고 독서하여 서음(書淫)이라는 별명을 얻었던 고사가 있다. ≪진서(晉書)·권51≫
[25] 전분(典墳) : 삼분 오전(三墳五典)의 준말. 이는 삼황 오제(三皇五帝)의 글을 말하는 것으로, 전(典)은 소호(少昊)·전욱(顓頊)·제곡(帝嚳)·제요(帝堯)·제순(帝舜)의 5전(五典)을 말하고, 분(墳)은 복희(伏羲)·신농(神農)·황제(黃帝)의 3분(三墳)을 말함.
[26] 원문 출처 및 출현 서적 : ≪양서(梁書)·유준(劉峻)≫, ≪진서(晉書)·황보밀(皇甫謐)≫

법무(法武)이다. 463년에 출생하여 521년에 사망하였다. 전해지는 바에 따르면 집안은 가난하여 남에게 얹혀 살았지만 책 읽는 것을 게을리하지 않았다고 한다.

그의 독서량을 짐작할 수 있는 예가 있다. 후한(後漢) 말에서 동진(東晉) 말까지의 700여 명의 언행과 일화를 기록한 ≪세설신어(世說新語)≫에 주(注)를 단 그의 작품 ≪세설신어주(世說新語注)≫이다. ≪세설신어≫가 교과서라면 ≪세설신어주≫는 이를 상세하게 설명하고 있는 참고서인 셈인데, 그가 인용하고 있는 서적은 무려 400여 종이 달한다고 한다. 배송지(裴松之)의 ≪삼국지주(三國志注)≫, 역도원(酈道元)의 ≪수경주(水經注)≫, 이선(李善)의 ≪문선주(文選注)≫와 함께 중국의 4대 명주(名注)인 그의 저술은 오늘날에 전해지지 않는 인용된 서적이 많아 중요한 가치를 지닌다. ≪세설신어≫의 내용이 문학, 예술, 사상, 역사, 인생관 등 인간 생활을 전반적인 면모를 다루고 있는 만큼 이를 보충하고 설명하기 위해서는 독서량이 필히 뒷받침되었어야 할 것이다. 또한 ≪수지(隨志)≫에 유준은 ≪한서주(漢書注)≫ 一百四十卷, ≪유원(類苑)≫ 二百二十卷을 저술하였다고 기록되어 있지만 오늘날 전해지지는 않는데, 역사서와 여러 책을 사항별로 분류하여 편집한 책인 유서(類書)류의 책인 유원(類苑)을 저술한 사실은 그의 책 읽기에 대한 열정과 독서량을 충분히 추측하게 한다. 이를 보고 사람들은 유준이 서음(書淫) 또는 서벽(書癖)이 있다고 한 것이다. 참고로 유준에 앞서 진(晉)의 황보밀(皇甫謐) 또한 서음(書淫)으로 불리었다고 한다.

이러한 그의 책 읽기는 후대인에게 모범이 되어 현자로서 갖추어야 할 기준과 덕목이 되었는데, 조선 후기의 학자 홍직필(洪直弼)의 시문집인 ≪매산집(梅山集)≫ 제25권·서(書)·〈김정수에게 주다(與金正洙)〉에 다음과 같은 문장이 있다. "해의 운행이 장차 다하려 함에 비바람이 차가우니, 종이로 창을 바른 초가집에서 등잔불을 밝히며 독서하는 취미를 잘 얻고 계십니까? 현재 무슨 책을 가지고서 삼여(三餘)를 마치십니까? 옛날 유준(劉峻)은 집이 가난하여 남의 집에서 기식(寄食)을 했는데, 스스로 독서를 열심히 하여 삼으로 만든 횃불을 태우며 밤을 새워 아침에 이르되, 혹 졸다가 머리를 태우기도 하고 잠이 깨면 다시 책을 읽어, 그렇게 밤새도록 자지 않았으니, 옛날 사람들이 학업에 부지런히 힘씀이 이와 같았습니다. 현자가 기준으로 삼는 것이 다만 유준에 그치지 않음에 있어서이겠습니까."27) 유준의 서벽의 명성이 조선에까지 전해진 것이다.

7. 걸벽(乞癖, 구걸하는 벽)

나우(羅友)는 다른 사람의 제사를 엿보고 가서 남은 음식을 구걸하는 것을 좋아하였다. 비록 관기(官妓)의 거처와 주막일지라도 거듭하여 찾아가 (얻어먹는 것을) 부끄러워하지 않았다. 어느 날 남의 집에 제사가 있을 것이란 소식을 듣고, 음식을 얻어 먹고자 나섰지만 너무 일찍 이르러 아직 문도 열리지 않았다. 주인이 신주(神主)를 맞이하기 위해 나왔다가 (나우를 발견하고) 물었다. "아직 때가 아닌데, 어찌 (벌써) 왔는가?", 나우가 답하길, "선생의 집에 제사가 있다는 것을 듣고 밥 한 끼 얻어 먹고자 왔습니다." 그러고는 문 주변에 숨어 있다 새벽에 이르러서야 밥을 얻어 먹고 물러갔다. [미주 : 어두운 밤의 걸인은 대낮의 걸인만 못한데, 나우가 세상의 모습(世態)을 깨우치려 하는 듯하다.] 환온(桓溫)이 자주 그를 지적하며 말하길, "그대는 큰 결점이 있다. 먹을 것이 필요한 경우, 어찌해서 나에게 찾아와 구하지 않는 것인가?" 그러자 나우가 담담한 태도로 달갑지 않아 하며 말하길, "공(公)에게 찾아가 걸식하면 오늘은 얻어먹을 수 있으나 내일부턴 다시는 없을 것입니다." 그러자 환온이 크게 웃었다.

조주 : 기이하다. 무덤 사이를 돌아다니며 걸식하는 것은 아내와 첩도 (자신의 남편을) 부끄럽게 여기는 것이니, 나우의 처는 어떻게 해야 하겠는가?

---

27) 해석과 원문은 한국고전번역원 제공, 성신여자대학교 고전연구소·(사)해동경사연구소 신상후 (역)을 인용하고 따랐다. "歲行將盡. 風雨淒然. 紙窓茅屋. 燈火青熒. 會得呻佔之趣否. 見將何書. 用卒三餘否. 昔劉峻家貧寄食. 自課讀書. 燎麻炬終夕達朝. 或昏睡蒸髮. 既覺復讀. 終夜不寐. 昔人之勤業乃爾. 賢者之所準擬. 不止爲劉峻者乎."

[羅友好伺人祠, 往乞餘食. 雖復營署28)墟肆29), 不以爲羞. 一日聞人祠. 欲乞食. 往太蚤. 門未開. 主人迎神出見, 問: "以非時, 何得在此." 答曰: "聞卿祠. 欲乞一頓食耳." 遂隱門側. 至曉得食乃退. (眉註: 昏夜乞人不如白日, 友似作醒世態.) 桓溫常責之云: "君大不逮乞食, 何不就身求." 友傲然不屑, 答曰: "就公乞食, 今乃可得明日已復無." 溫大笑.30) 條註: 奇. 墦間之乞爲妻妾所羞31). 羅友尊閫32)何如何如.]

[설명]

나우(羅友), 동진(東晉) 양양(襄陽) 사람으로 자는 택인(宅仁)이다. 생몰년은 미상이다. 그는 방달(放達)한 삶을 살았는데, 술을 좋아하고 위의 고사와 같이 걸식하는 것을 거리끼지 않았다고 한다. 위의 원문에는 소개되지 않았지만, ≪세설신어(世說新語)・임탄(任誕)≫에 나우의 걸식에 관한 다른 일화가 소개되어 있다. "나우가 형주자사의 종사로 일을 때, 환선무가 왕거기를 위해 송별연을 벌렸다. 나우가 들어와서 한동안 앉아 있다가 떠나겠다고 말하자 환선무가 말했다. '그대는 방금 전까지만 해도 물어볼 일이 있는 것 같더니, 어찌하여 금방 떠나는가?', 나우가 대답했다. '저는 흰 양의 고기가 맛있다고 들어보았으나 평생 한 번도 먹어본 적이 없어 실례를 무릅쓰고 뵙기를 청했을 뿐이며 (실제) 달리 물어볼 일은 없습니다. 지금 이미 배부르게 먹었으니 더 이상 머물 필요가 없습니다.'"33)

---

28) 영서(營署): 군영의 관기(官妓)가 머무르는 거처 또는 군영의 관서를 의미.

29) 노사(墟肆): 주점을 의미. ≪송서(宋書)・후폐제기(后廢帝紀)≫: "趣步闤闠, 酣歌墟肆, 宵游忘反, 宴寢營舍."

30) 원문 출처 및 출현 서적: ≪세설신어(世說新語)・임탄(任誕)≫

31) 번간걸여(墦間乞餘): ≪맹자(孟子)・이루장구(離婁章句)≫에서 유래하였는데 '무덤가에서 제사를 지내고 남은 음식을 구걸해 먹는다.'라는 뜻으로 구차하게 살며 부끄러운 줄 모르고 허세를 부리는 것을 비유한다.

32) 존곤(尊閫): 남의 아내를 부르는 존칭.

33) 해석과 원문은 김장환 譯注, ≪세상의 참신한 이야기 세설신어2≫, 신서원, 2008, 552~555쪽을 따랐다. "羅友作荊州從事, 桓宣武爲王車騎集別. 友進坐良久, 辭出, 宣武曰: '卿向欲咨事, 何以便去?' 答曰: '友聞白羊肉美, 一生未曾得喫, 故冒求前耳. 無事可咨. 今已飽, 不復須駐. 了無慚色.'"

하지만 머리는 비상하여 ≪세설신어·임탄≫의 기록에, "나우는 기억력이 강한 사람이었다. 환선무를 따라서 촉을 평정했을 때, 촉의 성궐과 누각을 돌아다니면서 조사하여, 안팎 도로의 너비와 심어놓은 과일나무·대나무의 수량을 모두 암기했다. 나중에 환선무가 표주에서 간문제와 함께 모였을 때, 나우도 거기에 참석했다. 함께 촉에서의 일을 얘기하다가 잊어버린 것이 있으면, 나우가 그 이름까지 모두 열거했는데 틀리거나 빠뜨린 것이 하나도 없었다. 환선무가 촉 성궐에 대해 기록한 장부를 가지고 대조해보았더니, 모두 그의 말 대로여서 좌중의 사람들이 탄복했다."34) 한다고 한다.

그의 삶을 이해하기 위해서는 동진 시기의 사상적 분위기를 살펴볼 필요가 있는데, 동진 시기 융성했던 문벌 사족이 점점 쇠락하고 나라의 국토는 절반을 잃고 사회도 혼란스러운 형세로 접어들게 된다. 이에 문벌 사족과 청류(淸流)의 명사들 사이에서는 특수한 분위기가 형성되었다고 한다. 그 대표적인 특징으로 방달(放達)한 기풍이 만연하게 된 것이다. 나라의 혼란스러움과 개인 운명의 절망스러움이 혼재되어 세속에 구애받지 않고 말이나 행동에 거리낌이 없었던 것이다. 이에 어떤 자는 술을 마시고, 도박에 빠지기도 하며, 노래를 부르고, 통곡하기도 하며 백치(白痴) 같고 미치광이 도처에 널린 세계의 종말이 오는 것과 같은 사회였다고 한다.35) 이러한 사회적 배경 속에 나우가 있었다.

그러나 나우가 세상을 등지고 방만한 삶만을 살았던 것은 아니다. 원문에서 나우와 대화를 나누는 환온(桓溫, 312~373)은 진(晉) 나라 용항(龍亢) 사람으로 자는 원자(元子)이고 명제(明帝)의 사위였다. 성한(成漢) 정권을 정벌, 세 차례 북벌(北伐)을 감행하는 등 위세를 떨쳤으며 만년 13년 간 당시 조정을 좌지우지한 인물이었다. 이런 그에게 등용된 것이 바로 나우이다. 그러나 재능있고 학식 있는 명사를 중

---

34) 해석과 원문은 김장환 譯注, ≪세상의 참신한 이야기 세설신어2≫, 신서원, 2008, 545~549쪽을 따랐다. "爲人有記功, 從桓宣武平蜀, 按行蜀城闕觀宇, 內外道陌廣狹, 植種果竹多少, 皆默記之. 後宣武漂洲與簡文集, 友亦預焉. 共道蜀中事, 亦有所遺忘, 友皆名列, 曾無錯漏. 宣武驗以蜀城闕簿, 皆如其言. 坐者嘆服."
35) 許抗生 외·김백희 역, ≪위진현학사·하≫, 세창출판사, 2013, 286~287쪽 참조.

시하고자 했던 현재주의(賢才主義)로 그를 대우 해주었지만 언행이 방만하여 중용하지는 않았는데, 위의 대화에서 나우는 이를 알고 오늘 환온에게 걸식하면 내일은 없을 것이라는 당시 상황에 판단한 처신을 보이며 자신의 소신을 청담한 언사로 대답했던 것이다. 또한 ≪설부(說郛)·卷十七·下≫에 오늘날 남을 빈정거려 놀림을 뜻의 야유가 유래된 '귀야유(鬼揶揄)'의 이야기가 나우에게서 찾아볼 수 있는데, 내용은 이러하다. 하루는 동료가 지방관으로 나가게 되자 환온이 전별하는 자리를 마련하였는데, 나우가 가장 늦게 참여하게 되자 환온이 그 까닭을 묻게 되고 여기서 나우는 "제가 초청의 명을 받고 오는 길에 귀신이 나타나 말하길, '너는 남의 영전을 전별하지만 자신의 영전 전별은 받지 못하는 구나.'라고 하자 스스로 부끄러운 마음이 들어 늦었습니다."라고 대답하게 된다. 이는 나우 또한 벼슬길에 나아가고자 하는 마음을 해학적으로 표현한 것인데 동진 시대 지식인의 모순적이고 복잡한 태도를 잘 보여준다.

마지막으로 화숙은 조주에 나우가 걸식하는 것을 아내와 첩도 부끄럽게 여기는 것이라 하였는데, ≪맹자(孟子)·이루장구(離婁章句)·下≫에서 유래한 '무덤가에서 제사를 지내고 남은 음식을 구걸하여 먹는다'라는 뜻의 번간걸여(乞食墦間)의 이야기를 가리키는 듯하다.

나우의 제삿집에 기웃거리며 걸식하는 것을 이르러 '나우걸사(羅友乞祠)'라 이르는데 후대 배고픔에 염치를 모르는 것을 이르는 전고로 활용되었다. 하지만 앞서 언급한 바와 같이 나우 개인의 상황과 시대적 배경을 함께 고려하여 그의 걸식을 이해해야 할 것인데 두렵거나 불쾌한 상황, 욕구 불만, 위험에 직면했을 때 스스로 방어하기 위해 취하는 방어 기제의 일종인 도피 행동으로 보인다.

8. 전벽(錢癖, 돈을 밝히는 벽)

화교(和嶠)는 천성이 매우 인색하였다. 그의 집에 맛 좋은 자두나무가 있어, 황제가 달라고 하여도 겨우 몇십 개만 주었다. 왕제(王濟)는 그가 당직 근무를 하러 간 사이 젊은이들을 이끌고 과수원으로 가 (자두나무를) 모조리 먹어 치워버렸다. (그러곤) 나무를 모두 베어버리고 갔다. 화교는 가산(家産)이 풍족한데, 군주와 비견할 만하였다.

그러나 그 천성이 매우 인색하였는데, 이 때문에 세상의 비웃음을 샀다. 두예가 이를 이르러 "전벽(錢癖)이 있다."라고 하였다. [미주 : 씨를 뚫는 자와 다를 게 없다.]

조주 : 화교는 젊어서는 풍채와 품격이 있어, 유자숭(庾顗)이 그를 이르러, "천길(千丈) 높이의 소나무처럼 우뚝 솟아 있으며 무성하고, 비록 울퉁불퉁한 마디들이 있으나, 큰 저택에 쓰인다면, 대들보로 쓰일 것이다."라고 하였다. 그런즉 화교의 전벽은 본디 고아한 맛이 있으니, 지금의 수전노(守錢奴)와는 크게 차이가 있다.

[和嶠性至吝. 家有好李. 帝求之, 不過數十. 王濟候其上直. 率少年詣園共啖畢. 伐樹而去. 嶠家產豐足. 擬於王者. 然性至鄙. 以是獲譏于世. 故杜元愷以爲有錢癖. (眉註 : 與鑽核36)者無異.) 條註 : 嶠少有風格. 庾顗嘗稱之曰, "森森如千丈松, 雖磥砢多節目, 施之大廈, 有棟樑之用." 然則嶠之錢癖, 亦自有高韻, 與今之守錢者大逕庭也.37)]

---

36) 찬핵자(鑽核者) : 문자 그대로 '씨를 뚫는 자'를 의미하는데, 이는 진(晉)나라 때의 죽림칠현 가운데 한 사람인 왕융(王戎)을 가리킨다. 왕융은 욕심이 많아 집에 좋은 오얏나무가 있어 이를 팔아 돈을 모았는데, 누가 종자를 받을까 싶어 씨에다 송곳질을 해놓았다고 한다. ≪진서(晉書)・왕융열전(王戎列傳)≫에서 찾아볼 수 있다.

37) 원문 출처 및 출현 서적 : ≪진서(晉書)・왕제(王濟)≫, ≪진서(晉書)・화교열전(和嶠列傳)≫, ≪세설신어(世說新語)・검색(儉嗇)≫

[설명]

　화교(和嶠), 생몰년은 미상, 자는 장여(長輿)이며 오늘날의 하남성(河南省) 서평(西平) 일대인 서진(西晉)의 여남(汝南) 서평(西平) 사람이다. 조부 화흡(和洽)은 위나라의 상서령(尚書令)을 지냈으며, 아버지 화유(和逌)는 위나라의 이부상서(吏部尚書)를 지냈다. 그는 아버지의 작위인 상채백(上蔡伯)을 이어받아 태자사인(太子舍人)으로 관직 생활을 시작하였는데 여러 차례 승진하여 영천태수(潁川太守)가 되었고, 청렴한 정치로 백성들의 큰 사랑을 받았다. 이런 세간의 평과 다르게 그는 부유하였지만 인색하였으며 돈을 매우 아끼었다고 한다. 이와 관련해 원문의 왕제와 자두나무 이야기는 잘 알려진 고사이다.

　이런 화교와 동시대 인물이자 인색하기로 유명했던 사람이 있다. 왕융(王戎, 234~305)이다. 낭야국(瑯邪國) 출신이며 진(晉)나라의 귀족 출신이다. 주목할만한 점은 노장사상을 신봉한 죽림칠현 중 한 사람으로 꼽히나 초야에 묻혀 지내지 않고 정치색이 짙고 재물을 탐했다고 한다. 또한 성탐욕(性貪慾)도 있었다고 하는데 칠현 가운데 가장 범속(凡俗)하여 후일 죽림칠현에서 제명되었다는 설도 전해진다.

　그의 인색한 일화도 화교의 자두나무 이야기와 함께 ≪세설신어(世說新語)·검색(儉嗇)≫에 기록되어 있다. 몇 가지 소개하면, "왕융은 인색했다. 그의 조카가 결혼했을 때 홑옷 한 벌을 보내주었는데, 나중에 다시 돌려달라고 했다.", "사도 왕융은 지위가 고귀하고 가산이 부유하여 그가 소유한 가택·목동·옥답·물레방아 따위가 낙양에서 비할 자가 없었다. 문서 장부를 정리하느라 여념이 없어서, 매양 부인과 함께 촛불 아래에서 산가지를 늘어놓고 계산을 하곤 했다.", 앞서 미주에서 언급한 찬핵자의 이야기이기도 한 "왕융은 좋은 오얏나무를 가지고 있었는데, 그것을 팔 때 남이 그 종자를 얻을까 봐 걱정하여 항상 그 씨에 구멍을 뚫어놓았다.", "왕융은 딸이 배위에게 시집갈 때, 수만 전을 빌려주었다. 나중에 딸이 친정으로 돌아왔을 때 왕융의 안색이 즐겁지 못하자, 딸이 급히 돈을 갚았더니 왕융은 그제야 마음이 풀어졌다."[38] 등이 있다.

　기록으로 보면 인색함은 화교보다 왕융이 더 심한 것으로 보인다. 그렇다면 화숙은 왜 왕융을 '전벽'의 주인공으로 삼지 않고 화교를 삼았던 것일까? 그는 미주에서 전벽의 정도는 '씨를 뚫는 자' 즉 왕융과 같다고 하였으나, 조주에 그의 외모와 인품을 언급하며 인색한 사람을 낮잡아 이르는 말인 '수전노'와 화교의 전벽이 다르다고 하였다. 비록 인색하였으나 성품이 검소하고 물건을 아끼며 언행이 예스러워 이러한 평을 했을 것으로 보인다. ≪세설신어(世說新語)·덕행(德行)≫편에 이를 잘 보여주는 예가 있다. 친상(親喪)을 당한 왕융과 화교 두 사람의 행동에 관한 기록이다. 먼저 내용을 살펴보면, "왕융과 화교가 동시에 친상을 당했는데, 모두 효성으로 이름이 나 있었다. 왕융은 슬퍼서 뼈만 남은 채 침상에 의지하고 있었으나, 화교는 곡읍하면서 예를 갖추었다. 진무제가 유중웅에게 말했다. '경은 왕융과 화교를 자주 보았소? 듣건대 화교는 애통함이 예에 지나쳐 사람들을 걱정케 한다던데!' 그러자 유중웅이 말했다. '화교는 비록 예는 갖추었지만 정신과 기력은 손상되지 않았고, 왕융은 비록 예는 갖추지 않았지만 애통함이 몸을 망쳐 뼈만 남았습니다. 신이 생각건대 화교는 살아서 효도하고, 왕융은 죽더라도 효도를 하겠다는 것입니다. 그러니 폐하께서는 화교를 걱정하실 게 아니라 응당 왕융을 걱정하셔야 합니다.'"라고 한 기록이 있다. 이를 두고 '생효사효(生孝死孝)'라고 한다. 이에 대해 유효표(劉孝標)의 주에 따르면, "≪진양추(晉陽秋)≫에 왕융이 예주자사가 되었을 적에 모친상을 당했는데, 성품은 지극히 효성스러웠으나 예법에는 구애받지 않았다. 그래서 술 마시고 고기를 먹거나 장기와 바둑을 두는 것을 구경하기도 했지만, 용모는 초췌하고 지팡이를 짚은 뒤에야 일어났다. 당시 여남의 화교도 역시 이름난 선비로서 예법으로 자신을 지켰는데, 친상에 처했을 때 죽을 가려서 먹었다. 그렇지만 초췌함과 애통함은 왕융에 미치지 못한다."라고 기록하였다.[39] 이를 보면 화교는 예에 어

---

[38] 해석과 원문은 김장환 譯注, ≪세상의 참신한 이야기 세설신어3≫, 신서원, 2008, 93~96쪽을 따랐다. "王戎儉吝, 其從子婚, 與一單衣, 後更責之.", "司徒王戎, 既貴且富, 區宅僮牧, 膏田水碓之屬, 洛下無比. 契疏鞅掌, 每與夫人燭下散籌算計.", "王戎有好李, 賣之, 恐人得其種, 恆鑽其核.", "王戎女適裴頠, 貸錢數萬. 女歸, 戎色不說. 女遽還錢, 乃釋然."

[39] 해석과 원문은 김장환 譯注, ≪세상의 참신한 이야기 세설신어1≫, 신서원, 2008, 35~36쪽을 따랐다. "王戎、和嶠同時遭大喪, 俱以孝稱. 王雞骨支床, 和哭泣備禮.〈≪晉諸公贊≫曰：戎字濬沖, 琅邪人, 太保祥宗族也。文皇帝輔政, 鍾會薦之曰：≪裴楷清通、王戎簡要。≫即俱辟爲掾. 晉踐祚, 累遷荊州刺史, 以平

굿남이 없이 행동한 인물로 평가받은 것으로 보이는데 이런 그의 행실이 '전벽'이라는 부정적 평가를 일부 상쇄하여 상반된 평이 존재하는 것으로 보인다. 예를 들면 두예(杜預, 222~285)는 이런 그를 두고 수전노라 비판하기도 하였다.

생각해 보건대, 화교의 전벽 또한 이민족의 침입과 내부의 혼란에 맞서야 했던 서진 시대에 개인이 느낀 불안감으로 발로된 행동으로 이해된다. 유영의 주벽과 다름없이 하나의 사물에 집착하게 되고 그것이 습벽이 된 것이다.

9. 마벽(馬癖, 말을 좋아하는 벽)

진나라 왕제(王濟)는 말의 성질을 잘 이해하였다. 한 번은 연건(連乾) 장식의 장니(鄣泥)를 씌운 말을 탄 적이 있었는데, 강이 앞에 나타나자, 시종 건너려 하지 않았다. 왕제가 말하길, "이는 틀림없이 장니가 (더러워질까) 아까워서일 것이다." 이에 사람을 시켜 장니를 벗겨내도록 하였는데, 그러자 말이 곧장 강을 건넜다.

이때 도읍의 땅은 매우 비쌌는데, 왕제가 그 땅을 사서 승마장을 만들고, 돈을 엮어 울타리를 쳤다. 이에 세상 사람들이 금구(金溝)라고 불렀다.

지도림(支道林)은 몇 필을 말들을 기르고 있었는데, 어떤 사람이 말하길, "도인(승려)이 말을 기른다는 게 썩 운치 있어 보이지 않습니다." 이에 지도림이 답하길, "소승은 말의 의젓한 자태를 중히 여길 따름입니다." 기르던 말 가운데 가장 아끼는 말을 '빈가(頻伽)'라 이름 붙였는데, 한 날은 다리 아래서 그의 애마 빈가(頻伽)가 물

吳功, 封安豐侯. 《晉陽秋》曰:'戎爲豫州刺史, 遭母憂, 性至孝, 不拘禮制, 飮酒食肉, 或觀棊弈, 而容貌毁悴, 杖而後起. 時汝南和嶠, 亦名士也, 以禮法自持. 處大憂, 量米而食, 然憔悴哀毁, 不逮戎.' 武帝謂劉仲雄曰:'卿數省王和不? 聞和哀苦過禮, 使人憂之.' 王隱《晉書》曰:'劉毅字仲雄, 東萊掖人, 漢城陽景王後也. 亮直淸方, 見有不善, 必評論之. 王公大人, 望風憚之. 僑居陽平, 太守杜恕致爲功曹, 沙汰郡吏三百餘人. 三魏僉曰:'但聞劉功曹, 不聞杜府君.' 果遷尙書·司隷校尉.' 仲雄曰:'和嶠雖備禮, 神氣不損;王戎雖不備禮, 而哀毁骨立.' 臣以和嶠生孝, 王戎死孝. 陛下不應憂嶠, 而應憂戎.' 《晉陽秋》曰:'世祖及時談以此貴戎也.'.

을 (충분히) 마시고 오줌을 누었는데 그곳에 홀연히 연꽃이 생겨났다. [미주 : 말 또한 깨달음을 얻은 것이다.]

　　조주 : 왕제의 행위는 '벽(癖)'이라 할 수 있고, 도림은 오히려 '기이함(奇)'에 속할 것이다.

[晉王濟善解馬性. 嘗乘一馬. 著連乾[40]鄣泥[41]. 前有水, 終不肯渡. 濟云 : "此必是惜鄣泥." 使人解去, 便渡. 時洛京地甚貴濟買地爲馬埒. 編錢滿之, 時人謂爲金溝.[42] 支道林嘗養馬數匹. 或言 : "道人畜馬不韻.", 支曰 : "貧道[43]重其神駿[44]." 其最愛者名曰 '頻伽'[45]. 嘗飮頻伽于橋下. 馬溲處忽生蓮花.[46] (眉註 : 馬亦證果.) 條註 : 王濟可稱癖, 道林猶屬奇.[47]]

[설명]

　　왕제(王濟), 서진(西晉)시대 인물이며, 자세한 생몰년은 미상이다. 오늘날 태원(太原) 진양(晉陽) 출신으로 자는 무자(武子)이다. 원문과 같이 말의 성질을 잘 이해하였다는 이야기는 ≪진서≫에 기록되어 있다. 또한 그는 사치스러운 생활로도 유명하였는데, 돈을 엮어 울타리를 치고 승마장을 만들었다는 이야기는 ≪세설신어(世說新語)·태치(汰侈)≫편에 기록되어 있다. 같은 편에 "무제가 한번은 왕무자의

---

[40] 연건(連乾) : 말 장식물 중 하나이다. ≪진서(晋書)·왕제전(王濟傳)≫와 달리 ≪세설신어(世說新語)·술해(術解)≫에는 '연전(連錢)'으로 기록되어 있는데, '건(乾)'을 '전(錢)'의 동음통가(同音通假)로 보고 '연전'을 동전을 연이어 연결한 문양으로 해석이 가능하다.

[41] 장니(鄣泥) : 말 안장(鞍裝)의 부속구로 말의 옆구리 양쪽으로 늘어뜨려 사용한다. 진흙이나 물이 튀는 것을 방지한다.

[42] 금구(金溝) : 금날(金埒)이라 부르기도 함.

[43] 빈도(貧道) : 승려나 도사(道士)가 자기를 낮추어 이르는 말. 혹은 덕(德)이 적은 사람을 일컬음. 유사어로 빈승(貧僧)이 있음.

[44] 신준(神駿) : 좋은 말 또는 맹·금수 등의 웅건하고 건강한 모습을 형용하는 말.

[45] 빈가(頻伽) : 불경에 나타나는 상상의 새. 극락정토에 깃들이고 언제나 미묘한 소리를 내며 인두조신(人頭鳥身)의 모양을 하고 있음.

[46] 원문 출처 및 출현 서적 : ≪진서(晋書)·왕제전(王濟傳)≫, ≪세설신어(世說新語)·술해(術解)≫, ≪세설신어(世說新語)·태치(汰侈)≫, ≪세설신어(世說新語)·언어(言語)≫

[47] 증과(證果) : 수행한 결과로 얻은 깨달음을 의미.

집으로 행차했더니 왕무자가 주찬(酒饌)을 대접했는데, 모두 유리그릇을 사용했으며 시녀 백여명이 모두 화려한 비단 치마와 저고리를 입고서 두 손으로 음식을 받쳐들었다. 음식 중에서 찐 새끼돼지 고기가 통통하고 맛이 좋았는데 보통의 맛과는 달랐다. 그래서 무제가 이상히 여겨 물었더니 왕무자가 대답했다. '사람의 젖을 새끼돼지에게 먹였습니다.' 이 말을 듣자 무제는 매우 불쾌하여 식사가 끝나기도 전에 그냥 가버렸다. 이것은 왕개나 석숭도 미처알지 못했던 일이었다."의 기록에서 그의 사치스러움을 잘 알 수 있다. 참고로 왕제는 무제의 사위이다. 그의 부인은 상산공주(常山公主)이다.

지도림(支道林), 동진(東晉)시대 인물이며, 자는 도림이며 이름은 지둔(支遁)이다. 고승(高僧)이자 문학가이다. 그가 말을 좋아하였다는 기록은 ≪세설신어(世說新語)·언어(言語)≫에서 찾아볼 수 있다.

그렇다면 왕제와 지도림이 사랑했던 말은 중국 고대 사회에서 어떤 동물이었을까? 기존 연구에 따르면, 중국 선진 시대(先秦)부터 교통과 전투 용구로서 매우 중요한 역할을 했는데 상(商)·서주(西周)·춘추전국(春秋戰國)·서한(西漢) 초기까지 최고위층의 고분에 말과 마차를 부장(附葬)하였으며, 동한(東漢)과 육조시대 고분에서는 마용(馬俑)의 부장품이 출토되는 등 고고학적 사료가 이를 잘 보여준다. 구체적으로 앞선 두 인물의 활동 시기이기도 한 육조시대의 고고학적 사료를 근거로 한 연구에 따르면 당시의 마문화(馬文化)는 몇 가지 특징을 보이는데 첫째, 오가촌(吳家村), 금가촌묘(金家村墓), 선학문 남조묘(仙鶴門 南朝墓), 남경 서선교 남조묘(南京 西善橋 南朝墓), 남경 경가촌(南京 景家村) 등의 분묘 발굴 결과, 피장자가 대부분 관원으로 추정되고 이에 더하여 문헌 자료의 검토에 따르면 하급 관원의 경우 말의 가격이 높아 구매할 수 없었을 것으로 보이며 이에 말의 주 사용 계층은 중·고급 관료가 사용한 것으로 추정된다. 둘째, 노부제도(鹵簿制度), 인물용(人物俑)을 보면 말은 교통 수단과 위세품으로서 역할을 했다는 것을 알 수 있다. 셋째, ≪삼국지(三國志)≫, ≪진서(晉書)≫, ≪송서(宋書)≫ 등의 문헌에 따르면 육조시대 말의 용도는 군사, 교통, 위세, 교역, 사여(賜與), 등급 상징, 제사 등의 다양한 방면에서 사용되었음을 알 수 있다. 관직명에 '마(馬)'가 자주 들어가는 것을 보아 군사에서 말은 핵심 재화임을 알 수 있다. 또한 마구를 금, 은, 비단 따위 등으로 장식하는 등 위세품으로서 신분을 나타내는 상징 역할을 하였다.[48]

이를 보면 돈을 엮어 만든 울타리로 이루어진 승마장에서 말을 타고 놀았던 왕제의 권세가 얼마나 대단하고 호사스러웠음을 간접적으로 알 수 있으며, 승려의 신분이었던 지도림이 값비싼 말을 기르는 것에 대해서 주위 사람이 지적하자 지도림이 말의 '의젓한 태도' 때문에 기른다고 답한 장면의 일면도 이해해 볼 수 있을 듯하다.

10. 여명벽(驢鳴癖, 나귀 울음소리를 좋아하는 벽)

손초(孫楚)는 평소 왕제(王濟)를 공경하였는데, 왕제가 죽자 통곡하며 심히 슬퍼하였다. 조문객 또한 눈물을 흘리지 않는 자가 없었다. 손초가 곡을 그치고 영상(靈床)을 향하여 말하길, "경은 평소 나의 나귀 울음소리 흉내를 좋아하셨지요. 내가 지금 그대를 위해 나귀 소리를 내어 보겠소." "꺼꺽 어어 음음" 모습이 비슷하고 울음소리가 진짜 같자, 조문객이 모두 웃었다. 그러자 손초가 (조문객을 향하여) 말하였다. "당신들이 죽지 않고 왕제를 죽게 한단 말인가?" [미주 : '體似聲眞(모습이 비슷하고 울음소리가 진짜 같다.)'의 네 글자로 (당시를) 한 폭의 그림과 같이 묘사하였다.]

왕찬(王粲)은 (평소) 나귀 울음소리를 좋아하였는데, 그의 장례에 문제(文帝)가 참석하여 그의 벗들을 돌아보며 말하길, "왕찬은 나귀 울음소리를 좋아하였는데, (그를 위해) (각자) 나귀 소리 한 번씩 내어 그를 떠나보내도록 합시다." 그러나 조문객들 모두 한 번씩 나귀 울음소리를 내었다.

---

[48] 李鍾石, 《中國 南方地域 六朝時期 馬文化의 考古學的 考察》, 고려대학교 석사학위논문, 2018, 86~88쪽의 내용을 요약·참조하여 작성하였다.

[孫楚雅敬王濟, 濟卒, 哭之甚哀. 賓客莫不垂涕, 哭畢. 向靈床49)曰 : "卿常好我作驢鳴, 我爲卿作之." 體似聲眞, 賓客皆笑. 楚顧曰 : "諸君不死, 而令王濟死乎." (眉註 : 軆50)似聲眞, 四字摸擬如畵.) 王粲好驢鳴. 旣葬, 文帝臨其喪. 顧謂同遊51)曰 : "王好驢鳴, 可作一聲送之." 坐客皆作驢鳴.52)]

[설명]

손초(孫楚), 서진시대(西晋時代) 관원이자 문학가로 생몰년은 220~293년이다. 자는 자형(子荊)으로 태원(太原) 중도(中都) [오늘날의 산서성(山西省) 평요(平遙)] 출신이다. 그가 나귀 울음소리를 좋아했다는 기록은 ≪세설신어·상서편≫에 기록되어 있다.

왕찬(王粲), 자는 중선(仲宣)으로 후한 말의 혼란기(177년)에 태어나 217년에 사망하였다. 주로 중국 삼국 위나라 시대에 활동하였다. 그가 나귀 울음소리를 좋아했다는 기록 또한 ≪세설신어·상서편≫에 기록되어 있다.

이 두 사람이 좋아했다는 나귀 울음소리 내기는 오늘날 우리가 볼 때 다소 기이하고 우습지만 연구에 따르면 특히 위진남북조 시기 나귀 울음소리는 당시 문사(文士)에게 특별한 의미를 지니고 있다고 한다. 먼저 나귀 울음소리에 관한 독특한 견해가 있다. 계공(啓功)은 ≪한어시가적구성급발전(漢語詩歌的構成及發展)≫에 나귀의 울음소리에 관해 다음과 같이 말하고 있다. "한자의 사성은 대략 한위(漢魏)시기에 형성되었는데, …중략… 내가 보기에 나귀(驢)의 울음소리도 사성이다. 나귀는 ēng, ěng, èng으로 우는데 공교롭게 평성(平聲), 상성(上聲), 거성(去聲)의 소리이고 (코로) 히이잉 거리는 소리는 입성(入聲)이다. 왕중선이 살아 있을 적에 왜 나

---

49) 영상(靈床) : 대렴(大殮)을 한 뒤 입관을 마치고 죽은 이를 위해 가설해 놓은 상을 말한다.
50) '체(體)'의 이체자.
51) 동유(同遊) : 함께 유람하고 놂. 여기서는 함께 유람하며 생전 교유한 벗들을 의미.
52) 원문 출처 및 출현 서적 : ≪진서(晋書)·왕제전(王濟傳)≫, ≪세설신어(世說新語)·상서(傷逝)≫, ≪어림(語林)≫

귀 울음소리를 좋아했겠는가? 아마 그때 한자에 사성이 있다는 것을 발견하였고, 나귀의 울음소리가 사람의 말의 성조와 닮았기 때문이다." 나귀의 울음소리는 중국어의 사성과 같이 운율감이 있다는 것이다.[53] 즉 나귀 울음소리는 '즉흥(卽興)'적이고, '중간에 단절되지 않고(不間斷)', '길게 울며(長鳴)', '소리가 높고 낭랑하며(高亢)', '아득함(悠遠)'의 특징을 보인다. 이에 위진남북조 시대의 문사들은 나귀의 풍부한 소리를 자신의 감정을 표현하는데 이용한 것이다. 독특한 심미적 가치를 지닌 나귀 울음소리를 개성을 존중하고 감정을 전달하는 하나의 수단으로 사용한 것이다. 이를 보면 왕찬과 손초가 장례에 조문하며 나귀 울음소리를 낸 것은 대중에게 웃음을 사고자 한 것이 결코 아닌 것이다.

또한 돈황(燉煌)의 문헌인 ≪항마변문(降魔變文)≫에 나귀에 대한 다음과 같은 기록이 존재하는데 "나귀와 노새는 무거운 짐을 지고 먼 길을 오름에 비로소 용의 비늘(龍鱗)에 견줄 수 있음을 알겠다(驢騾負重登長路, 方知可得比龍鱗)." 하였는데 나귀에 대한 긍정 인식을 알 수 있는 대목이다.[54]

11. 주벽(酒癖, 술을 좋아하는 벽)

유영(劉伶)은 술을 좋아하였는데, (항상) 술 한 병 끼고 녹거(鹿車)를 타고 하인에게 삽을 메고 따라오게 하였다. 그러곤 "내가 죽으면 (그 자리에) 나를 묻어라."라고 말하곤 하였다. [미주 : 술에 취하여 죽는 것이 다시 더 무슨 면목이 있겠는가?]

유영이 한 번은 갈증이 심해 부인에게 술을 구해오도록 하였다. 그러자 부인이 술을 버리고 술그릇을 깨뜨리며 울면서 간청하였다. "당신 음주가 너무 과합니다. 섭생보신(攝生保身)의 길이 아니니 반드시 끊어야 합니다." 유영이 답하였다. "좋

---

[53] 千國詳, 〈何故作驢鳴〉, ≪敎育硏究與評論≫ 2017年 第6期, 104~105쪽 인용.
[54] 李丹丹, 〈≪世說新語≫中"驢鳴"的文化意义分析〉, ≪牡丹江師範學院學報≫ 2011年 第6期, 14~15쪽 인용.

소! 하지만 나 스스로 술을 끊기가 어렵소. 그래서 신령에게 빌며 스스로 맹세하고자 하오." 그러자 부인이 이에 응하였다. 유영이 무릎을 꿇고 빌며 말하였다. "하늘이 유영을 태어나게 하실 적에 술로 이름나게 하셨습니다. 한 번 마시면 열 말이요, 닷 말은 해장이니, 처의 말은 삼가 듣지 마소서." 그러고는 이내 술과 고기를 먹어버리곤 (우두커니) 홀로 다시 취해버렸다.

유영이 한 번은 속인(俗人, 일반사람)과 술을 마시고는 시비가 붙었다. 상대가 (화가나) 소매를 걷어 올리고 주먹을 불끈 쥐며 때리려 하자 유영이 말하였다. "닭의 갈빗대(鷄肋) 같은 나를 형씨(兄氏)의 주먹이 어디에 때릴 때가 있겠소." 그러자 상대방이 웃음을 터뜨리곤 때리길 그만 두었다. [미주 : 기막힌 해학(諧謔)이다.]

조주 : 옛 술꾼(酒人)들은 모두 (주량이) 달랐는데, 진나라 사람이 가장 잘 마셨다. 진나라 술꾼들도 모두 (주량이) 달랐는데, 유영이 가장 잘 마셨다. 이 사람은 한 번 마시기 시작하면 열 말을 마셨는데, 술이 거나하게 취하고는 마음 내키는 대로 생활하였다. 그렇다고 해서 의탁할만한 곳이 있어 숨어지내지 않았다. 백륜(伯倫)과 같은 자는 가히 술에서 온전함을 얻었다고 말할 수 있을 것이다. 도연명과 완적(陶阮) 같은 사람들도 모두 유영의 말 술에는 미치지 못한다.

[劉伶嗜酒. 乘鹿車携一壺酒, 使人荷鍤而隨之, 曰:"死便埋我."(眉註:醉死亦復何眼.) 嘗渴甚求酒於妻. 妻捐酒毀器. 涕泣諫曰:"君酒太過, 非攝生之道55)必宜斷之." 伶曰:"善, 吾不能自禁, 惟當祝鬼神自誓耳." 妻從之. 伶跪祝曰:"天生劉伶, 以酒爲名. 一飮一斛, 五斗解酲, 婦人之言愼不可聽." 仍飮酒遇肉. 塊然復醉. 常醉與俗人相忤. 其人攘袂奮拳而起, 伶徐曰:"雞肋不足以安尊拳." 其人笑而止. (眉註:善謔)56) 條註:古之酒人不一而晉爲甚. 晉之酒人不一而伶爲甚. 彼其一飮一斛. 陶然57)自適58), 非有所托而逃59)也. 如

---

55) 섭생(攝生) : 병이 생기지 않게 생활을 규칙적으로 관리하여 오래 살기를 꾀하는 것을 말한다. 양생(養生)과 같은 의미이다.

56) 원문 출처 및 출현 서적 : ≪진서(晉書)·유영전(劉伶傳)≫

57) 도연(陶然) : 술이 거나하게 취한 모양.

伯倫60)者眞可謂得全於酒矣. 陶阮諸人皆不及也.]

[설명]

　　유영(劉伶), 자는 백륜(伯倫)이며 생몰년은 미상인데, 완적과 나이가 비슷하다고 한다. 죽림칠현 중 한 사람으로 유령, 혜강, 완적과 같이 ≪노자≫, ≪장자≫를 좋아하였으며 성품이 별나고 거만했으며 과묵하여 다른 사람과 교류가 거의 없었다고 한다.61) 이에 ≪세설신어(世說新語)≫에 유영과 관련된 일화를 보면 모두 죽림칠현에만 국한되어 있는데, 죽림칠현의 인물 가운데 은일한 삶의 방식을 철저히 살아온 인물이다. 그에 관해 전해지는 일화도 거의 없으며 저작 또한 술의 덕을 칭송한 185자의 〈주덕송(酒德頌)〉만을 남기고 있다. 스스로 문장을 지어서 드러내는 행위를 자제한 것으로 보인다. 〈주덕송〉의 내용은 다음과 같다.

有大人先生	大人이라 일컫는 先生님이 계셨으니
以天地爲一朝	하늘 땅을 하루의 아침이라 생각하고
萬朝爲須臾	일만 년의 긴 세월도 순간이라 여기며
日月爲扃牖	해와 달을 안방의 창문으로 보면서
八荒爲庭衢	온 우주를 집안의 마당길로 삼았네
行無轍跡	오고 감에 지나간 자취가 없으며
居無室廬	머무름에 단 한 칸 오두막도 없었네
幕天席地	하늘은 천막이고 땅바닥은 방석이니
縱意所如	마음대로 오고 감에 거칠 것이 없었네
止則操卮執觚	머물면 술잔이나 술사발을 잡으며
動則挈榼提壺	움직이면 술통이나 술항아리 껴안았네
唯酒是務	오로지 술 마시는 그것만이 할 일이니

---

58) 자적(自適) : 무엇에도 속박(束縛)됨이 없이 마음 내키는 대로 생활(生活)함.
59) 도(逃)와 동자(同字).
60) 백륜(伯倫) : 유영의 자.
61) 許抗生 외·김백희 역, ≪위진현학사·상≫, 세창출판사, 2013, 349쪽 참조.

焉知其餘	그 밖의 일거리는 알 바가 아니었네
有貴介公子縉紳處士	귀하신 공자님과 높은 處士 계셨는데
聞吾風聲	풍문에 나의 소식 어디선가 들으시고
議其所以	그렇게 사는 까닭 따지리라 다짐하며
乃奮袂攘襟	소매를 걷어 올려 옷깃을 제치고
怒目切齒	두 눈을 부릅뜨고 이빨을 갈면서
陳說禮法	禮法이 어떠니 잔소시를 늘어놓고
是非鋒起	是非를 가리자는 칼날을 세운다
先生於是	이때에 先生께서 (어떻게 하셨는가?)
方捧罌承槽	술항아리 받아다가 술통에 옮겨 담고
銜杯漱醪	술잔을 들어올려 막걸리 마셔가며
奮髥箕踞	수염을 쓰다듬고 두 다리 길게 뻗고
枕麴藉糟	누룩을 베개 삼고 술지게미 깔고 앉아
無思無慮	생각도 없는 듯 근심도 없는 듯
其樂陶陶	오로지 즐거움이 도도할 뿐이구나
兀然而醉 豁爾而醒	올연히 취했다가 황연히 깨어나니
靜聽不聞 雷霆之聲	조용히 들어봐도 뇌성벽력 안들리고
熟視不睹 泰山之形	자세히 살펴봐도 태산 모습 안 보이네
不覺寒暑之切肌	살갗에는 추위 더위 닿는 느낌 전혀 없고
利欲之感情	즐거하고 좋아하는 마음가짐 일지 않네
俯觀萬物擾擾焉	아름답고 찬란한 세상만을 바라보니
如江漢三載浮萍	물가의 부평초를 보는 것과 같구나
二豪侍側焉	이때에 옆에 계신 두 분의 어른이여!
如螺蠃之與螟蛉[62]	나나니벌 아니면 며루벌레 아니겠나

본문의 일화와 같이 부인이 양생할 것을 눈물로 호소하여도 그는 그런 부인을 속이고 술을 들이켰다. 또한 술의 덕에 대한 상찬한 〈주덕송〉을 지을 만큼 술을 애호하였다. 그의 이러한 행동은 어떻게 이해할 수 있을까? 죽림칠현의 완적, 완함이 그

---

[62] 원문과 해석은 심재기, 〈酒德頌 －古文諺解散藁(12)－〉, ≪한글+漢字문화≫, 2019.01을 따랐다.

랬던 것처럼 이는 순수한 내심의 욕구에 따라 자연스럽게 발현하는 것으로 보아야 할 것이다. 이러한 사유 방식은 도가적 서정성 같은 것으로 삶에서 구체화 될 경우 통음(痛飮)과 같은 광적이고 기이한 행동으로 나타나는 것이다. 죽림칠현 모두가 노장 사상에 열중하였는데, 특히 유영이 그 믿음이 강했다고 한다. 원문의 첫 고사의 내용을 보면, 하인에게 자신이 수레를 타고 술을 먹다 죽으면 그 자리에 묻을 것을 명하는데 죽음을 자연의 속성으로 받아들이는 장자의 생사관에 깊게 영향을 받은 것으로 보인다.

또한 앞서 인용한 〈주덕송〉에서 알 수 있듯이 유영이 술에 빠진 것은 전형적 도가적 세계관을 바탕으로 하여 내심의 욕구대로 술통을 들거나 항아리를 들어 마시고 눈을 부릅뜨고 예법과 시비를 따지는 가짜 군주를 비판하고 있다. 즉 술은 그에게 단순한 현실도피를 위한 수단이 아니라 내면의 욕구에 순응하여 드러내는 순수함의 표상인 것이다.[63]

12. 이벽(犛癖, 삭모를 좋아하는 벽)

유비는 삭모(櫐毛) 꾸미기를 좋아하였는데, 쇠꼬리 삭모(犛)를 선물 받고 손으로 직접 그것을 꾸미곤 하였다. 제갈량이 그것을 보고 말하길, "장군께서는 마땅히 원대한 뜻을 다시 품으셔야 하는데, (어찌) 겨우 삭모를 꾸미고 계십니까." 유비가 이내 제갈량이 비상한 자임을 깨닫고, 삭모를 던져버리곤 말하길, "단지 (잠시) 근심을 잊고자 함이다."라고 하였다. [미주 : 담언미중이다.]

[劉備性好犛. 時有以牛尾犛贈備. 備手自結之. 諸葛亮曰 : "將軍當復有遠志耶, 止結犛而已." 備知亮非常人, 乃投犛而謂曰 : "以忘憂耳."[64] (眉註 : 微

---

[63] 위의 내용은 변성규 편저, 《竹林七賢》 중국시인총서 당전편 205, 문이재, 2002, 104~108쪽 내용을 참조·요약하여 작성하였다.

中)⁶⁵⁾]

[설명]

　유비(劉備), 생몰년은 161~223년이다. 중국 후한(後漢) 말 군웅(群雄)으로 후에 삼국시대 촉한의 초대 황제에 오른다. 재위 기간은 221~223년이다. 자는 현덕(玄德)이다.

　우선 유비가 꾸미기를 좋아하였다는 삭모(槊毛)는 기(旗)나 창(槍), 투구 등의 병기류 머리에 다는 술이나 이삭 모양의 털을 말한다. 짐승의 털이나 새의 깃털을 이용하여 만든다. 그가 삭모를 좋아하였다는 기록은 본문과 같이 ≪위지(魏志)≫에서 살펴볼 수 있다.

　유비가 삭모를 꾸미기를 좋아하였던 이유는 여러 가지로 추측해 볼 수 있겠으나 그의 성장 환경과 관련이 있는 듯하다. 유비의 가계는 구체적으로 특정할 수는 없지만 역사 기록에 의하면 한나라 경제의 아들인 중산정왕(中山靖王) 유승(劉勝)의 후손으로 후한 황실의 '원계지서(遠系支庶)'가 된다. 조부 유웅(劉雄)이 범현(范縣)의 현령을 지내기도 하였으나 부친 유홍(劉弘)이 일찍 사망하여 가세가 기울었다고 한다. 이에 그의 어머니와 함께 삼, 모시, 노 등으로 꼬아 만든 신인 미투리와 돗자리를 짜서 생계를 꾸렸다는 기록이 있는데, 이러한 어릴 적 습관이나 생활이 장성하고 난 뒤에도 삭모 꼬는 등의 습관에 영향을 준 듯하다. 또한 ≪삼국지(三國志)·촉서(蜀書)·선주전(先主傳)≫에 다음과 같은 기록이 있다. "유비는 독서하기를 그다지 좋아하지 않았고 개, 말, 음악, 아름다운 의복을 좋아하였다(先主不甚樂讀書, 喜狗馬, 音樂, 美衣服)."라는 기록이 있는 것으로 보아 겉모습 꾸미기를 좋아했던 그의 성정을 엿볼 수 있다.

　이외 유비가 이(毦)를 직접 꾸민 것은 군중(軍中)에서 쓰는 물건을 직접 만들어

---

64) 원문 출처 및 출현 서적 : ≪삼국지(三國志)·촉서오(蜀書五)·제갈량전제오(諸葛亮傳第五)≫
65) 담언미중(談言微中) : 완곡하고 부드럽게 상대의 급소를 찌르는 말을 이른다. ≪사기(史記)·골계전(滑稽傳)≫에서 유래되었다.

휘하 병사들을 위로하고 고통을 함께하기 위함이었다는 의견이 있는데, 제갈량이 그의 형 근(瑾)에게 보낸 편지에서 이를 살펴볼 수 있다. "이르는 곳마다 선주(先主, 유비를 지칭)께서 휘하 군사에게 백이(白旄)로 독려하던 것처럼 하면…(諸葛亮與兄瑾書雲…중략…到所督先主帳下白旄西方上兵也.)"[66] 이처럼 유비는 직접 손으로 삭모를 꾸미어 병사들의 사기를 진작시키기도 한 것으로 보인다. 그러나 이를 두고 원문과 같이 제갈량이 이런 유비의 모습을 보고 상반된 충언을 하는 기록도 존재하는데(≪魏略≫曰 : 諸葛亮見劉備. 備性好旄, 時有以旄牛尾與備者, 備手自結之. 亮曰 : 將軍當復有遠志耶, 止結旄而已. 備知亮非常人. 乃投旄而謂曰 : 以忘憂耳.), 제갈량은 강단 있고 근엄한 황제 유비의 모습을 기대한 것이다.

13. 극벽(屐癖, 나막신을 좋아하는 벽)

조약(祖約)은 재물을 좋아하였고, 완부는 나막신을 좋아했다. 모두 해가 되는 것인데 어느 것이 더 좋고 나쁜 것인지 가릴 수 없었다. (그러다) 어떤 사람이 조약의 집에 이르렀는데, 마침 재물을 헤아리고 있는 그를 보았다. 손님이 이르자 조약이 (재물을) 숨기며 보지 못하게 막아섰으나 차마 다 가리지 못하고 작은 상자 두 개를 (치우지 못한 채) 남기게 되고 (이를) 등 뒤에 두고는 몸을 기울여 막아섰는데 편안해하지 못했다. (반면에) 어떤 사람이 완부를 찾아갔다. 마침 자신의 나막신에 밀랍 칠을 하고 있는 그를 보았는데, 완부가 스스로 한탄하며 말하길, "내 남은 일생 동안 얼마나 이 나막신을 더 신을지 모르겠다."라고 하였는데, 그 안색이 여유 있고 편안해하였으니 여기서 승부는 비로소 갈리었다. [미주 : 여기까지 이를 필요도 없이 승부는 알 수 있다.]

---

[66] 원문과 해석은 한국고전번역원 제공·김철희 역, ≪성호사설(星湖僿說)·제5권·만물문(萬物門)≫을 따랐다.

조주 : 재물을 좋아하는 기색을 보이지 않는 완부는 평생 자신을 지기(知己)로 삼았다.

[祖約性好財, 阮孚性好屐, 同是累而未判其得失. 有詣約見正料財物, 客至, 屛當不盡, 餘兩小簏, 以著背後, 傾身障之, 意未能平. 或有詣阮, 正見自蠟屐[67], 因自嘆曰 : "未知一生當着幾量屐.", 神色甚閒暢. 於是勝負始分.[68] (眉註 : 不必到此方見勝負.) 條註 : 不將好財相形, 阮生當以我爲知己.]

[설명]

완부(阮孚), 약 278년에 출생하여 326년에 사망하였다. 자는 요집(遙集)이다. 진조(晉朝)의 대신을 지냈으며 죽림칠현의 완함(阮咸)의 아들이다.

그가 좋아했다는 나막신(木屐)은 단순히 이동의 편리함을 위한 복장물(服裝物)이 아니라 위진남북조 문화사 측면에서 당시의 명사(名士)에게 특별한 의미가 있었다.

나막신은 본래 미끄러짐 방지(防滑), 방수(防水), 청량(淸凉)감, 높이 등의 목적으로 사용되었으며 재료를 쉽게 얻을 수 있고 제작법이 간단하며 견고한 것이 특징이다. 고고학적 연구와 발굴의 성과에 따르면, 나막신은 위진남북조 시기에 제작 기술 등이 크게 발전하고 광범위하게 유행하였다. 현재 출토된 위진남북조 시기의 나막신은 그 종류가 다양한데, 굽(齒)의 유무, 쌍굽(雙齒)의 높낮이 차이, 옻칠, 채색 등에서 차이를 보이고 있다.

무엇보다 나막신은 앞서 언급한 실용적인 목적에 사용되기도 하였지만, 당시 명사들에게 특별한 의미가 있었다. 먼저 ≪세설신어·간오편≫의 한 대목을 보면, "왕자경 형제는 치공을 만날 때면 가죽 신발을 신고 안부를 물으면서 외조카로서의 예의를 깍듯이 차렸으나, 처 가빈이 죽은 뒤에는 모두 굽 높은 나막신을 끌었으며 태도가 오만했다(王子敬兄弟見郗公, 躡履問訊, 甚脩外生禮. 及嘉賓死, 皆箸高屐, 儀容

---

[67] 납극(蠟屐) : 나무가 말라 터지는 것을 방지하기 위하여 겉에 밀랍을 녹여 칠한 나막신.
[68] 원문 출처 및 출현 서적 : ≪진서(晉書)·완적전(阮籍傳)≫, ≪세설신어(世說新語)·아량(雅量)≫

輕慢)."⁶⁹⁾라는 기록이 있는데, 이를 보면 굽 높은 나막신은 단순한 도구의 기능으로서가 아닌 자신의 태도와 감정을 드러내는 역할을 했다는 것을 알 수 있다. 본래 유가 사상은 행위의 규범인 예를 강조하여 적합한 복장의 예 또한 상당히 중시하였다. 그러나 노장 사상을 따랐던 위진남북조 시기의 명사는 사회적 인식에 얽매이지 않는 자유로운 복장을 추구하여 자신의 개성을 드러내었는데 높은 굽의 나막신 또한 그 역할을 담당한 것이다. 이러한 나막신을 완부는 소장하고 즐겨 신었던 것이다.

또한 나막신을 신고 산을 오르며 자유자적 유람하는 현유(玄游)를 즐기기도 하였는데, ≪송서(宋書)·열전 제이십칠(列傳 第二十七)·사령운(謝靈運)≫에 다음과 같은 기록이 있다. "산을 오를때는 항상 나막신을 신었는데, 오를 때는 앞 굽을 떼고, 내려올 때는 뒷 굽을 뗐다(登躡常著木履, 上山則去前齒, 下山去其後齒)." 아울러 굽에 징을 박아서 걸을 때 소리가 나게 하기도 하였다(屐聲).

중국 역사상 어느 시대보다 위진남북조 시대는 이민족의 침입과 내부 혼란으로 사회적 동요와 불안감이 심하였다. 이에 많은 명사들이 속세를 등지며 방달한 언행을 보였다. 방달함은 기이한 행동으로 이어지게 하고 이것이 반복되어 습벽을 이루었다. 이러한 이유로 기이한 행동을 기록하고 있는 ≪벽전소사≫ 등장인물의 상당수가 위진남북조 시대의 명사이다. 이 습벽은 몇 가지 특징을 보이는데, 그중 하나가 특정 사물에 대해 집착하여 소장하는 것이다. 화교의 전벽(錢癖) 또한 그러하다. 공통적으로 발현되는 심리학적 기제로 보인다. 완부의 극벽 또한 나막신으로 자신의 감정을 표출하고 이에 의존하게 되는 성향을 띠게 되면서 하나의 습벽이 된 듯하다.

---

⁶⁹⁾ 해석과 원문은 김장환 譯注, ≪세상의 참신한 이야기 세설신어2≫, 신서원, 2008, 584~585쪽을 따랐다.

〈그림〉 남경시박물관(南京市博物館) 소장(所藏) 동진(東晋)-남조시기(南朝時期) 목극(木屐)

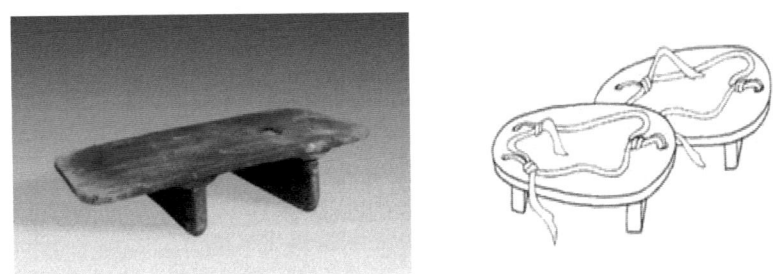

〈그림〉 남경안료방(南京顔料坊) 출토(出土) 동진(東晋) 쌍치(雙齒) 목극(木屐)]
〈그림〉 칠목극계대(漆木屐系帶) 복원도(復原圖)]

14. 결벽(潔癖, 깨끗한 것을 좋아하는 벽)

유병지(庾炳之)는 성격이 청결한 것을 좋아하여 결벽(潔癖)이 있을 정도였다. 사대부가 (그의 집을) 방문하고 물러날 적에는 집 대문을 벗어나기도 전에 바로 자리를 닦고 평상을 (물로) 씻도록 하였다.

왕사미(王思微)는 깨끗하고 말끔한 것(潔淨)을 좋아하였다. (심지어는) 백지(白紙)로 손가락을 싼 다음 양손으로 옷을 집어 들었다고 한다. (한번은) 키우던 개가 자택의 기둥을 (대소변으로) 더럽히자 사미는 문생(門生)으로 하여 물로 씻게 하였는데, (만족하지 못하자) 이에 그치지 않고 (더러워진 부분을) 긁어 깎아 내도록 하였다. 그리곤 다시 "부족하다" 말하며 드디어는 기둥을 통째로 바꾸어 버렸다.

[미주 : 깨끗하기는 하겠지만, 기둥이 (하루가 멀다하고) 갈아치워지겠구나.]

하수지(何修之)는 결벽이 있었다. 하루에 10번도 넘게 씻곤 하였는데, 오히려 부족하여 한스러워하였다. 사람들이 이런 그를 '수음(水淫)있다.' 말하였다.

왕유(王維)가 망천(輞川)에 기거하였다. 고상하게도 깨끗한 땅바닥을 매우 좋아하여, 먼지가 일어나는 것을 용납하지 않았다. 날마다 수십 개의 빗자루를 가지고 쓸고 닦게 하였는데 두 명의 동자(僮子)에게는 오로지 대싸리 빗자리를 얽게 하여도 때때로 모자랐다. [미주 : 비록 벽이나 또한 운치가 있다.]

미불(米芾)은 결벽(潔癖)이 있었는데 집에 있는 집물(什物) 전부를 한 번씩 씻곤 하였으며 건모(巾帽)에 조금의 먼지만 있어도 바로 씻었다. 손님이 가고 나면 반드시 그 앉은 자리와 걸상을 씻고 닦았다. 손을 씻을 때는 은으로 된 구기(斗)에 긴 자루를 달아 노복(奴僕)으로 하여 손 위에 물을 붓게 하여 씻었는데, 수주(水斗)라고 불렀다. 다 씻으면 마를 때까지 박수를 쳤는데, 수건을 써 닦지 않았다. 우연히 타인이 자신의 조화(朝靴)를 잡게 되면 마음속으로 몹시 더럽다고 여겨 누차 씻곤 하였는데 결국에는 훼손될 지경이 되어 다시 신을 수 없게 되었다. [미주 : 광경이 참 우습다.]

예찬(倪瓚)은 결벽(潔癖)이 있었다. 매번 목을 씻을 때는 수십 차례 물을 바꾸곤 하였다. 청비각(淸秘閣) 앞 오동나무에 큰 돌을 두고 날마다 씻고 닦도록 하자 이끼가 온 뜰에 퍼져나갔는데 인적이 드문 곳에 초록빛 요는 사랑할 만하였다.

등울산(鄧蔚山) 자락에 머무를 때의 일이다. 동자에게 칠보샘(七寶泉)에 가서 물을 길러 오도록 하였다. 그러곤 동자의 몸 앞쪽으로 메고 온 물로 차를 끓여 먹었고 동자의 몸 뒤쪽으로 메고 온 물로 발을 씻었다. 사람들이 의아하여 그 연유를 묻자,

"앞의 물은 어떠한 것도 닿지 않아 (깨끗하여) 차를 끓여 먹었고 뒤에 들고 온 물은 혹시 동자가 방귀를 뀌어 더러워질 수 있어 발을 씻는데 사용한 것이오."라고 답하였다.

어느 날 우연히 가희(歌姬) 조매아(趙買兒)와 하룻밤을 보내기 위해 별당(別院)에 묵게 되었는데, 아무래도 조매아가 깨끗하지 못하다고 여겨 목욕하게 하고는 잠자리에 들고자 하였다. 그러곤 몸을 더듬다가 이내 악취가 나자 다시 (매아로 하여) 계속하여 목욕하게 하였다. 마침내는 하룻밤 동안 사랑을 나누지 못하고 이내 그만두었다. [미주 : 운림이 결벽으로 저명하나 마음은 아마 이 같지 않을 듯하다.]

조주 : 깨끗함과 더러움이 서로 대하면, 불결하여 더러워지게 된다. 그렇지만 너무 깨끗하면 따르는 자가 없고, 마음먹은 대로 하지 못한다.

[宗炳之性好潔. 士大夫造之者, 去未出戶, 輒令拭席洗牀.70) 王思微好潔淨. 左右提衣, 悉令用白紙裹手指. 宅中有犬汙71)屋棟, 思微令門生洗之, 意尤不已, 更令刮削, 復言未足, 遂令易柱.72)(眉註 : 潔則潔矣, 柱不勝易.) 何佟之性好潔. 一日之中, 洗滌者十餘過, 猶恨不足, 人稱爲水淫73).74) 王維居輞川75). 雅好潔地, 不容浮塵, 日有十數帚掃治, 專使兩僮縛帚, 有時不給. (眉註 : 雖癖亦韻.) 米芾有潔癖. 屋宇器具, 時一滌之, 巾帽少有塵則濯之, 客去必濯其坐榻, 每盥手, 以銀爲斗76), 置長柄, 俾奴僕執以瀉水于手, 呼爲水斗, 已而兩手相拍至乾, 都不用巾拭. 偶有朝靴, 爲他人所持心甚惡之, 因屢洗遂損, 不可復穿.77)(眉註 : 光景可笑) 倪瓚性好潔, 每盥頸, 易水數十次, 閣78)前置梧

---

70) 원문 출처 및 출현 서적 : ≪송서권오십삼(宋書卷五十三)·열전제십삼유병지전(列傳第十三庾炳之傳)≫
71) '오(汙)'와 동자.
72) 원문 출처 및 출현 서적 : ≪태평어람(太平御覽)·수부(獸部)·권십칠(卷十七)≫, ≪금루자(金樓子)·권육(卷六)·잡기편상(雜記篇上)≫
73) 수음(水淫) : 결벽이 과해 씻기를 병적으로 하는 자를 일컬음.
74) 원문 출처 및 출현 서적 : ≪남사(南史)·열전제육십일(列傳第六十一)≫
75) 망천(輞川) : 오늘날의 섬서성(陝西省) 서안시(西安市) 남전현(藍田縣) 일대를 의미하는데, 왕유는 초당(初唐) 송지문(宋之問)의 별장을 구매하여 살았다고 한다.
76) 주(斗) : 구기는 술이나 기름, 죽 따위를 풀 때, 쓰는 기구. 자루가 국자보다 짧고, 바닥이 오목하다.

石, 日令人洗拭, 及苔蘚盈庭, 人跡罕至綠褥可愛. 居鄧蔚山中, 令童子入山擔七寶泉, 以前桶煎茶, 後桶濯足, 人訝問之曰: "前者無觸, 故煎茶. 後者或爲泄氣所穢, 故以濯足." 偶眷趙買兒, 留宿別院擬其不潔, 俾之浴, 既寢, 且捫而嗅, 復俾浴不已, 竟夕不交而罷.79) (眉註: 雲林80)以潔著名恐不心此.) 條註: 潔與汚對, 不潔則汚矣然太潔者無徒不可着意.]

[설명]

해당 〈결벽〉조는 유병지, 왕사미, 하동지, 왕유, 미불, 예찬 모두 6명의 인물에 관한 결벽 이야기를 기록하고 있다. 지면의 한계로 예찬을 위주로 그에게 있어 결벽은 어떠한 의미였는지를 약술하고자 하며 나머지 인물에 대해서는 생몰년과 원문의 출처 등에 관해 간단히 소개하는 것으로 그치고자 한다.

유병지(庾炳之), 자는 중문(仲文)으로 동진(東晉)시대 관원을 지냈다. 그의 형은 유등지(庾登之)이다. 그가 청결하기를 좋아하였다는 사실은 ≪송서(宋書)·유병지전(庾炳之傳)≫에 기록되어 있다.

왕사미(王思微)에 대한 정확한 기록은 찾아볼 수 없는데 남조(南朝) 제(齊)나라 관리를 지낸 왕사원(王思遠)의 형이다. 그의 결벽에 관한 이야기는 ≪태평어람(太平御覽)·卷九百五·수부(獸部)≫에 기록되어 있다.81)

하동지(何佟之), 남조 여강(廬江) 첨현(灊縣) 출신으로 자는 사위(士威)이다. ≪남사(南史)·卷七十一·열전(列傳)第六十一·유림(儒林)≫에 본고의 원문 내용이 기록

---

77) 원문 출처 및 출현 서적 : ≪송사(宋史)·권444〈열전〉·제203≫, 〈문원(文苑)6〉의 〈미불전(米芾傳)〉(≪이십오사(二十五史)≫[전(全)12책(冊) 중 7-8책)], 上海古籍出版社, 1986.12), ≪요산당외기(堯山堂外紀)·권오십사(卷五十四)·송(宋)≫, ≪사림기사(詞林紀事)≫ 등.
78) 각(閣) : 여기서 '각(閣)'은 예찬(倪瓚)의 장서루(藏書樓)인 청비각(清秘閣)을 가리킨다. 청비각의 장서는 수천 권에 달했다고 전하며 당시 문인들의 회합 장소로 역할을 함.
79) 원문 출처 및 출현 서적 : ≪운림유사(雲林遺事)≫, ≪청비각전집(清閟閣全集)≫, 명(明) 왕기(王錡) ≪우포잡기(寓圃雜記)≫
80) 운림(雲林) : 예찬(倪瓚)의 호(號).
81) ≪금루자≫曰 : 入名山牽白犬, 抱白鶴, 山神大喜, 芝草及寶玉等自出. 又曰 : 王思微性好淨潔, 左右提衣悉令白紙裹手指. 在宅有犬污柱, 思微令門生洗之. 意猶不已, 更令刮削. 復言未足, 遂令易柱.

되어 있다.

왕유(王維), 활동 시기는 699년에서 759년으로 중국 성당(盛唐)의 시인·화가로서 자는 마힐(摩詰)이다. ≪흠정고금도서집성(欽定古今圖書集成)·경제휘편(經濟彙編)·第二百四十六卷≫, ≪고금담개(古今譚槩)·괴탄부(怪誕部)·第二≫ 등에 소개되어 있다.

미불(米芾)에 관한 설명은 〈벽사(癖史)〉의 서화벽(書畫癖)과 석벽(石癖) 조와 〈전사(顚史)〉의 미불편을 참조하길 바란다.

예찬(倪瓚), 원나라 말기 시대의 화가로 자는 원진(元鎭)이며 호는 운림(雲林)이다. 원나라 화류(畵流)의 대가(大家)로서 그의 화풍은 청대의 시서화(詩書畫) 일원론(一元論)에 큰 영향을 미치기도 하였다. 강소(江蘇) 무석(無錫) 출생으로 부유한 가문에서 태어났으나 벼슬길에 나아가지 않고 은둔하며 세상일에 관심을 두지 않았다. 이에 예우(倪迂)라 불렸고 성품은 견개결벽(狷介潔癖)하며 많은 일화가 전해진다.

예찬은 앞서 설명한 바와 같이 성품이 견개하고 결벽하였는데 이러한 그의 성정은 사상과 예술에서 구체적으로 발현되었다. 예를 들면 중국 회화사에서 '고요함(靜)의 회화미학'을 가장 잘 표현 작가로 손꼽힌다. 또한 자호(字號)에서도 삶의 지향점을 엿볼 수 있는데, 원진(元鎭)의 '원(元)'은 노장 사상의 핵심 개념인 '현(玄)'과 유사성을 가지며 운림(雲林), 우(迂) 등은 모두 소요하는 은일한 삶을 추구하려는 의지를 드러낸다고 볼 수 있다. 그가 지은 청비각(淸閟閣)의 '청비(淸閟)'는 생각은 말처럼 달리고 마음은 원숭이처럼 설렌다는 뜻을 가진 의마심원(意馬心猿)한 마음을 막고자 함이었다.[82] 또한 예찬은 원나라 4대 화가로서의 큰 성취를 보여주기도 하였지만 미식(美食) 추구 활동을 하기도 하였다. 심지어는 미식 활동을 연구한 식보(食譜)인 ≪운림당음식제도집(雲林堂飮食制度集)≫을 저술하기도 하였다. 이 책의 내용적 특징을 살펴보면, 재현 가능한 요리법을 제시, 다양하고 평범한 식재료

---

[82] 위 내용은 조민환, 〈倪瓚의 隱逸적 삶과 회화 미학의 상관관계에 관한 연구〉, ≪한국사상과 문화≫제91집, 2022, 414~415쪽의 내용을 참조하여 작성하였다.

활용, 무석 주변 지역의 식문화 반영하고 있는데, 우리가 주목해볼 것은 예찬의 지미(至味) 추구 방식으로 극도의 '깨끗함'을 강조하고 있다는 것이다. 음식을 만들 때 청결을 유지하는 것은 오늘날의 시선으로 보면 당연한 상식이나 당시의 위생에 대한 관념을 생각해보면 놀라운 점이다. 더구나 다른 식보인 ≪중궤록(中饋錄)≫과 ≪산가청공(山家淸供)≫과 비교해보면, ≪중궤록≫의 75가지 조리법 중에 '정(淨)'이라는 글자는 20회 출현하고, ≪산가청공≫의 104가지 조리법의 경우 '정'은 10번 등장한다. 또한 예찬이 사용하고 있는 '극정(極淨, 매우 깨끗함)'은 찾아볼 수 없다. 아래의 표는 식보 ≪운림당음식제도집≫에 등장하는 '정'과 '극정'의 내용을 추록한 표이다.[83]

항목	내용
6) 酒煮蟹法	게를 깨끗이 씻는다.(用蟹洗淨)
10) 新法蛤蜊	조개는 깨끗이 씻는다.(用蛤蜊洗淨) 조개 속의 뻘과 모래를 제거하고 (살을) 다 벤 후 물에 깨끗이 씻으면서 조개 씻은 물은 남겨두는데, 재차 온수로 (조개를) 씻는다.(刮去蛤蜊泥沙, 批破, 水洗淨, 留洗水, 再用溫湯洗)
15) 香螺先生	두드려서 껍데기를 까고, 깨끗한 살을 골라서 씻는다.(敲去殼, 取淨肉, 洗)
16) 江虫	날 것인 상태로 살을 발라서 술로 깨끗이 씻는다.(生取肉, 酒淨洗)
18) 田螺	깨끗이 씻는다.(洗淨)
19) 䑕肉羹	등골뼈를 쓰는데, 먼저 근막을 깨끗이 제거한다.(用脊肉, 先去筋膜淨)
22) 燒蘿蔔法	깨끗한 그릇 안에 넣는다.(置淨器中)
23) 糟姜法	깨끗한 베로 (생강에 난) 여린 싹들을 벗겨낸다.(淨布揩去嫩芽)
24) 煮蘑菇	물로 수 차례 깨끗이 씻는데 모래와 진흙 붙은 것을 다 제거할 때까지 한다.(用水淨洗數四, 至沙泥淨盡)
25) 鄭公酒法	누룩을 솔로 문질러 깨끗이 한다.(刷麴淨)
26-1) 釀法	쌀을 강물로 극도로 깨끗하게 씻는다.(用米, 河水淘極淨)

---

[83] 위 내용은 정세진, 〈예찬의 淨과 至味 추구〉, ≪중국문학≫ 제113집, 2022, 90~98쪽을 참조·요약하여 작성한 것이다.

항목	내 용
31) 川豬頭	극도로 깨끗하게 비벼서 씻어낸다.(刮洗極淨)
43) 白鹽餠子	깨끗한 솥 위에 놓는다.(放淨鍋上)
45) 燒豬肉	고기를 깨끗이 씻는다.(洗肉淨)
47) 新法蟹	물로 깨끗이 씻는다.(以水洗淨)
48) 海蜇羹	깨끗이 씻는다.(洗淨)
49) 煮決明法	먼저 (결명자를) 깨끗이 씻는다.(先洗淨)

    이러한 점을 종합해보면, 예찬의 결벽은 단순히 생활에 있어 청결을 세심하게 신경 쓰고 그것이 남들 시선에 과할 정도로 이해하고 넘어갈 것이 아니라 그가 평생 추구하고자 한 삶의 가치관에서 발현된 습관이라 보아야 할 것이다. 심지어 음식의 조리에 있어서도 극도의 청결과 위생을 강조하고 있는 것을 확인할 수 있었다. 세속적 욕망을 버리고 은일하고 정적이고 담백한 삶을 추구하며 굳게 절개를 지키고 잡된 생각이 없이 마음이 맑고 깨끗한 청허(淸虛)의 사상은 정신적 깨끗함 뿐만 아니라 실제적 깨끗함으로까지 체현된 듯하다.

15. 국벽(菊癖, 국화를 좋아하는 벽)

    도잠은 천성이 국화를 사랑하였는데, 매번 국화를 대할 때면, 술을 내어오게 하여 홀로 마시면서 오랫동안 시부를 읊곤 하였다. [미주 : 정절(靖節)이 국화를 즐겨 취한 것을 두고 단순히 꽃을 감상하기 위함과는 비할 수 없다.] 팽택령(彭澤令)이 되어서는 집 옆에 국화밭을 두어 중구일(重九日)되면 나가 길 가에 앉아 국화꽃 한 줌을 따곤 하였는데, 때로는 술이 떨어지면 홀연히 강주자사(江州刺史) 왕홍(王弘)이 아전(小吏)를 통해 술을 보내왔는데 연명은 이를 마시고 취해 돌아가곤 하였다. [미

주 : 왕홍이 연명의 흥취에 맞춰 그를 즐겁게 하는구나.]

[陶潛性愛菊. 每對花, 命酒獨酌, 吟詠移日. 爲彭澤令, 宅邊有叢菊. (眉註 : 靖節[84]取晚香[85]故耳, 非若賞花者比也.) 重九日[86]出坐徑邊, 採菊盈把, 時無酒, 忽有江州守王弘令. 白衣吏送酒至遂飮醉而歸.[87] (眉註 : 湊趣[88])]

[설명]

도연명(陶淵明), 위진남북조시대 동진(東晋) 말에서 남조(南朝) 송 초에 활동했던 인물로 생몰년은 약 365년에서 427년으로 추정된다. 중국을 대표하는 시인이라 할 수 있다.

중국 문화사에서 국화(菊花)에 대한 인식 변화는 실용적 가치에서 심미적 가치로 발전해왔다. 초기 국화는 야생 식물로서 실용적 가치 측면에서 사람들에게 인식되었다. 즉 국화의 피고 짐을 보고 계절의 변화를 알아차렸으며 약재와 식용으로 활용된 것이다. 이후 국화에 대해 심미적으로 인식하게 되는데 이 과정은 크게 세 단계로 구분할 수 있다. 첫 단계는 선진시기(先秦時期)로 국화에 대한 심미적 인식이 싹트기 시작한다. 굴원(屈原)이 국화에 인격적 상징성을 부여하기 시작하였다. 그의 대표작 〈이소(離騷)〉에 다음과 같은 구절이 있다. "아침에 목란에서 떨어지는 이슬을 마시고, 저녁에는 가을 국화에서 떨어지는 꽃부리를 먹구나(朝飮木蘭之墜露兮, 夕餐秋菊之落英)." 여기서 국화는 애국 충신의 고결함과 쓸쓸함이 내포되어 있다.

다음으로 위진남북조 시기는 도연명이 국화에 은일하고 고결한 품격의 이미지를 부여하여 중국 국화 문화의 기초를 형성하였다. 도원명의 〈귀거래혜사(歸去來兮

---

[84] 정절(靖節) : 도잠의 시호.

[85] 만향(晚香) : 국화를 의미.

[86] 중구일(重九日) : 음력 9월 9일, 중양일(重陽日)이다.

[87] 원문 출처 및 출현 서적 : 당(唐) ≪두공부초당시전(杜工部草堂詩箋)≫고일총서부송마사본(古逸叢書 覆宋麻沙本)

[88] 주취(湊趣) : 다른 사람의 흥취에 맞춰 기쁘게 하는 것을 의미함.

辭))에 "오솔길엔 풀이 우거져있으나 소나무와 국화는 그대로네(三徑就荒, 松菊猶存)."의 구절이 있는데, 여기서 국화는 도연명의 은일하고 고결한 모습의 표상인 것이다. 또한 음주시(飮酒詩) 第五·七首에서도 국화가 등장한다.

〈음주시 제5수〉
結廬在人境, 사람 사는 데로부터 떨어진 곳에 움막 엮어놓았으나
而無車馬喧. 시끄럽게 수레 말 몰고 찾아오는 이 없네.
問君何能爾, 그대에게 묻노니 어찌 그러할 수가 있는가?
心遠地自偏. 마음이 먼 경지에 있으니 사는 땅은 자연 외지게 되네.
採菊東籬下, 동녘 울타리 아래 국화 꺾어 들고
悠然見南山. 어엿이 남산을 바라보노라면,
山氣日夕佳, 산 기운은 날 저물며 더욱 아름답고
飛鳥相與還. 나는 새들 어울리어 보금자리 찾아 돌아가고 있네.
此中有眞意, 이런 가운데 참된 뜻 있거늘
欲辯已忘言. 이를 설명하려다가 문득 말을 잊고 마네.[89]

〈음주시 제7수〉
秋菊有佳色, 가을 국화 빛깔이 아름다워
裛露掇其英. 이슬 적시며 꽃을 따다가,
汎此忘憂物, 이 시름 잊게 하는 술에 띄워 마시며,
遠我遺世情. 나의 세상 버린 정을 더 멀어지게 한다.
一觴雖獨進, 한잔 술을 홀로 들고는 있지만,
杯盡壺自傾. 잔이 다하면 술병은 스스로 기울어진다.
日入群動息, 해 지고 모든 움직임 쉬게 되자
歸鳥趨林鳴. 깃드는 새도 숲속으로 울며 날아간다.
嘯傲東軒下, 동쪽 툇마루 아래 휘파람 불며 거니니,
聊復得此生. 또다시 이 삶이 뿌듯하게 여겨진다.[90]

---

[89] 원문과 해석은 김학주 譯, ≪도연명≫, 명문당, 2013, 149쪽을 따랐다.
[90] 원문과 해석은 김학주 譯, ≪도연명≫, 명문당, 2013, 153쪽을 따랐다.

벼슬을 버리고 전원에 은거하는 도연명에게 국화는 시름을 달래주고 자신을 투영할 수 있는 대상인 것이다. 앞서 언급한 바와 같이 도연명이 은일자의 상징이 되었듯 국화도 은일한 품격이 부여된 것이다. 이에 도연명의 국화벽은 이슬에 젖은 가을 국화를 따다가 술에 띄워 마시는 자연속에서 융화된 그의 삶을 볼 때 국화와 일체된 자신의 성정이다.

이어 송대에 들어서는 구체적으로 두 방면에서 국화 문화가 체현되었는데, 첫째 송대 이학(理學)의 영향으로 국화에 대한 심미적 인식이 윤리적 측면에서 강조되는 경향을 띠고, 둘째, 도연명에 대한 존숭으로 국화는 송대 사람들이 도연명을 이해하는데 중요한 매개체로서 역할을 하는데, 국화, 소나무, 난, 죽, 구기자 등 이미지와 결합되어 국화의 문화적 함의가 확대되고 심화되었다.[91]

서문에 화숙은 '벽'은 자신의 성정과 같다고 하였는데, 도연명의 경우가 이에 가장 부합되어 보인다. 자신의 마음을 국화에 투영하여 시름을 달랬던 것이다. 이에에 도연명이 그러하듯 후대인에게 국화는 은일하고 고결한 표상이 되었다.

16. 주수벽(晝睡癖, 낮잠 자기를 좋아하는 벽)

송나라 화원군왕 조윤량은 천성이 낮잠 자는 것을 좋아하였다. 매일 아침 대낮부터 잠들기 시작하여 해가 저물어서야 비로소 일어나 세수하고 입 헹구고 머리도 빗질하고 단정하게 한 뒤 의관을 정제하고 밖으로 나갔다. (날이 어두우니) 초를 피워 가사를 돌보고 먹고 마시고 잔치하고 즐거워하였다. (이내) 아침이 오면 자리를 파하고 다시 하루 종일 잠들었다. [미주 : 비주작야하니 어찌 '기이하다.' 하겠는가?]

조주 : ≪수향기≫는 숙독할 만하다.

---

[91] 위의 내용은 張榮東, ≪中國古代菊文化硏究≫, 南京師範大學 博士學位論文, 2008, 1쪽 내용을 참조·요약하여 작성하였다.

[宋華元郡王[92]允良, 性好晝睡. 每自旦酣寢, 至暮始興, 盥濯櫛沐, 衣冠而出. 燃燭治家事, 飲食宴樂, 達旦而罷, 則復寢以終日.[93] (眉註: 俾晝作夜[94], 安得云奇.) 條註: ≪睡鄉記≫[95]可以熟讀.]

[설명]

본조의 설명은 같은 편 22조 목마벽(木馬癖)과 연계하여 서술하고자 한다. 그 이유는 22조 고사의 주인공 송나라 연왕(燕王)은 본조 조윤량의 아버지이며 그들의 벽은 같은 이유와 맥락에서 만들어진 것이기 때문이다.

조원엄(趙元儼)은 송 태종 8남이며 조윤량(趙允良)은 그의 아들이자 송 태종(太宗)의 손자이다. 태종은 조원엄을 특별히 아껴 20살이 될 때까지 왕작(王爵)에 책봉하지 않고 곁에 두었다고 한다. 이후 그의 셋째 형 진종(眞宗)이 북송 3대 황제로 즉위하자 광릉군왕(廣陵郡王)과 영왕(榮王)으로 봉작되었다. 이후 1022년 진종이 죽고 그의 조카 조정(趙楨)이 제4대 황제 인종(仁宗)으로 즉위하게 되고 진종의 황후인 유씨(劉氏)가 수렴청정을 하고 있었는데 태후의 눈에 황제의 숙부는 그리 달갑지 않은 존재였고 이때 조원엄은 자신이 일종의 정신분열증인 양광병(陽狂病)이 있다고 말하고는 하루 종일 목마 위에 앉아 식사와 술을 마시며, 광대들에게 음악을 연주하게 하였다고 한다. 조정에서는 두서없이 헛소리를 하며 자신을 정신병자로 위장하였다. 이는 태후의 의심을 피하기 위해서였으며, 결국 그는 유씨가 죽은 이후에도 예우를 받으며 천수를 누리다 1044년 사망하게 된다.

실제 그가 정신병이 있어서 나무로 만든 변기통에 올라간 것은 아닐 것이다. 이

---

92) 화원군왕(華原郡王)
93) 원문 출처 및 출현 서적: 구양수(歐陽修) ≪귀전록(歸田錄)·권이(卷二)≫, ≪송패유초(宋稗類鈔)·권지사(卷之四)≫
94) 비주작야(俾晝作夜): ≪시경(詩經)·대아(大雅)≫에 출원하는 말로, 대낮에도 밤처럼 잔치를 일삼아 정사일을 돌보지 않음을 의미한다.
95) 수향기(睡鄉記): 소식(蘇軾)의 ≪수향기≫를 의미하는 것으로 추측되는데, 잠 속의 세계를 묘사한 단편 산문(散文)이다.

와 관련하여 〈벽사〉16조와 22조의 원문이 기록되어 있는 구양수(歐陽修) 〈귀전록〉의 앞 조(條)에 '황제의 숙부 연왕'에 관한 내용이 있다. 내용은 이러하다.

> 연왕은 태종의 막내아들이다. 태종에게는 8명의 아들이 있었는데, 진종 때 6명이 이미 죽었고 인종이 즉위할 즈음에는 연왕 혼자만 생존해 있었다. 연왕은 황제의 숙부라는 친족 신분으로서 특별히 융숭한 예우를 받았다. 거란에서도 그의 명망을 경외했다. 그의 병세가 위독할 때 인종은 그의 궁에 가서 친히 약을 조제해 주었다. 연왕은 평생 조정에 대해 언급한 적이 없었고 유언으로 한 두 가지 일을 남겼는데 모두 도리에 들어맞았다. 나는 그 당시 지제고(知制誥)로 있었는데, 내가 기초한 관직 추증(追贈) 조서에 그 사실이 모두 기재되어 있다.[96]

이 기록을 보더라도 연왕은 자신의 안위를 위해 기괴한 행동한 것임을 잘 알 수 있다.

다음으로 조윤량은 그의 아버지와 유사하게 별난 벽이 하나 있었는데 바로 낮잠자기를 좋아했던 주수벽이었다. 그는 해가 질 때까지 낮잠을 자는 것을 좋아했다고 하는데 정확하게는 밤낮을 바꾸어 생활한 것이었다. 저녁이 되면 천천히 일어나 세수하고 옷을 정리한 후 촛불을 켜고 집안일을 처리하며 하루를 시작했다. 그는 밤에 가끔 연회를 열어 사람들을 초대해 먹고 마시게 했지만, 개와 말, 여색을 좋아하지 않았고 다른 방탕한 짓도 하지 않았다고 한다. 그는 단지 낮과 밤이 뒤바뀐 생활을 할 뿐이었다. 이렇듯 본심은 그의 아버지가 그랬던 것처럼 그의 사촌인 인종에게 자신은 왕권을 탐내지 않으며, 남의 눈에 보이기를 방탕함을 일삼는 일개 군왕의 모습으로 비치어 목숨을 부지하려 했던 것이다.

이를 보면 두 부자의 벽은 목숨을 부지하기 위한 위장된 습관이니 자신의 진정한 내면을 추구한다고는 할 수 없을 것이다. 하지만 황제가 되지 못한 황가 일원의 불안함이 만들어 낸 벽이라 할 수 있을 것이다.

---

[96] 원문과 해석은 구양수 저·강민경 역, ≪귀전록≫, 학고방, 193~196쪽의 내용을 따랐다. 燕王〈元儼〉, 太宗幼子也. 太宗子八人, 眞宗朝六人〈一無此字〉已亡歿, 至仁宗即位, 獨燕王在, 以皇叔之親, 特見尊禮, 契丹亦畏其名. 其疾亟時, 仁宗幸其宮, 親爲調藥. 平生未嘗語朝政, 遺言一二事, 皆切於理. 余時知制誥, 所作贈官制, 所載皆其實事也.

17. 고비벽(古碑癖, 옛 비석 보기를 좋아하는 벽)

　　손하(孫何)는 고문(옛글, 古文)을 좋아하였는데, 전운사(轉運使)로 재임하던 때에 조세를 매우 가혹하고 엄격하게 집행하여 당시 전국의 주현(州縣)에서 이를 근심하고 있었다. 이에 (어느 현에서 꾀를 내어) 고문자가 거의 닳아 없어진 여러 본의 옛 비석을 구하여 관사(官舍)에 박아 놓았다. (시간이 지나) 손하가 이르러 그 비석을 읽고는 이내 문자를 식별하기 시작하였는데 (그러고는) 손톱으로 머리에 때를 긁적이곤 냄새를 맡으며 마침내는 날이 저물 때까지 계속되었는데, (심지어) 문안 작성 기록도 다시 살펴보지 않았다고 한다. [미주 : 그 또한 문안(文案)97)의 일이다.]

[孫何酷好古文. 爲轉運使日, 政尚奇峻. 州縣患之, 乃求古碑文字磨滅者數本, 釘於館中. 孫至則讀其碑, 辨識文字, 以爪搔髮垢而嗅之, 遂往往至暮, 不復省錄文案.98) (眉註 : 是亦乃文案事)]

[설명]

　　손하(孫何), 961년에 출생하여 1004년에 졸하였다. 자는 한공(漢公)으로 채주(蔡州) 여양(汝陽) 출신이다. 그의 일생에 관해서는 ≪송사(宋史)·卷三百六·열전(列傳)第六十五≫에 전해지는데, "손하는 10세에 음운(音韻)을 깨달았으며, 15세에 능히 문장을 짓고 열성적으로 학문을 닦았으며 고문을 좋아하였다(何十歲識音韻. 十五能屬文, 篤學嗜古)."라는 기록이 있다. 32세에 송 태종(太宗) 순화(淳化) 3년(922)에 과거에 장원 급제하여 문학적 능력을 인정받았는데 이러한 학습 이력 과정에서 자연스럽게 고문을 좋아하게 된 것으로 보인다.

　　원문의 기록과 같이 그가 양절(兩浙)의 전운사 관직을 맡고 있을 때 엄격한 법집

---

97) 문안(文案) : 관청에서 취급하는 문서와 장부 또는 그러한 일을 일컫는 말.
98) 원문 출처 및 출현 서적 : ≪송패유초·권지오(卷之五)≫, ≪속수기문(涑水記聞)·권삼(卷三)≫, ≪사실유원(事實類苑)·권삼(卷三)·담해희학(談諧戲謔)≫

행을 하였는데, ≪속수기문(涑水記聞)≫에 "손하가 전운사가 되었을 때, 하인으로 하여금 조약돌을 지게하고 이르는 곳에 뿌리게 하였다. 하위 관리의 작은 잘못을 보면 땅에 거꾸로 메달아 끌고 갔다. (손하의) 종들 또한 그의 권세를 빙자하여 망령되게 겨울과 여름을 가리지 않고 이르는 곳마다 소란을 일으켜, 사람들이 그를 현명한 관리로 여기지 않았다(何爲轉運使, 令人負礓礫自隨, 所至散之地. 吏應對小誤, 則於地倒曳之. 從者憑其威, 妄爲寒暑, 所至騷擾, 人不稱賢)."라는 기록이 있다. 또한 ≪속자치통감장편(續資治通鑒長編)≫에도 관련 기록이 있다. "손하는 명분과 교화 좋아하여 문인과 자주 교류하였다. 그러나 성질이 조급하여 용납됨이 없었다(何樂名教, 勤接士類. 然性卞急不容物)."

이를 보면, 손하의 고비벽은 문인으로서의 순수한 학문적 호기심 또는 학습욕이 아니라 손하의 작은 실수도 용납하지 못하는 조급한 성미를 두려워한 관리와 손하의 고문 애호가 만들어 낸 습관이다.

18. 다벽(茶癖, 차를 좋아하는 벽)

육우(陸羽)는 ≪다경(茶經)≫을 지어 차의 효능, 달이는 법, 굽는 법을 논하고, 24가지 다구(茶具)를 만들어 이를 도통롱(都統籠)에 담아 멀고 가까운 곳이든 두고 마음을 기울여 애착하였다. (이에) 관심이 있는 사람(好事者)의 집마다 한 벌씩 간직하였다. 소자첨(蘇子瞻)이 말하길, "육우는 다벽이 있다."라고 하였다. [미주 : 노동(盧仝)과 견주어 이길만하다.]

왕중조(王仲祖)는 차 마시는 것을 좋아하였는데 손님이 집에 오면 항상 차를 강권하고 마시게 하였다. 찾아오는 사대부들이 모두 이를 싫어하였다. 매번 왕중조를 문안하고자 할 때는 꼭 다음과 같이 말하였다, "오늘은 물고문(水厄) 당한 날이다."

[陸羽著茶經論, 說茶之功効99), 并煎茶炙茶之法, 造茶具二十四事, 以都統

籠100)貯之, 遠近傾慕. 好事者家藏一副. 蘓101)子瞻曰, 陸羽有茶癖. (眉註: 較勝盧仝102).) 王仲祖103)好飲茶. 賓至, 輒飲之, 士大夫皆患焉. 每欲往候, 必曰: "今日有水厄."104)]

[설명]

육우(733~804), 자는 홍점(鴻漸), 호는 상저옹(桑苧翁), 동강자(東岡子), 동원(東園), 경릉자(竟陵子)로 중국 당나라 시인이자 차(茶)의 전문가이다. 육우는 733년 지적(智積)이라는 스님에 의해 키워졌는데, 지적 스님이 차를 즐겨 마셨던 까닭에 육우 역시 어릴 때부터 차 달이기에 능했고 차를 즐겨 마셨다고 한다. 이로 인해 자연스럽게 차에 관한 지식과 경험을 축적하였다. 이와 관련하여 다음의 고사가 ≪기이록(記異錄)≫과 ≪속다경(續茶經)·사고전서본(四庫全書本)·권하지삼(卷下之三)≫에 전해지는데, 내용은 아래와 같다.

지적 스님은 차 마시기를 즐겼는데 유독 육우가 끓인 차만을 좋아했다. 후에 육우가 수년 간 여행을 떠나자, 지적 스님은 더 이상 차를 마시지 않았다. 대종 황제가 이 일을 듣고 스님의 차를 맛보는 능력을 시험해 보고자 지적 스님을 궁으로

---

99) '효(效)'의 이체자.

100) 도통롱(都統籠) : 각 가지 다구(茶具)를 담는 큰 바구니

101) '소(蘇)'의 속자(俗字).

102) 노동(盧仝) : 당, 생몰(795~835), '초당사걸(初唐四傑)'로 불린 노조린(盧照隣)의 자손으로 벼슬에 뜻이 없어 숨어 살았다고 한다. 차를 즐겨 마셔 '다선(茶仙)'이라 불렸으며 이와 관련된 작품 〈다가(茶歌)〉 등을 짓기도 하였다.

103) 왕중조(王仲祖) : 동진(東晉) 태원(太原) 진양(晉陽) 사람. 자는 중조(仲祖)다. 애제(哀帝) 왕황후(王皇后)의 아버지다. 젊었을 때는 마구잡이로 행동하여 마을 사람들이 사람 취급도 하지 않았다. 뒤늦게 반성하고 행실을 바로잡아 청약(淸約)하다는 칭송을 들었다. 예서(隸書)를 잘 썼다. 사도(司徒) 왕도(王導)가 불러 연(掾)을 삼았고, 장산령(長山令)이 되었다가 중서랑(中書郎)으로 옮겼다. 청담(淸談)에 뛰어나서 목제(穆帝) 영화(永和) 2년(346) 사마욱(司馬昱)이 회계왕(會稽王)의 정치를 보좌했을 때 사랑을 받아 담객(談客) 유담(劉惔)과 함께 입실지빈(入室之賓)으로 불렸다. 사도좌장사(司徒左長史)로 옮겼다. 39살 때 병으로 죽었다. (임종욱 외, ≪중국역대인명사전≫, 2010, 인용)

104) 원문 출처 및 출현 서적 : ≪봉씨문견기(封氏聞見記)≫, ≪고금담개(古今談槪)·벽기부제구(癖嗜部第九)≫

불러들인 후 궁중의 차 잘 달이는 자의 차를 지적에게 맛보도록 명했다. 그런데 뜻밖에도 지적은 한 모금 마신 후 더 이상 마시지 않았다. 황제는 이렇게 해서는 그의 진정한 능력을 알 수 없다고 생각하여 비밀리에 육우를 궁으로 불렀다. 다과연을 열고 지적을 다시 청한 후 몰래 육우에게 차를 끓이도록 명했다. 지적 스님은 그것을 맛본 후 기쁘게 말했다. "이것은 정말 육우가 직접 달인 차로구나!" 그제야 대종 황제는 이 사실을 믿고 즉시 육우를 불러 그의 사부와 대면토록 했다(陸羽點茶圖跋竟陵大師積公嗜茶久非漸兒煎奉不響口羽出遊江湖四五載師絶於茶味代宗召師入內供奉命宮人善茶者烹以餉師一啜而罷帝疑其詐令人私訪得羽召入翌日賜師齋密令羽煎茗遺之師捧甌喜動顔色且賞且啜一擧而盡上使問之師曰此茶有似漸兒所爲者帝由是歎師知茶出羽見之).

성인이 된 육우는 안사의 난(755)이 일어나자 전란의 피해 한수(漢水)를 따라 장강을 건너 760년 절강(浙江) 소계(召溪) 지역의 한 사찰에 은거하며 절강, 강소(江蘇), 강서(江西) 각지의 찻잎 생산지를 방문하여 직접 눈으로 보고 찻잎에 관한 지식을 쌓았을 뿐만 아니라 찻잎과 관련된 경사(經史), 시부(詩賦), 고사, 전설 등의 자료를 수집하였다고 한다. 이러한 지식과 경험을 바탕으로 쓴 것이 바로 오늘날 차에 관해 가장 권위 있는 경전이라 불리는 ≪다경(茶經)≫이다.[105] 참조로 ≪다경(茶經)≫의 저술 시기에 관해서는 의론이 분분하다.

≪다경(茶經)≫은 중국 최초의 차에 관한 전문서로 당대 차에 대한 지식이 응집되어 있다. 일지원(一之源), 이지구(二之具), 삼지조(三之造), 사지기(四之器), 오지자(五之煮), 육지음(六之飮), 칠지사(七之事), 팔지출(八之出), 구지략(九之略), 십지도(十之圖) 등 모두 10부로 구성되어 있으며 약 7,000여 자 정도로 쓰여 있다. 각 부를 간단히 살펴보면 〈일지원〉은 "차는 남방의 가목(嘉木)이다."라는 말로 시작하며 차나무의 기원에 대해서 설명하고 있다. 〈이지구〉는 제다(製茶) 기구를 열거하고 그 사용법을 적고 있다. 〈삼지조〉는 제다 기구를 사용하여 제다할 경우 주의할 점

---

[105] 위의 내용은 리우이링 지음·이은미 옮김, ≪차의 향기-교양으로 읽는 중국 생활 문화≫, 산지니, 2006, 50~58쪽의 내용을 참조·요약하여 작성하였다.

과 만들어진 병차의 품질을 감별하는 법을 설명하고 있다. 〈사지기〉는 차를 마시는 데 사용하는 기구를 열거하고 있다. 〈오지자〉는 〈사지기〉에서 언급하였던 다기를 사용하여 병차를 가루로 만들어 우려낼 때 주의해야 할 여러 사항들을 말하고 있다. 〈육지음〉은 차를 마시는 법에 대해서 말하고 있다. 〈칠지사〉는 ≪다경≫저작 이전의 차에 대한 사료집 49종을 망라하고 있다. 〈팔지출〉에서는 당시 차 산지에 대해서 상세하게 기술하고 있다. 〈구지략〉은 약식 차의 경우, 생략하여도 좋은 기구를 열거하고 있으며 〈십지도〉는 50자의 간략한 장으로 흰 비단에 앞서 언급한 차의 근원, 기구, 방법, 마시는 법 등을 요약한 내용을 그림으로 그려 좌석에 걸어 놓도록 하는 형식으로 글 전체 내용을 이해할 수 있게 하였다.[106] ≪다경≫은 이후 1,000년간 160부의 차에 관련한 전문 서적이 등장하였지만 이를 넘어선 것은 없다는 평을 받는다. 차 문화의 완전한 체계를 전달하고 있는 불후의 저작인 것이다. 한 개인의 차에 대한 벽이 만들어 낸 위대한 결과물이다.

　왕중조(王仲祖), 본명은 왕몽(王濛)이다. 동진(東晉) 태원(太原) 진양(晉陽) 사람으로 자가 중조(仲祖)이다. 왕중조가 차를 좋아했다는 사실은 그로부터 유래된 수액(水厄)이 잘 말해준다. 이 수액은 (손님에게) 왕몽이 차를 강권하여 손님 입장에서 물(水) 즉 차(茶)로 인하여 재액이 생긴다는 것에 비유한 것인데, 연구에 따르면, 중국 남조(南朝) 동진(東晉)과 북조(北朝) 오호십육국(五胡十六國) 시대에 이 수액에 대한 의미가 달랐다고 한다. 당시 북조에서는 차를 수액이라고 하여 헷갈리게 사용하고 있었다는 것이다. 예를 들면 남조 양 무제(梁 武帝, 재위 502~549년)의 양자였던 서풍후(西豊侯) 소정덕(蕭正德)이 북조로 귀순했을 때, 원예(元乂)는 그를 위하여 차를 대접하며 그에게 다음과 같이 물었다고 한다. "경은 수액(水厄)을 어느 정도 마십니까?" 그러자 소정덕은 원예가 하는 말을 이해하지 못했다는 고사가 있다. 이 현상은 차 마시는 것이 남조에서 북조로 전승되어 가는 과정에서 나타난 현상으로 이해할 수 있다.[107]

---

[106] 위의 내용은 누노메 초우·정순일 옮김, ≪중국 끽다(喫茶) 문화사≫, 동국대학교출판부, 2012, 161~213쪽의 내용을 참조·요약하여 작성하였다.

19. 투벽(妬癖, 질투하기를 좋아하는 벽)

이익(李益)은 질투하는 벽(妬癖)이 있었는데, 매일 밤 (문 앞에) 재를 뿌리고 문을 걸어 아내와 첩을 단속하였다. 이익이 외출 시에는 침대에 있는 영십이랑(營十一娘)을 욕조로 덮어놓고, 빙 둘러 봉하여 표식해 놓고 돌아온 뒤 반드시 자세히 살펴보고 난 뒤에 다시 풀어주었다. [미주 : 어리석은 남자다.]

[李益有妒癖. 每夜散灰扃戶, 以防妻妾. 出則以所解108)覆營於牀, 周廻封署, 歸必詳視, 然後乃開.109) (眉註 : 呆漢110))]

[설명]

이익(李益), 746년 출생하여 829년에 졸하였다. 자는 군우(君虞)이며 농서(隴西) 고장(姑臧) 출신이다. 남긴 작품으로는 〈야상수강성문적(夜上受降城聞笛)〉과 〈정인가(征人歌)〉, 〈조행(早行)〉 등이 있으며 대력십재자(大曆十才子) 중 한 사람으로 꼽힌다. 그가 질투하는 '투벽' 있었다는 사실은 ≪구당서(舊唐書)·권이백삼십칠(卷一百三十七)·이익(李益)≫111)에 기록되어 있는데, 질투벽(妒癖)을 '이익의 병(李益疾)'이라 부르기도 할 만큼 그의 질투벽은 대단했던 것으로 보인다.

또한 이익이 질투벽으로 오랜 시간 사람들의 인식에 남아 전해질 수 있었던 이유 중 하나는 중당(中唐, 766~835)시기의 대표적인 전기소설(傳奇小說)이라 할 수 있는 〈곽소옥전(霍小玉傳)〉 때문이다. 이 소설은 기녀 곽소옥과 이익(李益)을 주인공

---

107) 위의 내용은 누노메 초우·정순일 옮김, ≪중국 끽다(喫茶) 문화사≫, 동국대학교출판부, 2012, 122~125쪽의 내용을 참조·요약하여 작성하였다.

108) ≪곽소옥전(霍小玉傳)≫에 '욕곡(浴斛)'로 기록되어 있어 이를 따라 해석하였다.

109) 원문 출처 및 출현 서적 : ≪태평광기(太平廣記)·권사백팔십칠(卷四百八十七)·잡전기(雜傳記)·〈곽소옥전〉≫

110) 태한(呆漢) : 어리석은 남자를 지칭하는 말.

111) "然少有癡病, 而多猜忌, 防閑妻妾, 過爲苛酷, 而有散灰扃戶之譚聞於時, 故時謂妒癡爲李益疾."

으로 삼았다. 작가 장방(蔣防)은 작품 안에서도 이익을 질투가 심한 인물로 묘사하고 있다. 내용을 간략히 소개하면 진사 이익과 장안의 기녀 곽소옥이 서로 사랑하였으나 이익은 부모의 기대와 압력에 못 이겨 소옥을 버리고 명문가의 규수와 결혼하게 된다. 이에 소옥이 마음의 상처와 그리움으로 시름시름 앓고 끝내는 원한을 품고 죽게 된다. 악귀가 된 소옥이 이익의 부부를 서로 의심하게 만들어 이익은 결국 세 번이나 아내를 맞이하게 되는 불행한 결말로 끝이 나게 된다. 여기서 이익이 아내를 의심하며 질투하는 한 대목을 살펴보자.

"노씨를 쫓아버린 후에도 이생은 눈이 맞아 동침한 계집종들마저 의심하기가 일쑤였고 심지어는 의심이 지나쳐 죽여버리기까지 하였다.
한번은 이생이 광릉에 가 놀다가 거기에서 소문난 가녀 영십일랑을 데리고 집으로 돌아왔다. 영십일랑이 음전하고 아리땁게 생겨서 이생은 그를 몹시 사랑하였다. 두 사람이 할 일 없이 심심풀이로 이야기를 나눌 때면 이생은 이런 말을 하곤 하였다.
'내가 전에 한 곳에서 한 처녀한테 장가를 든 적이 있었는데 내 비위에 거슬리는 일을 해서 그만 수작을 꾸며 죽여버렸소.'
이생이 날마다 이렇게 말해주는 뜻인즉 영십일랑에게 으름장을 놓음으로써 내실을 더럽히는 일을 미연에 방지하자는 생각에서였다. 뿐만 아니라 외출시에는 영십일랑을 침상에 눕게 하고 큰 함지를 가져다 덮어 씌운 뒤 주변에 종이로 봉인을 하였으며 집에 돌아와서는 깐깐히 봉인 딱지를 검사하고 나서야 함지를 제쳐 놓곤 하였다. 그리고 이생에게는 아주 날카롭게 생긴 비수 한 자루가 있었는데, 그는 노상 이 비수를 만지작 거리며 계집종들에게 '이건 신주 갈계에서 난 쇠붙이인데 못된 짓을 한 연놈의 목을 짜르는데 쓰는거야.'라고 하였다.
결국 이생이 얻은 아내들은 의심과 강샘을 받게 되었다. 그리하여 이생이 세 번 맞아들인 아내들은 다 노씨와 같은 운명을 면할 수 없었다 한다."112)

---

112) 해석은 남영진 역, ≪당송전기선집≫, 한국문화사, 69~70쪽을 따랐다. "盧氏既出, 生或侍婢媵妾之屬, 蹔同枕席, 便加妬忌. 或有因而殺之者. 生嘗遊廣陵, 得名姬曰營十一娘者, 容態潤媚, 生甚悅之. 每相對坐, 嘗謂營曰：〈我嘗於某處得某姬, 犯某事, 我以某法殺之.〉日日陳說, 欲令懼己, 以肅清閨門. 出則以浴斛覆營於床, 週迴封署, 歸必詳視, 然後乃開. 又畜一短劍, 甚利, 顧謂侍婢曰：〈此信州葛溪鐵, 唯斷作罪

위의 한 대목을 보면 이익의 투벽은 의심과 질투를 넘어 살인에 이르는 정도이니 본고에서 소개하고 있는 벽 가운데 개인의 예술적 집착 또는 성취, 가치관의 발현으로 생긴 벽이 아닌 정신병에 가장 가까운 벽이라 할 수 있겠다.

20. 화벽(花癖, 꽃을 좋아하는 벽)

장적(張籍)은 화훼를 매우 좋아하였다. 한 번은 고관대작의 공후(公侯) 자택에 동백나무 한 그루가 있었는데 그 꽃봉오리 크기가 한 동이만 하다는 이야기를 들었다. 아무래 생각해 보아도 그 동백나무를 얻을 수 있는 방법이 없었다. 이에 자신이 사랑하던 여인(愛姬) 유엽(柳葉)과 바꾸었다. 사람들이 이런 그를 이으러 화음이라 하였다. [미주 : 유엽(柳葉)을 동백나무(山茶)와 견줄만하구나.]

조주 : 애첩을 꽃과 바꾼 일 또한 운치 있는 일이다. 시인은 늘 미인을 꽃에 비유하고, 꽃을 미인에 비유한다. 이에 꽃으로 꽃을 바꾼 일이 괴이할 게 뭐가 있으랴?

[張籍性耽花卉. 聞貴侯家, 有山茶一株, 花大如盎. 度不可得, 乃以愛姬柳葉換之. 人謂花淫.[113] (眉註 : 柳葉可配山茶.) 條註 : 愛妾換花亦一韻事. 詩人每以美人比花, 花比美人, 此以花換花, 亦何足怪?]

[설명]

장적(張籍), 당나라 시대 오군(吳郡) 사람으로 자는 문창(文昌)이다. 생몰년은 766년에서 830년으로 추정된다. 덕종(德宗) 정원(貞元) 15년(799)에 진사가 된 후 수부원외랑(水部員外郎)과 국자사업(國子司業) 직을 지내 '장사업(張司業)' 또는 '장수부(張水部)'로 불리기도 하였다. 높은 벼슬을 지내진 못했지만 한유(韓愈)의 추천

過頭) 大凡生所見婦人, 輒加猜忌, 至於三娶, 率皆如初焉."
[113] 원문 출처 및 출현 서적 : ≪고금담개(古今譚槪)·벽기부(癖嗜部)·화벽(花癖)≫

으로 국자박사(國子博士)를 맡기도 하였다. 그러나 태상시태축(太常侍太祝)의 하급 관직을 지낼 때 눈 질환을 앓았다는 기록이 있는데 이때 눈이 멀었던 것으로 보인다. 이를 두고 맹교(孟郊)가 그를 '가난하고 눈 먼 장태축(窮瞎張太祝)'이라 부르기도 하였다. 맹교의 평가에서 알 수 있듯이 그는 출신 집안이 가난하였으며 낮은 관직을 전전하였는데, 이런 개인적 성장과 관직 배경은 자연스럽게 민간의 삶과 잦은 교류를 형성하였고 그의 시 작품의 제재로 쓰여 주로 전쟁의 비정함과 백성들의 고난, 관리의 횡포, 부녀자의 비극 등 민간의 삶에 초점을 맞춘 작품을 다작하였다. 대표적 작품으로 ≪정부원(征婦怨)≫, ≪축성사(築城詞)≫, ≪야로가(野老歌)≫ 등이 있다. 이런 점에서 그는 현실주의적 작가의 전범(典範)이라 할 수 있는 두보를 닮으려고 노력했는데, 심지어 그는 두보의 시를 불로 태워 갈아 마셨다고 한다. 후인들은 장적을 두보의 계승자 중 한 사람으로 꼽기도 한다.

또한 소시(小詩)로서 자연 또는 자연물을 읊은 시도 많았는데 그 가운데 '꽃(花)'에 관해 읊은 시 8수를 찾아볼 수 있다. 이를 통해 그가 꽃을 얼마나 좋아하였는지를 일면 가늠해볼 수 있을 것이다. 이를 제외하고 장적이 특별히 꽃을 좋아했던 이유에 관해 기록한 문헌은 찾아볼 수 없었다. 8수는 다음과 같다. 〈석화(惜花)〉一, 〈석화(惜花)〉二, 〈석화(惜花)〉三, 〈안화(岸花)〉, 〈화배부사간앵도화(和裴仆射看櫻桃花)〉, 〈당창관간화(唐昌觀看花)〉, 〈고원행화(古苑杏花)〉, 〈구화관간화(九華觀看花)〉. 그 가운데 〈석화(惜花)〉三 시 한 수를 보도록 하자.

山中春已晚, 산중의 봄은 벌써 저물어,
處處見花稀. 곳곳에 꽃은 드물게 보이네.
明日來應盡, 내일 오면 응당 다 저버릴 것이니,
林間宿不歸. 숲에서 묵으며 돌아가지 않아야지.

21. 갈고벽(羯鼓癖, 갈고의 연주를 좋아하는 벽)

당 현종은 갈고(羯鼓)를 아주 좋아하였지만 거문고는 좋아하지 않았다. 회합에서 거문고 한 곡조를 끝내기도 전에 연주자를 꾸짖으며 퇴장하게 하고 내시에게 이르길 "속히 화노(花奴)에게 갈고를 가져와 연주하도록 하여 (내 귀가) 더럽혀진 바를 씻어내도록 하여라."라고 하였다. [미주 : 어양(漁陽)에서도 불러 연주하게 했을까 두려울 뿐이다.]

조주 : 현종은 왜 안녹산을 아낀 것인가? 내가 장난삼아 말하자면 조갈구(臊羯狗) 이기 때문이다.

[唐玄宗酷嗜羯鼓, 而不好琴. 會聽琴一弄, 未畢, 叱琴者出, 謂內侍曰 : "速令 花奴將羯鼓來, 爲我解穢."114) (眉註 : 秪恐漁陽115)亦來.) 條註 : 明皇116)何以 愛祿山也? 余戲曰 : "臊羯狗117)也."]

[설명]

당나라 제9대 황제 현종(玄宗, 685~762년), 재위 기간은 712~756년이다. 본명은 이융기(李隆基)이다. 712년 예종이 현종에게 황위를 양위하여 황제의 자리에 올랐으나 실질적인 권한은 태평공주와 그 측근이 장악하고 있었다. 713년 태평공주와의 권력 투쟁에서 이기고 공주가 자결, 황권을 완전히 장악하게 된다. 이후 연호를 개원(開元)으로 바꾸고 관료 조직을 대폭 개혁, 국가 재정 회복, 대운하 개수, 문화 진

---

114) 원문 출처 및 출현 서적 : 남탁(南卓) 《갈고록(羯鼓錄)》, 소식(蘇軾) 《유미당폭우(有美堂暴雨)》, 범성대(范成大) 《개원천보유사(开元天寶遺事)》

115) 어양(漁陽) : 범양(范陽)의 중심지로 안녹산이 범양절도사로 있으면서 반란을 일으킨 곳이다. 당나라 안녹산의 난이 일어난 지역인 것이다.

116) 명황(明皇) : 현종의 시호.

117) 조갈구(臊羯狗) : 중국 북방의 이민족을 낮추어 부르는 말로, 안녹산이 이민족 출신이라 이렇게 부르는 것이다.

홍, 둔전(屯田) 개발 등으로 새로운 전기를 마련했으며, 밖으로는 동돌궐(東突厥)·토번(吐蕃)·거란(契丹) 등의 이민족 침입을 대비하여 국경지대 방비를 튼튼하게 하여 '개원(開元)의 치(治)'를 이끌었다. 그러나 만년에 정치를 돌보지 않고 도교(道教)와 애첩 양귀비(楊貴妃)에 빠져 국력을 낭비하게 된다. 결국 안록산의 난(755)이 일어나고 촉 지역(사천)으로 피신한 뒤 숙종(肅宗, 재위 756~762)에게 양위하고 상황(上皇)이 되었다. 이후 장안으로 돌아와 감로전(甘露殿)에서 거처하며 5년 뒤 지난 날의 허무함과 영화에 대한 그리움으로 병들어 죽었다.

그는 문학, 미술, 음악, 서예를 애호하는 등 예술적 소양이 상당히 높았다. 특히 본문의 내용과 같이 음악에 있어 갈고(羯鼓)의 연주를 좋아했다고 전해진다. 이 갈고는 고대 타악기의 일종으로 서역 즉 오랑캐의 악기로 동진(東晉)시기 중국에 전래되었다고 한다. 양가죽으로 제작되었으며 음이 높고 빠른 박자의 연주에 사용되며 연속적으로 북을 칠 때에 적합했다고 한다. 이러한 갈고의 특징을 잘 나타낸 시 한 수가 있다. 이상은(李商隱)의 〈용지(龍池)〉이다.

龍池賜酒敞雲屛,	용지 연회에 운모 병풍을 펼쳐 놓았고,
羯鼓聲高衆樂停.	갈고 소리 높아 다른 악기는 멈추었네.
夜半宴歸宮漏永,	야밤 연회 끝나 왕자 모두 돌아갔으나,
薛王沉醉壽王醒.118)	설왕은 취하고 수왕은 잠 못 이루었네.

갈고는 중국 동한 시기부터 남북조 시대에 이르기까지의 이민족 국가였던 흉노(匈奴), 갈(羯), 선비(鮮卑), 저(氐), 강(羌)의 오호(五胡) 중 하나인 갈족(羯族)의 악기이다. 이에 화숙이 조주에 "현종은 왜 안녹산을 아낀 것인가? 내가 장난삼아 말하자면 조갈구(臊羯狗)이기 때문이다."라고 한 것은 황제가 이민족 출신인 안녹산을 총애한 것이 조갈구(중국 북방 이민족을 낮추어 부르는 말) 출신이기 때문이라 말하며 황제가 좋아하였다는 갈고의 연주도 이민족의 조갈구의 것이기 때문임을 연

---

118) 위 문장의 해석과 원문은 李海元, 〈唐詩에 나타난 西域 樂器〉, ≪中國學論叢≫ 제33집, 2011, 64~65쪽 내용을 참조·요약하여 작성하였다.

상하게 하여 현종을 에둘러 풍자하고자 했던 것이다.

원문과 같은 내용이 현종이 갈고의 연주를 좋아했었다는 사실은 또한 당대(唐代) 남탁(南卓)의 갈고에 대한 전문 문장 〈갈고록(羯鼓錄)〉에도 기록되어 있으며, ≪신당서(新唐書)·권이십이(卷二十二)·지제이십(志第十二)·예악이십(禮樂十二)≫에 "황제(현종)은 갈고를 좋아하였는데, … 늘 말하길 '갈고는 팔음(八音)의 으뜸으로 모든 음악에 필수적인 악기이다.'(帝又好羯鼓, … 帝常稱 '羯鼓, 八音之領袖, 諸樂不可方也.')"라는 기록을 보면 당 현종의 음악 소양이 높았음을 알 수 있다.

그러나 화숙이 풍자한 바와 같이 이민족 갈족의 갈고에 빠진 현종은 한때 총애하였던 이민족 장수 안록산에 의해 배신당하게 되고 갈고 연주는 결과적으로 단순한 우연이 아니라 현종이 만들어 낸 망조의 전주곡(前奏曲)이 되었다.

〈그림〉 막고굴(莫高窟) 제112굴(第112窟) 고갈고(敲羯鼓) 중당(中唐)

22. 목마벽(목마 타기를 좋아하는 벽)

송나라 연왕(燕王)은 목마(木馬子) 타기를 좋아하였다. 한 번 올라타면 내려오지 않았는데, 때로 배가 고프면 말 위에 올라타 식사를 하기도 하였다. 때로는 타다 흥이 오르면, 앞에서 음악을 연주하도록 하여 종일토록 취해 노래 불렀다.

조주 : 남들과 다른 상상력이다.

[宋燕王好坐木馬子. 坐則不下, 或饑則便就其上飮食. 往往乘興奏樂於前, 酣歌終日.119) 條註 : 出人意想.]

[설명]

본조의 설명은 같은 편 16조 주수벽과 연계하여 서술하고자 한다. 그 이유는 22조 고사의 주인공 송나라 연왕(燕王)은 16조 조윤량의 아버지이며 그들의 벽은 같은 이유와 맥락에서 만들어진 것이기 때문이다.

조원엄(趙元儼)은 송 태종 8남이며 조윤량(趙允良)은 그의 아들이자 송 태종(太宗)의 손자이다. 태종은 조원엄을 특별히 아껴 20살이 될 때까지 왕작(王爵)에 책봉하지 않고 곁에 두었다고 한다. 이후 그의 셋째 형 진종(眞宗)이 북송 3대 황제로 즉위하자 광릉군왕(廣陵郡王)과 영왕(榮王)으로 봉작되었다. 이후 1022년 진종이 죽고 그의 조카 조정(趙禎)이 제4대 황제 인종(仁宗)으로 즉위하게 되고 진종의 황후인 유씨(劉氏)가 수렴청정을 하고 있었는데 태후의 눈에 황제의 숙부는 그리 달갑지 않은 존재였고 이때 조원엄은 자신이 일종의 정신분열증인 양광병(陽狂病)이 있다고 말하고는 하루 종일 목마 위에 앉아 식사와 술을 마시며, 광대들에게 음악을 연주하게 하였다고 한다. 조정에서는 두서없이 헛소리를 하며 자신을 정신병자로 위장하였다. 이는 태후의 의심을 피하기 위해서였으며, 결국 그는 유씨가 죽은 이

---

119) 원문 출처 및 출현 서적 : 구양수 ≪귀전록·권이(卷二)≫

후에도 예우를 받으며 천수를 누리다 1044년 사망하게 된다.

실제 그가 정신병이 있어서 나무로 만든 변기통에 올라간 것은 아닐 것이다. 이와 관련하여 〈벽사〉16조와 22조의 원문이 기록되어 있는 구양수(歐陽修) 〈귀전록〉의 앞 조(條)에 '황제의 숙부 연왕'에 관한 내용이 있다. 내용은 이러하다.

> 연왕은 태종의 막내아들이다. 태종에게는 8명의 아들이 있었는데, 진종 때 6명이 이미 죽었고 인종이 즉위할 즈음에는 연왕 혼자만 생존해 있었다. 연왕은 황제의 숙부라는 친족 신분으로서 특별히 융숭한 예우를 받았다. 거란에서도 그의 명망을 경외했다. 그의 병세가 위독할 때 인종은 그의 궁에 가서 친히 약을 조제해 주었다. 연왕은 평생 조정에 대해 언급한 적이 없었고 유언으로 한 두 가지 일을 남겼는데 모두 도리에 들어맞았다. 나는 그 당시 지제고(知制誥)로 있었는데, 내가 기초한 관직 추증(追贈) 조서에 그 사실이 모두 기재되어 있다.[120]

이 기록을 보더라도 연왕은 자신의 안위를 위해 기괴한 행동한 것임을 잘 알 수 있다.

다음으로 조윤량은 그의 아버지와 유사하게 별난 벽이 하나 있었는데 바로 낮잠 자기를 좋아했던 주수벽이었다. 그는 해가 질 때까지 낮잠을 자는 것을 좋아했다고 하는데 정확하게는 밤낮을 바꾸어 생활한 것이었다. 저녁이 되면 천천히 일어나 세수하고 옷을 정리한 후 촛불을 켜고 집안일을 처리하며 하루를 시작했다. 그는 밤에 가끔 연회를 열어 사람들을 초대해 먹고 마시게 했지만, 개와 말, 여색을 좋아하지 않았고 다른 방탕한 짓도 하지 않았다고 한다. 그는 단지 낮과 밤이 뒤바뀐 생활을 할 뿐이었다. 그러나 본심은 그의 아버지가 그랬던 것처럼 그의 사촌인 인종에게 자신은 왕권을 탐내지 않으며, 남의 눈에 보이기를 방탕함을 일삼는 일개 군왕의 모습으로 비치어 목숨을 부지하려 했던 것이다.

---

[120] 원문과 해석은 구양수 저·강민경 역, ≪귀전록≫, 학고방, 193~196쪽의 내용을 따랐다. 燕王〈元儼〉, 太宗幼子也. 太宗子八人, 眞宗朝六人〈一無此字〉已亡歿, 至仁宗即位, 獨燕王在, 以皇叔之親, 特見尊禮, 契丹亦畏其名. 其疾亟時, 仁宗幸其宮, 親爲調藥. 平生未嘗語朝政, 遺言一二事, 皆切於理. 余時知制誥, 所作贈官制, 所載皆其實事也.

이를 보면 두 부자의 벽은 목숨을 부지하기 위한 위장된 습관이니 자신의 진정한 내면을 추구한다고는 할 수 없을 것이다. 하지만 황제가 되지 못한 황가 일원의 불안함이 만들어 낸 벽이라 할 수 있을 것이다.

23. 서화벽(書畫癖, 서화를 좋아하는 벽)

미원장(米元章)은 서화(書畫)를 매우 좋아하였다. 진(晉)·당(唐)의 여러 진적(眞蹟)들을 소장하였는데 그의 책상에는 하루도 고서화들이 펼쳐져 있지 않은 적이 없었다. 손에서 붓을 놓지 않고 진적들을 임서(臨書)하는 밤이면 작은 책상자(小笈)를 배게 옆에 두고는 일찍이 사람들로부터 빌린 고서화를 임탑(臨搨)하였다. 임탑을 마치면 모본[(模本), 안본(贗本)]과 진적(眞籍)을 한데 모아 돌려주었는데 글(書)의 주인들에게 스스로 모본과 진적을 가려보게 하였으나, (아무도) 구분해 내지 못했다고 한다. [미주 : 임모(臨摹)에 뛰어난 글 솜씨를 지녔다.]

[米元章酷嗜書畫. 所藏晉唐眞蹟, 無日不展於几上. 手不釋筆, 臨學之夜, 則以小笈置枕榜嘗從人借古書畫臨搨.121) 竟倂以眞贗本歸之, 俾之自擇, 莫能辨也.122) (眉註 : 善臨摹手.)]

[해설]

미불은 시(詩)·서(書)·화(畫)에 모두 뛰어나 '삼절(三絶)'이라 불렸다. 그 가운데

---

121) 임탑(臨搨) : '임'과 '탑'은 서예 학습법의 일종으로 '임'은 비첩(碑帖)을 곁에 두고 그 필획을 보면서 따라 연습하는 법이다. '탑'은 종이를 비첩 위에 두고 비친 필체를 따라 모사(描摹)하는 것을 말한다.

122) 원문 출처 및 출현 서적 : ≪송사(宋史)·권444·〈열전〉 제203≫, 〈문원6〉의 〈미불전〉(≪이십오사≫ (전12책 중 7-8책), 上海古籍出版社, 1986.12), 송 주휘(周輝) ≪청파잡지(淸波雜志)·권오≫, 마종곽(馬宗霍) ≪서림기사(書林紀事)·권이(卷二)≫ 등 미불의 서예에 관한 고사(古事)는 수많은 필기소설류(筆記小說類) 기록에서 전해지고 있다.

그의 '화'는 미점(米点) 즉 붓을 옆으로 뉘어서 횡으로 찍는 점법(点法)을 특징으로 하는데 이를 미법산수(米法山水)로 부르며 평담(平淡)과 천진(天眞)함을 특히 강조한다. '서'는 소식(蘇軾, 1037~1101), 황정견(黃庭堅, 1045~1105), 채양(蔡襄, 1012~1067)와 함께 북송 4대 서예가로 꼽힐 정도로 유명하였다. 시를 포함한 미불의 문학은 후에 산일(散逸)되어 오늘날 전해지는 시(詩)는 246수(首) 정도이나 그가 시에 뛰어났다는 문인의 평론이 많이 전해진다.

그의 예술적 천재성은 스스로 부단한 노력과 열정으로 이룬 것인데, 특히 서예 학습의 가장 전형적 방식인 임서(臨書)를 통해 자신만의 일가를 이뤘다. 원문의 내용과 같이 다른 사람의 서첩(書帖) 등 배우고자 하는 글을 빌려 곁에 놓고 보면서 낮과 밤을 가리지 않고 연습하였는데 글의 원래 주인에게 돌려주었을 때는 임서한 글과 진적을 구분하지 못할 정도였다고 한다.

또한 그는 출신 성분의 한계로 평생을 주로 지방관으로 전전하였는데, 도리어 이 계기를 통해 다양한 사람과 교유하고 유명 작품을 만날 수 있는 기회로 삼았다. 세상을 떠돌며 평생 서예와 그림과 관련된 것을 수집하고 평가하고 배우고자 한 것이다. 이런 그를 '서화가'이자 '서화 소장가', '서화 이론가', '서화 감식가'라 칭하는 것도 이런 이유이다. 서화 소장에 있어서 독보적인 일면을 보여주었으니, 미불이 유명 서화 소장에 얼마나 강한 집착을 지니고 있었는지는 그의 여러 가지 일화가 잘 대변해주고 있다. 마종곽(馬宗霍)의 ≪서림기사(書林紀事)≫에 고사를 보면, "미불이 진주(眞州)에 있을 때 배에서 채유(蔡攸)를 뵙게 되었는데, 채유가 왕희지의 〈왕략첩(王略帖)〉을 꺼내 보여주었다. 이에 미불이 놀라 감탄하며 그의 그림과 바꿀 것을 청하였다. 그러나 채유가 난색을 보이자 미불이 '만약 제 말대로 따라주시지 않으면 저는 여기서 바로 첩을 강에 버리고 빠져 죽겠습니다.'라 하고는 크게 소리치며 배의 현에서 뛰어내리려고 하자 이에 채유가 마침내 서첩을 주었다. 그러자 미불은 이내 매우 기뻐하였다(米元章在眞州, 嘗謁蔡攸於舟中, 攸出右軍王略帖示之. 元章驚歎, 求以他畫易之, 攸有難色. 元章曰：＂若不見從, 某即投此江死矣.＂ 因大呼, 據船舷, 船欲墮. 攸遂與之, 乃喜.)." 미불이 유명 서예 진적에 얼마나 광적으로 집착하였는지를 알 수 있다. 미불은 단순히 글을 쓰고 그림을 그리는 것, 타인의 서화를 수집하고 모방하는 것, 서화와 관련한 사상과 철학을 세우고 평론하는 것을 모두 서화 학습의 일환으로 여겼던 것이다.[123]

　미불의 예술에 관한 사상과 철학을 전문적으로 논한 문집 및 서화 관련 저술로는 ≪산림집(山林集)≫・≪보진집(寶晉集)≫・≪보진산림집습유(寶晉山林集拾遺)≫・≪보진영광집(寶晉英光集)≫・≪서사(書史)≫・≪서사(書史)≫・≪해악명언(海嶽名言)≫・≪해악제발(海嶽題跋)≫・≪발비각법첩(跋秘閣法帖)≫・≪보진대방록(寶章待訪錄)≫・≪평자첩(評字帖)≫・≪연사(研史)≫・≪화사(畫史)≫・≪방원암기(方圓庵記)≫ 등 매우 다양하며 서예 진적에 대한 평가와 감식・수장에 대한 견해 그리고 서예 이론의 본질적인 특성 등에 관해 자신만의 관점을 제시하고 있다.

24. 석벽(石癖, 돌을 좋아하는 벽)

　미원장(米元章)은 돌을 매우 좋아하였다. 아름다운 돌을 접할 때마다 늘 도포를 갖추고 (돌을 향해) 절하고는 '석장(石丈)'이라 불렀다. 승려 무주(務周)가 단주석(端州石, 端硯)을 소유하고 있었는데, (돌의 형상이) 우뚝 솟아 산을 이루고 그 기슭에 물을 받을 수 있어 가히 조각할 만하였다. 미불이 이를 얻고는 3일을 끌어안고 잤다.

　미불이 일찍이 강소성(江蘇省) 연수(漣水) 지사(知事)로 있을 때 영벽현(靈壁縣)과 인접해 있어 (아름다운 돌을) 수집하였는데, (그 수가) 매우 많았다. 하나하나의 돌을 평하고 쳐다보느라 군의 일은 살피지 않았다. 그때 안찰사(按察使) 양걸(楊傑)이 순시를 왔다. 미불(米芾)이 돌에 미쳐 공무를 돌보지 않는다는 것을 알고는 정색

---

[123] 우재호 외, 〈米芾의 書藝詩를 통해 본 書藝觀〉, ≪中國語文學≫ 제92집, 2023, 5~37쪽의 내용을 요약하여 작성하였다.

하며 그를 꾸짖었다. [미주 : 여러 돌을 품평하는 것 또한 군(郡)의 일이 되었다.]

그러자 미불이 앞으로 나가 소매에서 돌 하나를 꺼내어 놓았는데, 속이 비어 깊은 골짜기를 이루고 그 빛은 매우 영롱하고 산봉우리(峰巒)를 모두 갖추었고, 색은 환하고 윤기가 났다. 이를 들고는 양걸에게 보여주며 말하였다. "이와 같은 돌을 어찌 사랑하지 않겠습니까?" 그러나 양주는 돌아보지도 않았고 미불은 이내 소매로 다시 집어넣고는 또 다른 돌을 (소매에서) 꺼내 놓았다. 첩첩의 산봉우리가 줄지어 있고 기교함이 더욱 돋보였다. 그러고는 다시 소매 안으로 집어 놓고 마지막 돌을 꺼내어 보였다. 하늘이 쪼개고 신(神)이 새긴 듯한 공교함이 극에 다 했다. 그러자 양걸이 홀연히 말하였, "그대 혼자만 아니라 나도 (이 돌들을) 좋아하게 되었소." 그러자 미불이 곧바로 돌들을 움켜잡고 나서더니 수레를 타고 가 버렸다.

조주 : 원석공(袁石公)이 말하길, "도연명의 국화, 임포(林逋)의 매화, 미불의 돌(石) 등, 사람들은 모두 그들의 괴벽(怪癖)을 미담(美談)으로 서로 전하고는 마침내는 (자신들도) 덩실덩실 하나의 물건을 잡고서 버릇이 되다시피 즐겨 좋아하며 혼자 기뻐한다. 아! 잘못되었다. 도연명이 국화를 좋아하는 것은 국화를 좋아하는 게 아니라 도연명 자기 자신을 사랑하는 것이다. 임포가 매화를 좋아하는 것은 매화를 좋아하는 게 아니라 임포 자기 자신을 사랑하는 것이다. 미불이 돌을 좋아하는 것은 또한 미불 자기 자신을 아끼고 사랑하는 것이지 돌을 좋아하는 것은 아니다." 그 속에 천기(天機)는 사람들에게 말로 표현하기 어렵다. 아아!

[米元章性嗜石. 每得佳石, 輒具袍服拜之, 呼爲石丈. 僧敄[124]周[125]有端州石.[126] 屹起成山, 其麓受水, 可磨. 元章得之, 抱之眠三日. 嘗守漣水[127], 地

---

[124] '무(務)'의 속자(俗字).

[125] 무주(務周) : 미상

[126] 단주석(端州石) : 단주석은 '단주(端州)' 지역에서 생산된 원석으로 만든 벼루를 말하는데, 단연(端硯)은 宋代에 널리 쓰였던 벼루 중 하나로 유명하다. 단주는 광동성(廣東省) 조경시(肇慶市)에 속하는데 그곳에 坑이 많아 품질 좋은 원석이 많이 채굴되었다고 한다. 아울러 宋代 서예가 크게 흥성하면서 이와 관련된 지필묵연(紙筆墨硯) 또한 사대부(士大夫)의 관심의 대상이 되었다. 미불 또한 대단히 관심을 두었는데, 단순히 귀한 문방사우를 모으는데 그치지 않았다. 심지어 '벼루(硯)'의 경우, 그는 벼루의 재료가 되는 원석 채굴에서 가공까지의 과정을 전문적으로 논평하고 저서로도 남기기도 하였다.

接靈壁128), 畜石甚富. 一一品目, 不復省錄郡事. 時楊傑爲察使, 知米以好石廢事, 以正言責之. (眉註 : 品題石亦是郡事.) 米徑前, 於袖中取一石. 嶔129)空130)瓏瓏131), 峰巒皆具, 色極淸潤, 擧以示楊曰: "如此石安得不愛." 楊殊不顧, 乃納之袖中, 又出一石. 疊嶂132)層巒133), 奇巧更勝, 又納之袖中. 最後出一石. 盡天劃神鏤之巧. 楊忽曰 : "非獨公愛, 我亦愛也." 卽就米手攫得之, 徑登車去.134) 條註 : 袁石公曰 : "陶之菊, 林之梅, 公之石, 人皆相傳其癖愛爲美談, 遂亦栩栩然執一物, 癖愛以自喜. 嗟哉, 繆矣. 陶之愛菊非愛菊也, 是陶愛陶也. 林之愛梅非愛梅也, 是林愛林也. 公之愛石亦是公愛公也, 非愛石也. 箇中天機難以語人嗟哉.135)]

[설명]

미불의 여러 기행 가운데 하나가 돌에 집착하고 심지어 아름다운 돌은 보고는 예

이에 미불은 누군가가 좋은 벼루를 가지고 있으면 탐내어 반드시 소유하고자 하였다. (李星培, ≪北宋時代의 書論과 書作 硏究≫-蘇·黃·米를 중심으로-, 충남대학교 대학원 박사학위논문, 51쪽, 참조)

127) 연수군(漣水軍) : 오늘날의 중국 강소성(江蘇省) 연수현(漣水縣) 북쪽 일대이다. 미불은 1097년 紹聖 4年에 漣水軍使로 임명되었는데, 한직이었다. 미불은 이 시기 많은 서화수장가들과 교유하며 작품 활동을 왕성히 하였다. 오늘날 전해지는 筆跡은 이 시기의 것이 가장 많다. (姜重來, ≪米芾의 書藝와 書論에 나타난 美意識 硏究≫, 대전대학교 박사학위논문, 43쪽, 참조)

128) 영벽(靈壁) : 영벽은 안휘성(安徽省) 숙주시(宿州市)에 속하였는데, 산천이 뛰어나고 돌이 옥과 같이 아름다워 '영벽(靈壁)'이라 불리었으며 중국 기석(奇石)의 주요 생산지이기도 하다. 영석은 태호석(太湖石), 곤석(昆石), 영석(英石)과 더불어 중국 4대 관상석으로 꼽힌다. 미불이 비록 지방으로 좌천되어 '漣水軍使'에 머물렀지만, 기석과 벼루에 대한 관심을 본다면, 직접 가 돌을 살펴보는 일이 그에게 큰 즐거움이었을 것이다.

129) '감(嵌)' 자의 와자(譌字).

130) 감공(嵌空) : 속이 비고 깊은 굴 또는 산골짜기.

131) 영롱(瓏瓏) : 광채가 찬란함.

132) 첩장(疊嶂) : 중첩(重疊)되어 있는 산봉우리를 의미.

133) 층만(層巒) : 여러 층으로 겹쳐 있는 산(山)을 의미.

134) 원문 출처 및 출현 서적 : ≪고금담개(古今譚槪)·벽기부(癖嗜部)≫, 명대(明代) 모진(毛晋) 집(輯) ≪해악지림(海岳志林)≫, ≪송패유초(宋稗類抄)≫, 소식(蘇軾) ≪지림(志林)≫ 등.

135) 원문 출처 및 출현 서적 : ≪고금담개·벽기부≫, 풍몽룡(馮夢龍) 찬(撰) ≪고금담사(古今笑史)·권이(卷二)≫

복을 갖춰 입고 '석장'이라 부르며 읍을 했을 정도로 좋아했다. 이러한 미불의 '배석(拜石)' 고사는 중국은 물론 조선시대 개화기까지 전해져 내려와 미원장배석도(米元章拜石圖)와 바위의 벽에 글을 쓰는 '석벽제시도(石壁題詩圖)'가 많이 그려지기도 하였다. 아울러 그림과 글씨를 배에 가득 싣고 유람하는 '미가서화선(米家書畫船)'도 함께 그려지기도 하였다. 연구에 따르면 19세기 말부터 안중식(安中植, 1861~1919), 조석진(趙錫晉, 1853~1920), 김은호(金殷鎬, 1892~1979) 등의 근대기 화가들이 주로 미불고사도를 많이 남겼는데, 이는 당시 사회의 지식인들 사이에서 유행한 괴석 완상(玩賞) 취미를 반영한 것이었다. 동양 회화에서 돌은 사군자와 함께 선비의 고매한 정신세계를 상징하는 문인화의 대표적 소재였던 것이다. 이에 자연스럽게 고아하며 순수한 예술 세계를 지향했던 미불을 화제(畫題)의 주인공으로 가장 적합하게 여긴 것이다.[136]

문인의 시문집에서도 다양하게 인용되기도 하였는데 예를 들면 조선 후기 위백규(魏伯珪, 1727~1798)의 시·문집을 엮어 1875년에 간행된 ≪존재집(存齋集)≫ 卷二十에 다음과 같은 기록이 있다. "옛날에 장주(莊周)가 그림자가 말을 한다고 하자 사람들이 괴이하다고 했고, 미불(米芾)이 '돌 어른(石丈)'이라고 부르자 사람들이 미쳤다고 했다. 그림자는 말을 하지 않고 돌은 어른이라고 할 수 없기 때문이다. 지금 내가 매화와 말하면서 매화를 '군(君)'이라고 하니, 나는 과연 괴이하고 미쳤단 말인가. 군자는 괴이하고 미친 짓을 하지 않으니, 나는 과연 군자가 아니란 말인가. 아니면 장주와 미불이 소인이 아니니, 나는 과연 장주와 미불 같은 사람이란 말인가. '매군(梅君)'과 더불어 말한 것을 '연어(然語)'라고 이름 붙이니, 사람들이 나를 괴이하고 미쳤다고 말하는 것도 당연하다. 비록 그렇다 하더라도 나로 하여 괴이하고 미치게 하는 자는 또한 누구인가."[137]

---

136) 송희경, 〈개화기 米芾古事圖 주제의 표현양상〉, ≪美術史論壇(Art history forum)≫ Vol.39, 2014, 61~72쪽 참조.

137) 해석과 원문은 한국고전번역원 제공, 전주대학교 한국고전학연구소·한국고전문화연구원·서종태(역), ≪존재집(存齋集)≫ 卷二十·잡저(雜著)를 인용하고 따랐다. "昔莊周爲影言. 人以爲詭. 米芾呼石丈. 人以爲癲. 盖影非有言而石非可丈也. 今吾與梅言而君之. 果詭而癲哉. 詭與癲. 君子不爲. 吾果不君

위백규는 장주의 그림자와 미불의 석장 고사를 인용하여 이를 자신의 매화 사랑에 비하며 행동의 근거로 삼고 있다. 미불의 석벽을 긍정하였음을 알 수 있다.

그렇다면 미불은 왜 이렇게 돌에 집착하게 된 것일까? 이에 관하여 미불이 평생 천착해 왔던 서예와 연관하여 생각해 볼 수 있다. 미불은 서예 그 자체에 몰두하기도 하였지만, 서예와 관련된 문방사우에 대해서도 상당한 집착을 보이기도 하였는데, 여러 고사와 문학 작품 등에서 관련 기록을 찾아볼 수 있다. 예를 들면, 미불이 휘종의 벼루를 얻고자 무릎을 꿇고 간하였는데 결국 황제의 벼루를 얻게 되자 옷소매에 먹물이 적신 줄도 모르고 끌어 앉고서 크게 기뻐하였다는 고사는 이를 잘 보여준다. 〈전사·미불〉편에도 해당 고사를 기록하고 있다. 또한 그는 종이, 붓, 먹, 벼루를 제재로 한 시를 다수 남기기도 하였는데, 〈추월죽학서작시기설소팽유경(硾越竹學書作詩寄薛紹彭劉涇)〉, 〈연산(硯山)〉, 〈필(筆)〉, 〈묵(墨)〉, 〈지(紙)〉, 〈연(硯)〉 등이다. 아울러 중국 26종 벼루의 특징을 기록해 놓은 〈연사〉의 문장을 남기기도 하였는데, 여기서 미불은 벼루의 주된 원료가 되는 원석에 대해 원석의 산지, 적합한 용도, 강도, 색, 문양, 소리, 벼루로 제작하였을 때의 먹을 갈림과 농도 등에 관하여 자신의 경험을 겸하여 상세히 기록해 놓았다. 오늘날 중국 안휘성(安徽省) 황산시(黃山市) 일대인 옛 흡주 지역에서 난 암석인 흡주석 또는 무원석(婺源石)으로 만든 벼루인 〈흡연무원석(歙硯婺源石)〉의 특징을 기록 해놓은 〈연사(硯史)〉의 한 조(條)를 보자. "사인(士人) 주창악(周昌諤)이 머무는 곳에서 작고 둥근 벼루 하나를 본 적이 있다. 청색의 나문 무늬를 띠고 있었으며, 아안전(鵝眼錢)과 같은 자금(紫金)색 성반(星斑)이 하나 있었다. 이 두 벼루가 (내가 본 적 중에) 가장 진기(珍奇)하였다. (세라문석은) 대체로 발묵으로 (벼루의 바닥이) 쉽게 닳지 않아 미끄러워지지 않고 그것의 색은 평상시의 암석과 같다. (그러나) 기괴함을 상품의 최고 가치로 치는 사람들을 위해 적자색의 돌 또한 있는데, 무늬가 없고, 흠이 적으며, 대추나무와 같은 광택이 난다. 현지인들은 이 같은 종류의 암석으로 향로류(香爐類)를 제작하

子哉. 周與苐亦不爲小人者. 吾果周與苐而已耶. 與梅君言. 命曰然語. 宜乎人之謂我詭而顛也. 雖然使我詭而顛者. 又誰歟."

기도 하며 깎아 내어 벼루로 만들기도 한다. (그러나 그 성질이) 묵과 맞서 서로 맞지 않아, (사용한 지) 며칠이 지나면 이내 (벼루 바닥이 닳아버려) 미끄러워 (더 이상 묵을) 갈 수 없게 된다(又士人周昌諤處, 見一小圓硯. 靑羅紋, 一星紫金如鵝眼錢. 此二硯最奇, 大抵發墨不乏, 獨以色如常之石, 而以奇怪爲品高, 亦有赤紫色石, 無文理, 少瑕, 光澤如棗木, 土人以爲香爐之類, 亦斲爲硯, 與墨斗而不相入, 經日便滑, 不可研矣)." 여기시 알 수 있듯 미불은 직접 해당 원석의 채굴지에 방문하기도 하고 돌을 두르려 보고 소리를 듣고 직접 원석으로 벼루를 만들어 보기도 하는 등 단순히 돌의 영험한 기운과 같은 토속 신앙에 근거한 애호가 아닌 벼루를 포함한 아름다운 기물의 원재료가 되는 돌의 쓰임에 감동하고 흥미를 느낀 것으로 보인다.

25. 비파벽(琵琶癖, 비파를 좋아하는 벽)

범덕유(范德孺)는 비파를 좋아하였다. 만년 밤에 쉽게 잠들지 못해 고생스러워하였다. 집에 비파와 쟁 그리고 두 첩이 있었는데 매번 잠자리에 들 때 이를 자신의 앞에서 연주하도록 하여 깊이 잠들면 연주를 그만두게 하였다. [미주 : 연주를 들으며 깊이 잠드는 것은 아무래도 벽(癖)이라 할 수는 없다.]

조주 : 비파의 소리가 범덕유의 마음을 풀어 잠들게 할 뿐만 아니라 강주사마(九江郡司馬)의 눈물을 흘리게 하니 비파는 사람을 동(動)하게 한다.

[范德孺喜琵琶. 暮年苦夜不得睡. 家有琵琶箏二婢, 每就枕, 卽令雜奏於前, 至熟寐乃已.138) (眉註 : 廳之熟寢猶未爲癖.) 條註 : 解范君睡, 不特墮司馬139)

---

138) 원문 출처 및 출현 서적: ≪고금담개·벽기부≫, ≪피서녹화(避暑錄話)·권상(卷上)≫, ≪낭현사타(琅嬛史唾)·피기(癖嗜)≫

139) 사마(司馬) : 당나라 시인 백거이(白居易, 772~846)를 가리킨다. 태자좌찬선태부(太子左贊善太夫)에 올랐으나 사회 비판적인 시로 인해 고관들의 눈에 거슬려 강주 사마(江州司馬)로 좌천되었고, 눈물의 시〈비파행(琵琶行)〉을 짓게 되었다.

淚矣, 琵琶亦善動人.]

[설명]

　　범순수(范純粹), 1046년 출생하여 1117년 졸하였다. 자는 덕유(德孺)이다. 북송 시대 인물로 오늘날 강소성 소주인 오현(吳縣) 사람이다. 북송 시대 명신으로 불리는 범중엄(范仲淹)의 넷째 아들이다. 성격이 굳세며 재략이 있었으며 관직은 찬선대부(贊善大夫)에까지 올랐다.

　　그는 말년에 불면증으로 고생하여 잠이 들 때까지 비파를 연주하게 하였다고 한다. 이 일은 남송(南宋) 엽몽득(葉夢得)의 ≪피서녹화(避暑錄話)·권상(卷上)≫에 기록되어 있다. 대부분의 내용이 원문의 내용과 일치하는데 일부 누락된 기록을 옮겨 적으면 "사람의 성정은 본래 기호가 없을 수 없고, 또한 한가로이 머무를 수만은 없어 고로 필히 한 가지 물건에 기댄 후에 (감정 따위를) 푼다(人性固不容無嗜好, 亦是不能處閒, 故必待一物而後遣耳)." 라고 평하였는데, 범덕유의 비파에 관한 적확한 설명인 듯하다. 범순수의 벽은 다른 벽과는 달리 스스로가 한 가지 물건이나 행동에 집착하거나 미혹되는 것이 아닌 한가한 취미 또는 애호에 가깝다 할 것이다.

　　오히려 중국에서 비파로 더욱 유명하며 비파에 관한 명시를 남긴 자가 있었는데 당나라 백거이(白居易, 772~846)이다. 조주에 등장하는 강주사마도 백거이를 지칭한다. 그는 황제의 심기를 불편하게 한 간언 상소를 올려 815년 강주사마로 좌천되었는데 그때 자신의 감정과 처지를 비파를 타는 여인에 이입하여 88구의 칠언 고시 〈비파행(琵琶行)〉을 지었다. 〈비파행〉 일부를 감상하여 보자.

　　潯陽江頭夜送客, 楓葉荻花鞦瑟瑟.
　　　　심양강 가에서 밤늦게 나그네를 전송할,
　　　　　새 단풍잎 갈대꽃이 소슬대는 가을이 쓸쓸하구나.
　　主人下馬客在船, 擧酒欲飮無管絃.
　　　　나는 말을 내려 나그네 탄 배에 올라,
　　　　　마지막 술잔 풍류도 없이 주고받으니.

醉不成歡慘將別, 別時茫茫江浸月.
　감흥 없는 취기 속에 이별의 정만 처절하고,
　　작별할 새 망망한 강물에는 달빛 창백하게 어렸네.
忽聞水上琵琶聲, 主人忘歸客不發.
　이때 홀연히 강물 타고 들여오는 비파 소리에,
　　나는 돌아올 생각 잊고 나그네는 뱃길 멈추네.
尋聲暗問彈者誰, 琵琶聲停欲語遲.
　소리 따라 어둠 속에 타는 이 누구인가 물었으나,
　　비파 소리 끊긴 채 수줍은 듯 대답이 없어.
移船相近邀相見, 添酒迴燈重開宴.
　이쪽 배를 옮기어 가까이 가서 그를 초청하고 술 더하고,
　　등불 돌려 거듭 이별연을 펴고자.
千呼萬喚始出來, 猶抱琵琶半遮麵.
　천 번 만 번 부르고 청하자 겨우 나타났건만,
　　여전히 품에 안은 비파로 낯을 가리었어라.140)

　변화무쌍한 비파 소리에 대한 묘사가 절묘하여 작가의 심정을 잘 드러내는데 백거이는 이외 연작시 〈진중음십수(秦中吟十首)〉가운데 오현비파(五絃琵琶)를 읊는 시 〈오현(五絃)〉을 짓기도 하였다. 백거이가 비파를 항상 손에서 놓지 않고 연주하였다거나 소리를 즐겨 들었던 것은 아니지만 여러 유벽자(有癖者)가 그러하였듯 자신의 마음을 의탁하였으니 백거이도 비파벽에 가깝다고 할 것이다.

---

140) 해석은 장기근 저, ≪백락천≫, 석필, 2006, 288쪽을 따랐다.

26. 향벽(香癖, 향을 좋아하는 벽)

유계화(劉季和)는 향을 몹시 좋아하였다. 뒷간에 다녀올 적에는 항상 향로 위를 건너갔다.

서현(徐鉉)은 달 밝은 밤이면 뜰에 자리 잡고 앉아 꼭 향촉 한 자루를 피워놓았다. 당시에 이를 '반월향(伴月香)'이라 불렀다. [미주 : 좋은 이름이다.]

조주 : 서현이 유계화보다 더 풍취가 있다.

[劉季和性愛香. 嘗厠還, 輒過香爐上. 徐鉉遇月夜, 露坐中庭, 必爇香一炷[141]. 時號爲伴月香.[142] (眉註 : 好名色.) 條註 : 鉉較劉趣.]

[설명]

유홍(劉弘), 236년에 출생하여 306년에 졸하였다. 자는 화계(和季) 또는 계화(季和)이다. ≪세설신어보(世說新語補)·권삼십(卷十三)·용지(容止)≫에 계화로 되어 있으며 ≪진서(晋書)·유홍전(劉弘傳)≫에는 화계로 되어 있다. ≪진서·유홍전≫에 따르면 유홍은 패국(沛國) 상현(相縣)인으로 서진의 명장이자 한(漢) 말 양주자사(揚州刺史)를 지낸 유복(劉馥)의 손자이며 조조의 위나라 진북장군(鎭北將軍) 유정(劉靖)의 아들이다. 모략과 정사에 뛰어난 재능을 보였으며 무제(武帝) 사마염(司馬炎)과 영안리(永安里)에서 함께 살았으며 동갑에 같이 공부하였다고 한다. 이 인연으로 태자문대부(太子門大夫) 등의 관직에 오르기도 하였다.

원문과 같이 그가 향을 좋아했다는 사실은 ≪양양기(襄陽記)≫에 전문이 기록되어 있으며, ≪세설신어보·권삼십·용지≫와 그 주(注)에도 등장한다. 내용은 다음

---

[141] 주(炷) : 자루(향촉을 세는 단위)

[142] 원문 출처 및 출현 서적 : 순영향(荀令香) ≪예문유취(藝文類聚)·권칠십(卷七十)》 "향로(香爐)"인용, ≪양양기(襄陽記)≫, ≪청이록(淸異錄)≫, ≪소창유기(小窗幽記)·집운편(集韻篇)≫, ≪흠정사고전서(欽定四庫全書)·향승(香乘)·권십일(卷十一)≫

과 같다.

"유계화는 본디 향을 좋아했는데, 한번은 측간에 갔다 돌아오다가 향로 위를 지나가자, 주부 장탄이 '사람들이 공을 속된 사람이라고 하더니 헛말이 아니군요.'라고 말했다. 유계화가 '순영군이 남의 집에 가면 그가 앉았던 곳에서 늘 사흘 동안 향기가 난다고 하는데, 그대는 나를 순영군과 비교해 어떻다고 생각하오? 내가 나 자신을 사랑하는 것을 싫어하는 것이오?'라고 말하자, 장탄이 '옛날에 어떤 아름다운 부인이 병을 앓아서 가슴을 움켜쥐고 눈썹을 찡그렸는데, 그녀를 본 사람들은 모두 (그 모습도) 아름답다고 여겼답니다. 그 이웃의 못생긴 부인이 그녀를 따라 하자 그녀를 본 사람들이 모두 달아났답니다. 공께서는 하관으로 하여금 피해 달아나게 하시렵니까?'라고 말했다. 유계화는 크게 웃었고, 이로 인해 장탄을 알아보게 되었다."[143]

순욱(순영군)은 당시의 미남자로 불리었으며 그의 몸에서 좋은 향까지 났다고 전해지는데 장탄이 이런 그를 서시에 비하고 유계화를 서시를 따라 하는 못생긴 부인에 비하며 놀리고 있는 대목이다.

다음으로 서현(徐鉉)은 916년에 출생하여 991년에 사망하였다. 광릉(廣陵) 출신으로 자는 정신(鼎臣)이다. 남당북송(南唐北宋) 초기 시대의 인물로 관리이자 문학가이며 서예가였다. 무엇보다 오늘날까지 이름을 남기게 된 것은 어명으로 ≪설문해자(說文解字)≫의 교정에 참여한 일이다. 그는 향을 좋아했을 뿐만 아니라 향을 제작하기도 하였는데 원문의 반월향이 바로 그가 만든 향이다.

마지막으로 홍추(洪芻)가 쓴 ≪향보(香譜)≫를 통해 중국 향 문화를 간단하게 살펴보고자 한다. 중국의 향 역사는 오래되었다. 갑골문자에도 향에 대한 기록이 존재하며 당대(唐代)에 이르러서는 다른 나라의 교류를 통해 외국의 향들이 중국에

---

[143] ≪양양기≫ 曰 : "劉季和, 性愛香, 嘗上厠還, 過香爐上, 主簿張坦曰 '人名公作俗人, 不虛也.' 季和曰 '荀令君至人家, 坐處三日香, 爲我如何令君, 而惡我愛(我)[香]也?' 坦曰 '古有好婦人, 患而捧心嚬眉, 見者皆以爲好. 其鄰醜婦法之, 見者走. 公便欲使下官遁走邪?' 季和大笑, 以是知坦." 해석과 원문은 김장환 옮김이, ≪세설신어보3≫, 지식을만드는지식, 2010, 181~182쪽의 내용을 따랐다.

들어오기 시작하였다. 향은 주로 질병의 치료 목적인 향약(香藥)으로 사용되었다. ≪향보(香譜)≫또한 향약의 관점에서 쓰인 책이다. 이 서적은 상권 〈향지품(香之品)〉·〈향지이(香之異)〉편, 하권〈향지사(香之事)〉·〈향지법(香之法)〉편의 두 권으로 이루어져 있는데, 〈향지품〉편은 당시에 사용되던 향의 약재(藥材)나 약학적 측면인 본초(本草) 설명을 위주로 당대(唐代) 지어진 ≪신수본초(新修本草)≫등의 서적을 인용하며 향초의 산지 및 효능을 기록하고 있다. 예를 들면, 용치향(龍腦香)·백단향(白檀香) 등으로 구분하여 설명하는 식이다. 〈향지이〉편은 향에 관한 기이한 이야기를 다양한 서적에서 인용하여 기록하고 있는데, 현재는 전해지지 않는 특정 향의 초현실적 사례에 대한 이야기, 효능 등이다. 〈향지사〉편에는 향의 설명, 향의 기능과 효능, 향에 관한 고시와 이야기, 향로 등에 관한 내용을 담고 있는데, 여기 유계화에 관한 이야기가 애향(愛香) 조(條)에 등장하기도 한다. 마지막으로 〈향지법〉은 향의 처방, 제조법, 사용법 등이 기록되어 있다.[144]

이를 보면 중국에서는 일찍이 향이 주는 정신적·육체적 회복 등에 관한 효능을 명확히 인식하였으며 이를 이용하여 향기 치료법으로서 질병 치료에 사용하였음을 알 수 있다. 또한 본문의 이야기와 같이 순욱이 머문 자리에는 좋은 향기가 3일 동안 난다고 한 점을 보면 향은 단순히 향약의 목적이 아니라 향수의 미적 기능도 함께 인식하고 사용하였음을 알 수 있다. 이에 중국 문화사적으로 향은 하나의 습벽으로 탐닉할 수 있는 대상이 될 수 있었다.

---

[144] 정용석 외, 〈≪향보≫에 나타난 향기요법에 대한 고찰〉, ≪한방재활의학회지≫ Vol. 9. No 1. 1999의 내용을 요약·참조하여 작성하였다.

27. 예아벽(譽兒癖, 자식 자랑하기를 좋아하는 벽)

왕발(王勃)과 그 형제 왕조(王助), 왕갈(王劼)은 모두 문장으로 유명했다. 왕복치(王福畤)가 매번 손님을 대할 때면 이내 자식인 그들을 칭찬하곤 하였다. 후에 어린 자식인 왕권(王勸) 또한 문장으로 명성을 얻었는데, 복치는 한사언(韓思彥)에게 거듭하여 이를 자랑하였다. 그러자 사언이 다음과 같이 말하였다. "옛날 왕무자(武子)가 마벽이 있다고 하였는데, 그대는 계속해서 자식을 칭찬하는 벽이 있소, 왕씨 집안의 벽은 어찌 이리도 많단 말인가?". [미주 : 참된 꾸짖음이다.] [미주 : 세상에 자식을 자랑하는 일이야 종종 있는 것이니 별로 이상할 것이 없다.]

조주 : 원소수(袁小脩)가 이르길, "왕발은 관노(官奴) 한 명을 숨긴 적이 있었는데, 그 뒤 동료 관리들이 이를 알게 되어 왕발은 말이 누설되지 않게 그 관노를 죽였다. (그러나) 이 사실이 발각되어 제명되었다. 그의 부친 또한 이에 연좌되어 좌천되었다. 복치가 자식을 칭찬하는 벽이 있는데, 자식 칭찬이 결국 어찌 되었는가?"

[王勃與弟助劼, 皆以文著. 王福畤每對客, 輒譽之. 後幼子勸又有文名, 福畤復以詫145)韓思彥. 思彥曰 : "昔武子146)有馬癖, 君復有譽兒癖, 王家癖何多耶."147) (眉註 : 眞是罵.) (眉註 : 世之譽兒者往往, 而是不怪.) 條註 : 袁小脩148)

---

145) 타(詫) : 자랑하다.
146) 왕제(王濟) : 서진(西晉) 시기의 인물로 자는 무자(武子)이며, 출생 시기는 미상이다. 말의 행동과 특성에 대해 잘 이해하였다고 전해진다.
147) 원문 출처 및 출현 서적 : ≪신당서(新唐書)·권201·왕조열전(王助列傳)≫, ≪신당서·왕발전(王勃傳)≫
148) 원소수(袁小脩) : '수(修)'와 동자로 소수(小修)이다. 벼슬은 남경(南京) 예부낭중(禮部郎中)에 올랐으며, ≪가설재문집(珂雪齋文集)≫ 24권이 남아 있다. 경릉파는 사실 공안파에서 비롯된 문학의 한 유파이다. 그 대표적인 인물은 종성(鍾惺, 1574~1624)과 담원춘(譚元春, 1586~1637)으로, 두 사람 모두 경릉(竟陵=현 호북성(湖北省) 천문(天門)) 사람이었기 때문에 경릉파라고 하였다. 그들은 공안파의 의고에 반대하고, 독서성령(獨抒性靈), 불구격투(不具格套)의 주장에 대해서는 반대하지 않았다. 다만, 옛사람의 시에서 성령(性靈)을 구하며, 그렇게 함으로써 유심(幽深)하고 고초(孤峭)한 풍격의 문학을 할 수 있다고 주장하였다. 이렇게 명말의 공안파, 경릉파를 중심으로 한 복고주 문학 운동은 중국 문학사상 특기할 만한 일이다. 특히 모방의 틀을 벗어나 자유로운 입장에서 개성적이고 창의적인 작품을 창작하였다고 하는 것은 높이 평가할 만하다. (이수웅, ≪역사 따라 배우는 중국문학사≫,

曰:"勃嘗匿一官奴, 後同官知之, 勃即殺其人以滅口[149]. 發覺除名, 其父亦坐[150]此謫官[151]福畤有譽兒癖, 譽兒竟何如耶."]

[설명]

왕복치(王福畤), 615년에 출생하여 무측천 장수(武則天 長壽) 3년(694) 79세로 졸하였다. 원적은 태원(太原) 기현(祁縣)이며 강주(絳州) 용문(龍門) 출신이다. 당나라 관원으로 태상박사(太常博士)와 택주장사(澤州長史) 등을 지냈다. 무엇보다 그가 역사에 이름을 남긴 것은 그의 아들들이 모두 출중하였기 때문이다.

왕씨 집안 아들은 왕면(王勔), 왕거(王勮), 왕발(王勃), 왕조(王助), 왕소(王劭), 왕할(王劼), 왕권(王劝)의 7형제이다. 왕면은 경주자사(涇州刺史)를 지냈고, 왕거는 이부시랑(吏部侍郎), 왕조는 어사(御史), 왕소는 간의대부(諫議大夫), 왕할은 박사(博士)를 지냈다고 한다.

그중 여러 문헌 등의 기록에 따르면 왕면·왕거·왕발은 문장으로 이름 높아 당대의 재사(才士)로 대우받은 인물들인데 이 삼형제를 전설 속의 진귀한 나무인 '삼주수(三珠樹)'라 부르기도 하였다. 삼주수는 후에 시와 문장 등에 전고로 보편적으로 쓰이기도 하였다. 고려시대 이규보(李奎報)의 시에도 해당 전고가 사용되었는데 총명한 아이를 보고 왕가의 세 그루 구슬나무(왕가삼주수) 즉 왕면, 왕거, 왕발에 비하며 칭찬하는 시를 쓰며 언급하고 있다.

(… 중략 …)
鳳子鸞雛有異毛, 봉 새끼와 난새 새끼는 이상한 털이 있고,
瑤泉玉水無凡派. 요천과 옥수에 보통 흐름이 없나니.
何必王家珠樹三, 어찌 꼭 왕가에만 세 그루 구슬나무 있으랴,

2010, 인용)

[149] 멸구(滅口) : 말이 누설되지 않게 죽이는 것을 의미.
[150] 좌(坐) : 죄(罪)를 입다. 죄에 대하여 벌을 받다. 연좌되다.
[151] 적관(謫官) : 관직이 강등되고 좌천된 것을 이르는 말.

迺翁生兒靑出藍. 이 첨지 아기 낳으매 쪽보다 더 푸르다.
殷勤寄謝李眉叟, 은근히 이미수에게 말하자니,
不如還與阿戎談. 아융과 이야기하는 것보다 도리어 못하구나.152)

또한 주지하다시피 7형제 가운데 가장 이름난 자가 있었으니 바로 왕발(649~675)이다. 그는 양형(楊炯)·노조린(盧照鄰)·낙빈왕(駱賓王)와 함께 중국 초당기인 7세기 시단을 대표한 초당사걸(初唐四傑) 중 한 사람이었다. 이 네 사람은 젊어서부터 2류사족(二流士族) 출신으로 이름을 떨쳤다고 한다.

20세에 과거에 급제하여 왕발은 궁중으로 들어 투계를 좋아하던 패왕(沛王) 이현(李賢)의 패왕부 시독(侍讀)에 등용된다. 그를 만족시키기 위해 제왕의 격문을 모방하여 〈격영왕계(檄英王鷄)〉의 희문(戲文)을 지었는데, 고종(高宗)이 이를 알고는 그를 패왕부에서 쫓아냈다. 그 후 동남쪽과 사천을 떠도는 방랑을 시작하게 된다. 그 과정에서 앞서 조주에서 언급한 바와 같이 도망친 관노를 측은하게 여겨 은신처를 제공하였지만 발각될 것이 걱정되어 죽여버리게 된다. 후에 전모가 밝혀지고 사형을 선고 받았지만 형이 집행되기 전에 사면받게 된다. 그의 부친 또한 이 일에 연루되어 관직을 잃고 월남 북부 지역(越南 交趾) 현령으로 좌천되고 왕발이 사천을 떠나 아버지를 만나러 남중국해(南中國海)를 건너다 익사하였다고 한다. 이에 관하여 교지에 도착하여 아버지를 만나기 전에 사망하였다는 설과 아버지를 뵌 후 돌아가는 길에 사망했다는 설, 풍랑을 만나 어선이 뒤집혀 사망했다는 설 등 여러 설이 존재하기도 한다.153) 조주와 같이 결국 아들 칭찬벽이 있던 아버지 복치가 아들로 인해 관직에서 쫓겨나고 그 아들 왕발은 아버지를 뵙기 위해 길을 나서다 사망하였으니 기막힌 운명의 죽음이다.

그러나 26세의 짧은 생을 살았음에도 현재 시 80수, 문장 90여 편(부, 서, 표, 비, 송) 등이 전해지고 9세에 안사고(顔師古)의 ≪한서주(漢書注)≫에 비평을 가한 것

---

152) 원문과 해석은 ≪동문선·제6권·칠언고시≫, 한국고전번역원 제공, 양주동 (역), 1968을 따랐다.
153) Stephen Owen 저·장세후 역, ≪초당시≫, 중문출판사, 2000, 160~161쪽 참조.

으로 추정되는데 어렸을 적부터 영재로서 인물난 아들이었으니 아버지의 자식 칭찬벽이 생기지 않을 수 없어 보인다.

28. 혁벽(奕癖, 바둑을 좋아하는 벽)

이납(李納)은 성미(性味)을 급격하게 바꾸는 천성을 지녔는데, 바둑 두기를 매우 좋아하였다. 매번 대국을 시작하면 찬찬하게 자세히 살피며 극도로 여유 있고 침착하였다. 어떤 때 조급해하고 화를 내면 가족들이 몰래 바둑판과 돌을 그의 앞에 가져다 놓았다. 그러면 이납은 이내 기뻐하며 안색을 바꾸었다. 계가(計家)할 때면 화 냈던 것을 모두 잊을 정도였다. [미주 : 바둑은 사람의 성격을 바꿀 수 있다. 비록 소도(小道)이나 바둑은 반드시 볼만한 점이 있다.]

왕적신(王積薪)은 매번 나가 노닐 때면 반드시 바둑 용구를 가지고 나갔는데 (그러다) 용구가 부족하면 종이에다가 줄을 그어 바둑판을 만들어 바둑알과 함께 대나무 통에 보관하여 수레 끌채와 말갈기 사이에 매어 놓았다. 비록 필부이더라도 길에서 만나 그와 대국하여 이기면 떡과 과자, 소고기와 술을 요구하였다.

[李納性辨急, 酷尚奕154)棋, 每下子, 安詳極於寬緩. 有時躁怒, 家人則密以棋具陳於前, 納便欣然改容, 取子155)步筭156), 都忘其恚157).158) (眉註 : 奕能改性. 雖小道159), 奕有可觀者焉.160)) 王積薪每出遊, 必攜161)圍棋短具, 畫紙爲

---

154) 혁(奕) : 바둑을 의미.
155) 기자(棋子) : 바둑알을 의미.
156) 산(算)과 동자(同字)로 여기서는 계가(計家)를 의미.
157) 에(恚) : 성내다, 분노하다, 성(화, 분노)을 의미.
158) 원문 출처 및 출현 서적 : ≪소창유기(小窓幽記)・집영편(集靈篇)≫
159) 소도(小道) : 한 가지 기술이나 예능 따위의 잡기 또는 하찮은 일을 이르는 말.
160) 해당 문장은 ≪논어・자장(子張)≫편 "子夏曰 : 雖小道, 必有可觀者焉. 致遠恐泥, 是以君子不爲也."에

局, 與棋子倂盛竹筒中, 繫於車轅馬鬣間. 道上雖遇匹夫, 亦與對手, 勝則徵 其餠餌牛酒.162)]

[설명]

바둑의 기원에 관하여 여러 설이 존재하는데, 몇 가지 소개하면 다음과 같다. 첫째, 장화(張華)의 요순(堯舜) 기원설이다. 이는 바둑의 기원에 관한 가장 이른 것인데, 장화의 ≪박물지(博物志)≫에 "요가 아들 단주를 가르치기 위해 바둑을 만들었다(堯造圍棋, 以敎子丹朱)." 라는 기록에 근거한다. 이에 따르면 바둑의 기원은 약 4,000년 이상 거슬러 올라간다. 둘째, 육상산(陸象山)의 하도낙서설(河圖洛書說)이다. 육상산(1139~1192)이 하도(河圖)를 보고 바둑을 스스로 깨우쳤다는 것에서 유래하였다. 셋째, 오청원(吳淸源)의 천문(天文) 기원설이다. 이는 오청원이 언급하고 있는 고대 천문 도구로부터 시작되었다는 것이다. 바둑과 천문과의 관계를 19도 바둑판에 국한하여 천문도구와의 유사성을 들어 그 기원을 상상해 본 것이다. 넷째, 피일휴(皮日休)의 종횡가설(縱橫家說)이다. 당나라 피일휴는 요의 바둑 창시설을 부정하고 전국시대 종횡가에 의해 바둑이 만들어졌다고 주장하였다. 이외 여러 설이 존재한다. 그러나 대부분이 추측이나 설(說)의 수준에 머무르고 있다.163)

바둑의 기원에 관해서는 명확히 고증할 수는 없지만 바둑은 중국 역사와 문화사에서 생활 영역의 한 부분을 차지해온 것은 분명하다. 유가의 경전인 ≪논어≫와 ≪맹자≫에서도 등장하는데, ≪논어·양화(陽貨)≫편에 "하루종일 배불리 먹고 어떤 것에도 마음 쓰는 일이 없다면 곤란하다. 차라리 장기나 바둑이라도 있지 않는가? 그것이라도 하는 것이 아무 일도 안 하는 것보다는 낫다(子曰, "飽食終日, 無所用心, 難矣哉! 不有博奕者乎? 爲之猶賢乎已)."164)라고 하였으며 ≪맹자·고자장구

출현한다.

161) 휴(撨)·휴(儶)·휴(㩻)의 본자(本字).

162) 원문 출처 및 출현 서적 : ≪운선산록(雲仙散錄)≫[또는 ≪운선잡기(雲仙雜記)≫]

163) 김달수, 〈바둑의 기원과 관련된 박혁의 의미에 대한 문헌연구 및 고찰〉, ≪바둑학연구≫ 제6권 제1호 통권11호, 3~5쪽 내용을 요약·정리하여 작성하였다.

상≫에 "맹자께서 말씀하셨다. '왕이 총명하지 않은 것은 이상하게 생각할 것이 없다. 설령 세상에서 가장 쉽게 자라는 것이라도, 하루 동안 햇볕을 쬐고 열흘 동안 춥게 하면, 잘 자랄 수 없을 것이다. 내가 임금을 뵙는 것 또한 드물고, 내가 물러나와 있으면 임금의 냉담함도 극에 이르니, 비록 선량한 마음의 싹이 있다 한들 내가 어떻게 도울 수 있겠는가? 비유하자면 바둑을 두는 것이 비록 작은 기술이지만, 마음을 오로지하고 뜻을 다하지 않으면 그것을 터득하지 못하는 것과 같다. 혁추는 온 나라에서 바둑을 가장 잘 두는 자이다. 만일 혁추로 하여금 두 사람에게 바둑을 가르치게 하였는데, 한 사람은 마음과 뜻을 다하여 오직 혁추의 말을 듣고, 한 사람은 비록 듣기는 하나 마음 한편에는 백조가 날아오면 활과 주살을 당겨 쏠 것을 생각한다면, 비록 더불어 배운다 하더라도 (그의 성적은) 다른 사람만 못 할 것이다. 이것은 그의 총명함이 남보다 못하기 때문인가? '그렇지 않다'라고 할 것이다."[165] 라는 기록이 있다. 이를 보면 바둑은 일상 가까이 두고 시간을 보내기에 적절한 잡기 같은 것임을 알 수 있다.

이렇게 긴 역사를 가진 바둑은 자연스럽게 많은 고사를 남기고 있는데, 예를 들면, '신선의 도락(道樂)'·'상산사호(商山四皓)와 귤중락(橘中樂)'·'관우와 화타(華陀)'·'조조의 기력(棋力)'·'주역의 명인 관로(管輅)'·'공융(孔融)과 두 아들'·'문제(文帝)와 현보(玄保)'·'송 태종과 가현(賈玄)'·'육상산과 하도낙서' 등이 있다.

대표적으로 원문에서는 소개되지 않은 ≪집이기(集異記)≫에 기록된 왕적신 고사를 소개하고자 한다. 참고로 왕적신은 실존 인물로 당나라 현종 시기의 바둑 고수이다. 황제의 바둑 담당 비서라 할 수 있는 기대조(棋待詔) 벼슬을 지냈다고 한다. 내용은 이러하다. 안록산의 난으로 현종이 피난길에 오르고 기대조 왕적신도 함께 하게 되었다. 그러던 어느 날 왕적신이 우연하게 허름한 오두막집에 하루 묵게 되었는데, 시어머니인 노파와 젊은 며느리만 살고 있었고, 깊은 밤인데도 잠을 청하지 않고 두 사람은 어두운 밤중에 바둑을 두고 있었다. 36수를 두고는 시어머

---

164) 원문과 해석은 이강재, ≪논어≫, 살림, 2006, 327쪽을 따랐다.
165) 원문과 해석은 우재호 옮김, ≪맹자≫, 을유문화사, 2007, 735~738쪽을 따랐다.

니가 패배를 선언하고는 아홉 집 졌음을 계가하였다. 그들은 말 바둑 즉 언기(言棋)를 둔 것인데, 불가능한 신기의 대국 기법이라고 알려져 있었다. 이후 장안으로 돌아온 왕적신이 고부간의 대국을 복기해보아도 수를 풀지 못했다. 후에 그 대국 포석을 '등애개촉세(鄧艾開蜀勢)'라 명명했다고 한다.

> "(…중략…)
> '어머니, 동(東)의 5, 남(南)의 9에 두었습니다.' 며느리의 또렷한 제일 착점이었다.
> '그런가. 그럼 나는 동의 5, 남의 12에 놓았네.' 시어머니의 나직한 목소리였다.
> '서의 8, 남의 10입니다.'
> '그렇다면 나는 서의 9, 남의 10에 응수했네.'
> 말바둑은 바둑판도 바둑알도 없이 깜깜한 어둠 속에서 진행되었다.
> 자정이 넘을 무렵까지 36수가 두어졌는데, 갑자기 시어머니 입에서 '네가 졌다. 내가 아홉 집을 이겼나 보다.'라고 승부판정의 말이 떨어지니 며느리도 쾌히 승복하는 것으로 한 판의 말 바둑이 끝이 났다[166]."

두 일화를 보면 왕적신은 바둑을 담당한 벼슬까지 지낸 자이니 혁벽라 칭하는 것이 적절해 보이지만 이납은 혁벽보단 성미를 급격하게 바꾸는 벽이 있다고 하는 것이 어울려 보인다.

29. 법서벽(法書癖, 서예를 좋아하는 벽)

종요(鍾繇)는 처음 채옹(蔡邕)의 작품을 위탄(韋誕)에게 구하고자 하였는데, 위탄이 이를 내어주지 않자 이내 가슴을 치고 피를 토하였는데, 조조가 오령단(五靈丹)[167]을 먹여 그를 살렸다. 위탄이 죽자 종요는 그의 무덤을 파 마침내 채옹의 필

---

[166] 이승우, 《4000년을 걸어온 바둑의 역사와 문화》, 현현각 양지, 2010, 81~82쪽을 따랐다.

법을 얻게 되었다. 이에 학서(學書)하기 시작하였는데, 밤낮을 다하여, 잠깐도 멈추질 않았다. 누워서도 이불에 글 연습하여 이불이 구멍이 날 지경이었다. 측간에 가서도 학서 하느라 돌아올 생각을 하지 않았다. 이에 세상 사람들에게 종요가 서벽(書癖)이 있다고 전해져 온다. [미주 : 종요는 제일의 서예가요, 천고(千古)의 글솜씨다. 피를 게우는 고통을 겪지 않았다면 제일의 글솜씨는 어떻게 얻었겠는가? 한가로이 둥둥 뜸과 같은 마음으로 학서(學書)한 자의 글은 반드시 세상에 전해지지 않을 것이다. 글을 배우는 자는 이를 거울삼아야 한다.]

장지(張芝)는 초서(草書) 쓰기를 매우 좋아하였는데, 집안에 있는 모든 의백(衣帛)에 반드시 먼저 글씨를 쓴 다음에야 먹물로 더럽혀진 옷들을 빨곤 하였다. 못가에 가 글 연습할 때면, 못의 물이 다 검게 되었다.

[鍾繇初求蔡邕筆法於韋誕, 誕不傳, 輒搥胸嘔血, 曹操以五靈丹救之得活. 及誕死, 繇發其塚, 遂得邕法, 於是學書, 窮晝夜無間輟. 臥則以手畫被, 被爲之穿. 如厠, 至於忘歸, 世傳繇有書癖.168) (眉註 : 太傅169) 書家第一, 千古絶手. 不經嘔血何得來? 如以悠悠泛泛170)得者 其人必不傳. 臨池171)者鑒之.) 張芝酷嗜草書, 凡家之衣帛, 必先書而染練之. 臨池學書, 池水盡黑172).173)]

---

167) 오령단(五靈丹) : 토복령(土茯苓)을 주재료로 하여 만든 자양 강장 식품.
168) 원문 출처 및 출현 서적 : ≪선화서보(宣和書譜)≫, ≪흠정사고전서·문방사보(文房四譜)·권일(卷一)≫, 송(宋)소이간(蘇易簡) 찬(撰) ≪묵지편(墨池編)·용필법(用笔法)≫, 당 위속(韋續) ≪묵수(墨藪)·권일(卷一)≫
169) 태부(太傅) : 종요가 태부의 벼슬을 지내 종태부라 불리기도 하였다.
170) 유유범범(悠悠泛泛) : 한가롭고 둥둥 뜸. 일을 다잡아 하지 않음. 일을 다잡아 하지 아니하는 모양.
171) 임지(臨池) : 글씨 쓰기를 배워 익힘을 뜻하는데, 특히 붓글씨를 연습(練習·鍊習)하는 것을 이른다. 이는 '연못에 가서 붓글씨를 연습하자, 그곳의 물이 온통 검게 되었다(張芝凡家中衣帛, 必書以後練之, 臨池學書, 池水盡墨).'라는 진(晉) 위항(衛恒)의 ≪사체서세(四體書勢)≫에서 유래되었다고 한다.
172) 본문에 '盡黑'의 두 글자가 없어, 내용상 어색하다. 이에 여러 출현 기록과 비교하여 보충하였다. 앞서 화숙이 밝힌 바와 같이 벽전소사는 여러 원전에서 발췌한 내용을 담은 것으로 역자가 번역 과정에서 원문과 여러 출현 전적과 비교해보면, 편폭의 제한 등의 이유로 일부 원문 내용을 축소·생략한 경우가 종종 보인다. 그러나 이 경우는 '盡黑'을 생략할 경우 '池水(못의 물)'을 설명할 자구가 없어 어색한데, 누락된 것으로 보인다.
173) 원문 출처 및 출현 서적 : ≪진서(晋書)·왕희지전(王羲之傳)≫, ≪묵지편·용필법≫, ≪사체서세≫

[설명]

　종요(鍾繇), 151년에 출생하여 230년에 졸하였다. 후한(後漢) 말과 삼국시대 위나라 정치가이자 서예가이다. 자 원상(元常)이고 예주(豫州) 영천군(穎川郡) 장사현(長社縣) 출신이다. 후한의 신하로 헌제(獻帝)를 섬겼으나 후에 순욱(荀彧)의 천거로 조조를 섬겼다. 후에 위나라 상국(相國)의 지위에 오르기도 하였다. 〈벽사〉 3조의 내용 가운데 혜강을 찾아 간 종회가 바로 그의 아들이다.

　그는 원문과 같이 '법서벽'이라 불릴 만큼 서예로 유명하였고, 대단한 열정을 보였다. 후한 시대 장초[章草, 초서(草書)의 한 가지]로 유명한 장지(張芝)와 더불어 '종장(鍾張)'이라 불리었으며, 동진의 왕희지와 함께 '종왕(鍾王)'라 불리며 그와 어깨를 나란히 할 만큼 서예적 입지는 대단히 높았다.

　≪선화서보(宣和書譜)≫에는 정서(正書)의 원조로 종요를 꼽고 있는데(鍾繇賀捷表, 備盡法度, 爲正書之祖), 예서·행서·초서 등 여러 서체에도 능했지만 특히 해서가 절묘했다고 한다. 그의 작품으로는 〈병사첩(丙舍帖)〉·〈상존호주(上尊號奏)〉와 5표 〈역명표(力命表)〉·〈하첩표(賀捷表)〉·〈천계직표(薦季直表)〉·〈조원표(調元表)〉·〈선시표(宣示表)〉 등이 있다고 한다. 그러나 이는 후대인들이 임모(臨摹)한 것이다. 서한 말엽 북방에서 '오호의 난'을 겪게 되고 왕희지는 종요의 〈선시첩(宣示帖)〉을 들고 장강을 건넜다고 한다. 이로써 종요의 서예가 남방에 전해지게 되었고 왕희지 본인도 종요의 서첩을 통해 학서하였다고 전해진다.

　원문에 종요는 채옹의 〈필법〉을 얻기 위해 죽음을 불사하였는데, 후에 임종에 이르러 아들 종회에게 다음과 같은 말을 하였다고 한다.

　　"나는 삼십 년 동안 서예를 배우면서 다른 사람의 필법을 습득했지만 모두 안 되었다. 그러다가 채옹의 필법을 배우게 되면서 비로소 제대로 깨우칠 수 있었고, 이때부터 일심으로 필법의 학습에 몰두하였다. 다른 사람과 같이 일을 할 때도 주위의 땅바닥에 글자를 썼고, 잠잘 때도 이불 위에 글자를 썼으며, 변소에 가서도 글자를 쓰느라 나오기를 잊었다. 매일 수만 번씩 보니 글이 모두 그와 닮게 되었다. [≪서법정전(書法正傳)·사고전서본(四庫全書本)·卷五≫: "吾精思學書三十

年, 讀他書未終盡, 學其字, 與人居畫地廣數步, 卧畫被穿過表, 如厠終日忘歸, 每見 萬類, 皆書象之]."

종요의 서예에 대한 열정과 노력을 알 수 있는 대목이다.[174]

연구에 따르면 종요 서예의 특징은 '첫째, 수경(瘦勁)하다. 둘째, 천연(天然)하다. 셋째, 고아(古雅)하다.'의 3가지 특징으로 요약할 수 있으며, 서예사적 지위와 공헌을 정리하면 다음과 같다. 첫째, 심미 의식의 확립인데 위진남북조 시기 종요, 왕희지, 왕헌지가 대표적으로 심원한 영향을 주었으며 위진 서예의 예술 수준을 대표하고 있다. 이들은 계승과 창신(創新)의 관계에서 옛것을 변화시켜 새로운 것을 창조한 예술 정신을 체현하였다고 평가받는다. 둘째, 해서의 기본 법칙을 정립하였다. 전서의 원전(圓轉) 필법을 참조하여 해서의 정형화를 촉진시킨 것이다. 셋째로, 종요는 새로운 요소를 흡수하였지만 예스럽고 질박한 서풍이 두드러진다는 것이다.[175]

장지(張芝), 생몰년은 미상으로 192년에 사망한 것으로 알려져 있다. 후한 시대의 서가로 초서의 한 가지인 장초(章草)에 뛰어났다고 한다. 이에 초성(草聖)이라 불리었다. 자는 백영(伯英)이며 감숙성(甘肅省) 출생이다. 그의 생애에 관련하여 알려진 바가 적고 그의 확실한 진적 작품으로 추정되는 것 또한 없다. 원문과 같이 그가 서예 연습으로 인해 연못이 검게 변했다는 고사로 인해 이를 의미하는 '임지학서(臨池學書)', '지수진흑(池水盡黑)'가 그와 관련되어 언급된다.

---

174) 최은철 편역, ≪서예술사전≫, 서예문인화, 2014, 182~183쪽의 내용을 참조·요약하여 작성하였다.
175) 곽노봉, 〈종요의 서예연구〉, ≪한국사상과 문화≫ 제64집, 2012, 451~455쪽 내용을 참조·요약하여 작성하였다.

30. 곡벽(哭癖, 울기를 좋아하는 벽)

　　당구(唐衢)는 (오랫동안) 진사시에 응하였으나 낙방하였다. 시가를 잘 지었는데, 그 뜻이 대부분은 감동적이고 분발하는 내용이 많았다. 다른 사람의 문장을 보고는 탄식하고 마음을 상하게 하는 내용이 있으면, 읽기를 마치고 꼭 울었는데, 눈물과 콧물이 멈추질 않았다.

　　다른 사람과 말하며 논할 때 한 번 소리 내어 읊으면 음률과 시문이 애절하여 듣는 사람 모두 처연해하였다. 한 번은 태원(太原)을 유람하였는데, 서쪽 지방을 관할하는 장군의 연회에 참석하게 되었다. 술기운이 오르고 시정(時政)에 대한 불만을 이야기하기 시작하였는데, 당구는 저도 모르게 터져 나오는 소리와 울음을 멈출 수 없었다. 이내 장내의 사람들이 모두 불쾌하게 되었다. 이 일로 연회는 파하였다. 이조(李肇)의 당국사보(唐國史補)에 "당구는 잘 울었다."라고 전한다. [미주 : 당구와 육사룡을 서로 만나게 한다면 한 명은 울고 한 명은 웃음을 터뜨릴 것이니 반드시 한 편의 진귀한 광경이 펼쳐질 것이다.]

[唐衢應進士不第. 能爲歌詩, 意多感發. 見人文章, 有歎傷者, 讀訖必哭. 涕泗不能已. 每與人言論, 發聲一號, 音詞哀切, 聞者莫不悽然 嘗遊太原. 屬戎帥軍宴, 衢得預會, 酒酣言事, 抗音而哭, 一席不樂, 爲之罷會. 李肇國史補曰 : "唐衢善哭."[176] (眉註 : 令衢與陸士龍[177]遇一哭一笑, 必有一段絶異光景.)]

[설명]

　　당구(唐衢), 주로 당나라 목종(穆宗) 시기에 활동하였다. 진사시에 응했으나 여러 차례 낙방하였으며 시가(詩歌)에 능했다고 전해진다. 그의 생애와 관련해서는 ≪구

---

[176] 원문 출처 및 출현 서적 : ≪태평어람(太平御覽) 사부총간본(四部叢刊本)・권지사백팔십칠(卷之四百八十七)≫, ≪구당서(舊唐書)・권이백육십(卷一百六十)・열전권제일백십(列傳卷第一百一十)≫

[177] 육운(陸雲) : 262년~303년, 자는 사룡(士龍)이다. 육운은 웃음벽(笑癖)이 있다.

당서(舊唐書)≫에 기록되어 있다.

원문의 설명과 같이 당구가 곡벽이 있게 된 이유에 대해 간단히 살펴보면, 당구의 울음에 관한 기록은 당나라 이조(李肇)가 편찬한 당 현종(玄宗) 개원(開元) 연간(713~741)에서 목종(穆宗) 장경(長慶) 연간(821~824)까지 100여 년 사이 사회 다방면의 일화 등을 기록한 ≪당국사보(唐國史補)≫에 처음 등장한다. 이후 당나라 말기 빙익자(馮翊子)의 ≪계원총담(桂苑叢談)≫에도 기록하고 있다. ≪당국사보(唐國史補)≫의 내용을 살펴보면, 원문의 내용과 유사하다.

"당구라는 사람은 주(周)와 정(鄭) 일대 지역에서 온 나그네이다. 문장에 대한 수양도 있었지만 노년기에 들 때까지 어떤 성취도 없었다. 오직 곡하는 소리에만 뛰어나 그 음조가 너무 애절해서 들은 이들은 모두 눈물을 흘렸다고 한다. 한번은 그가 태원(太原)에 갔을 때 마침 군인을 위한 잔치가 벌어져 흥청대는 광경을 맞닥뜨렸다. 그는 술자리가 무르익은 자리에서 곡을 하자 자리를 가득 메운 사람들은 유흥을 그쳤고 주인도 잔치를 멈출 수밖에 없었다(唐衢, 周鄭客也. 有文學, 老而無成, 唯善哭. 每一發聲, 音調哀切, 聞者泣下. 常遊太原, 遇享軍, 酒酣乃哭, 滿坐不樂, 主人爲之罷宴)."178)

당구가 흥청망청한 군인의 잔치를 보고 울었다고 묘사하고 있는데, 잔칫날 울음을 보이는 그의 광적 행동을 말하고자 하는 것보다 그의 울음이 세상에 교훈을 주고자 하는 의도가 있음을 미묘하게 표현하고 있다. 또 당나라 최도(崔塗)의 시〈성(聲)〉에 당구의 울음이 등장한다.

歡戚猶來恨不平, 기쁨과 근심이 똑같이 오니 마음이 한스럽고,
此中高下本無情. 이 속의 높고 낮음이 본래 정이 없거늘.
韓娥絕唱唐衢哭, 한아(韓娥)의 절창에 당구가 울고,
盡是人間第一聲. 모두 인간사 제일의 소리이구나.

---
178) 이조(李肇) 지음·이상천 역주, ≪당국사보≫, 학고방, 2006, 129쪽의 원문과 해석을 따랐다.

시 속에서 작가는 당구의 울음을 동정하며 당구 개인의 불우함을 안타까워하는 듯하다. 또한 그의 울음이 인간사 제일의 소리라 하였는데, 울음은 사람의 감정 상태에 반응하여 눈물을 보이며 소리 내는 것을 말하는데 기쁨의 눈물과 같은 모순적 반응을 보이기도 하지만 대체로 슬픔 또는 실망과 같은 부정적 감정에 의해 격발 되는 행동인데, 이를 인간사 제일의 소리라고 하였으니 최소한 최도의 시에서 당구의 울음은 단순한 부정적 감정에 의한 것이 아니다.

또한 당시 당구는 백거이와 한유와 교류하기도 하였는데, 백거이와 한유의 문집에 그와 그의 울음에 관한 기록을 남기고 있다. 한유의 〈당구에게 드림(贈唐衢)〉의 시 한수를 보도록 하자.

虎有爪兮牛有角, 호랑이가 발톱이 있다면 소는 뿔이 있고,
虎可搏兮牛可觸. 호랑이는 할퀼 수 있다면 소는 들이받을 수 있다.
奈何君獨抱奇材, 어찌하여 그대는 홀로 기이한 재주를 품고도,
手把鋤犁餓空谷. 손에 호미와 쟁기 잡은 채 빈 골짜기에서 굶주리는가?
當今天子急賢良, 지금 천자가 급히 어진 선비를 급히 찾느라,
匭函朝出開明光. 궤함을 조정에 내어놓고 명광전을 열어 놓으셨네.
胡不上書自薦達, 어찌하여 천자에게 글을 써 스스로 천거하여
坐令四海如虞唐. 앉아서 천하를 당우시대와 같이 만들지 않는 것인가?

이를 보면 한유는 당구의 재주를 인정하고 그의 울음을 동정하고 있다. 그리고 적극적으로 세상사로 나와 벼슬 할 것을 권하고 있다.

백거이(白居易)의 경우, 〈상당구이수(傷唐衢二首)〉와 〈기생당(寄唐生)〉에 당구에 관해 언급하고 있다. 〈당생에게 부침(寄唐生)〉의 한 수를 보도록 하자.

賈誼哭時事, 가의는 시사에 통곡하였고,
阮籍哭路岐. 완적은 갈림길에서 울었네.
唐生今亦哭, 당생은 지금도 울고 있으니,

異代同其悲. 시대는 달라고 그 슬픔은 같구나.
唐生者何人, 당생이란 자는 누구인가?
五十寒且饑. 쉰 살 되도록 춥고 굶주리면서도
不悲口無食, 입에 먹을 것이 없어서 슬퍼하지 않고,
不悲身無衣. 몸에 입을 것이 없어서 슬퍼하지 않구나.
所悲忠與義, 슬퍼하는 것은 충과 의이니
悲甚則哭之. 슬퍼하다 심하면 이내 울었네.
太尉擊賊日, 태위가 도적을 치는 날도
尙書叱盜時. 상서가 도적을 꾸짖는 날도
大夫死凶寇, 대부가 흉악한 도적을 처형할 때도
諫議謫蠻夷. 간의가 오랑캐의 땅에 귀양할 적에도
每見如此事, 매번 이와 같은 일을 보고는
聲發涕輒隨. 목소리를 돋우고 곧 눈물을 흘렸네.
往往聞其風, 때때로 그 풍문을 듣고
俗士猶或非. 세속의 선비들이 도리어 헐뜯기도 하였지만,
怜君頭半白, 불쌍한 그대가 반백이 되었어도
其志竟不衰. 그 뜻이 끝내 시들지 않는구나.
我亦君之徒, 나 또한 그대와 같은데,
郁郁何所爲. 답답할뿐 무얼 할 수 있겠는가
不能發聲哭, 소리내어 울 수 없기에
轉作樂府詩. 대신 악부시를 짓노라.
篇篇無空文, 편마다 공허한 말이 없고,
句句必盡規. 구마다 간함의 뜻을 다하였네.
功高虞人箴, 공적은 우인의 잠언보다 높고
痛甚騷人辭. 통절함은 굴원의 글보다 깊구나.
非求宮律高, 음율의 높음을 구하지 않고,
不務文字奇. 문자의 기이함에 힘쓰지 않았네.
惟歌生民病, 오직 백성의 괴로움을 노래하고,
願得天子知. 천자가 알아 주기만을 바랐네.
未得天子知, 아직 천자가 알아 주지는 않아,

甘受時人嗤. 세상 사람들의 비웃음을 달게 받고자 하네.
藥良氣味苦, 좋은 약은 입에 쓰고
琴澹音聲稀. 담담한 거문고 소리 소박하고
不懼權豪怒, 권호의 성냄에도 두려워하지 않고,
亦任親朋譏. 친구의 비웃음 또한 내버려 두었네.
人竟無奈何, 사람들은 결국 나를 어찌할 수 없으니,
呼作狂男兒. 미친 사내라 부르게 되었다네.
每逢群動息, 매번 모든 움직임이 멈출 때,
或遇雲霧披. 해를 가리는 운무가 사라질 때
但自高聲歌, 다만 스스로 소리 높여 부르니,
庶幾天聽卑. 천자가 백성의 소리를 듣기를 바랄뿐이네.
歌哭雖異名, 노래와 통곡은 비록 다른 이름이지만,
所感則同歸. 그 감개하는 바는 귀결점은 같구나.
寄君三十章, 그대에게 30장의 노래를 부치니,
與君爲哭詞. 그대의 곡사로 삼았으면 하네.

　백거이는 당생 즉 당구의 울음에 찬동하며 그에게 의탁하여 시세의 비통함과 분노를 표현하고 있다. 또한 당구의 울음은 시대적 상황에 대한 표현으로 발현된 것임을 알 수 있다. 관련 문헌 기록에서 알 수 있듯이 송대 이후 명·청 시기에 당구의 울음은 세상에 대한 실망을 나타내는 하나의 표현이자 전고가 되었다.

　정리해보면, 당구의 젊은 시절은 안사의 난을 기점으로 당나라가 몰락의 길로 향해가는 사회적 격변의 시기였다. 이러한 혼란은 당구의 성정 형성에 일부분 영향을 준 것으로 보이며, 그의 울음은 단순한 감정의 기복으로 인해 울음이 아닌 애국적 감정의 표현이 녹아 있음을 알 수 있겠다. 감정의 표출 방식에서 시대적 잘못을 꾸짖는 것이 아닌 울음으로써 사회의 경종을 울리고자 함이었다. 당구와 교류하였던 인물이나 그 시대의 문사들 또한 이러한 의미로 받아들였으며 후세에는 그의 울음이 세상에 대해 답답함과 울분을 나타내는 메시지 역할을 하였다.[179]

---

[179] 위 내용은 杜正乾, 〈儒士悲歌 : 唐衢生平事迹考索〉, ≪史志學刊≫ 2023 第3期의 내용을 참조·요약하

31. 유벽(遊癖, 유람하기를 좋아하는 벽)

도현(陶峴)은 유람하기를 좋아하였다. 스스로 세 대의 배를 만들었는데 지극히 공교(工巧)하였다. 그중 한 대는 자신이 타고, 한 대는 빈객을 태우고, 나머지 한 대는 음식을 실었다. 맹언심(孟彦深)과 맹운경(孟雲卿)의 무리와 함께 묘호(泖湖)와 장강과 한수(江漢) 사이를 우유(優遊)하였다. 도현은 여악 한 부를 소유하고는 늘 청상곡(淸商曲)을 연주하며 산수(山水)가 빼어난 곳을 만나면 몇 날에 걸쳐 빈객들과 머물렀다. 당시 사람들이 '물의 신선(水仙)'이 불렀다. [미주 : 이 기이한 책을 여악(女樂)과 바꾸는 것이 더욱 운치 있을 듯하다.]

조주 : 빈객이 있고, 산과 물이 있고, 기악이 있으니 평생 즐거운 모두 갖추었도다. 나는 가난하여 배를 만들 수도 없고 도현(陶峴)을 만나 그 사람과 더불어 깊은 산과 물굽이 치는 곳을 이리저리 거닐지 못했으니 나 스스로 한스럽구나.

[陶峴好遊. 自制三舟, 備極180)工巧. 一舟自載, 一舟置賓客, 一舟貯飮饌. 與孟彦深雲卿輩, 優遊181)於湖泖182)江漢183)之間. 峴有女樂一部, 常奏淸商曲. 逢山水勝處則與客留連彌日184), 當時號爲水僊185).186) (眉註 : 以異書易女樂, 更韻.) 條註 : 有賓客, 有山水, 有伎樂, 生平樂事備矣. 余貧不能制舟, 又不逢陶峴其人與之徜徉于山深水曲之中, 吾自恨也.]

여 작성하였다.
180) 비극(備極) : 정도가 매우 심오하고 깊음을 의미.
181) 우유(優遊) : 하는 일 없이 편안(便安)하고 한가(閑暇)롭게 잘 지냄.
182) 묘호(泖湖) : 상해시 송강현(松江縣) 서쪽 상, 중, 하의 삼묘(三泖)가 있는데, 위로는 정산호(淀山湖)가 있고, 아래로 흘러 황포(黃浦)에 합쳐져 바다로 흐른다.
183) 강한(江漢) : 장강(長江)과 한수(漢水)를 의미.
184) 미일(彌日) : 몇 날에 걸침.
185) '선(仙)'과 동자로 수선(水仙)을 의미.
186) 원문 출처 및 출현 서적 : ≪감택요(甘澤謠)·일권(一卷)≫, ≪전당시화(全唐詩話)≫

[설명]

　도현(陶峴), 진 도연명의 9대손이라고 한다. 호는 풍월산인(風月散人)이며 자세한 생몰년은 알려지지 않는다. 당나라 개원 및 천보 연간에 은둔 생활을 즐기던 고사로 역사에 잘 알려져 있으며 원문의 내용과 같이 강남(江南) 곤산(昆山) 등에 머물며 스스로 배를 만들어 유람하였다고 한다. 소탈하며 자유분방하였으며 벼슬길에도 나아가지 않았다. '수선(水仙)'이라 불리며 개원 말기에는 그의 명성이 널리 알려져 군읍(郡邑)을 지날 때 마다 앞다투어 초대하였지만 거절하고 스스로 '미록야인(麋鹿野人)'이라 칭하며 유람하였다고 한다. 이렇게 30여 년 동안 방랑하며 양양(襄陽) 서새(西塞)를 돌아다니다가 오월(吳越) 지역으로 돌아와 여생을 보냈다고 한다. 그의 생애에 관한 내용은 남송(南宋)의 ≪옥봉지(玉峰志)≫, 청대(淸代) ≪강희곤산현지고(康熙昆山縣志稿)≫ 등에 기록되어 있는데, 본고 내용과 거의 일치한다. 또한 ≪전당시≫에 그의 시 〈서새산하회주작(西塞山下回舟作)〉한 수가 기록되어 있는데, 삶의 발자취와 활동 여정을 엿볼 수 있다.

　　匡廬舊業是誰主, 광려산 옛 터 주인은 누구인가?
　　吳越新居安此生. 오월땅 새 거처 잡고 한 평생 편히 지냈네.
　　白髮數莖歸未得, 백발이 여러 가닥 나도록 돌아갈 곳은 없지만,
　　靑山一望計還成. 청산 한번 바라보니 나도 계획을 곧 이루리라.
　　鴉翻楓葉夕陽動, 큰 까마귀 날고 단풍잎 석양에 나부끼고,
　　鷺立蘆花秋水明. 해오라기 서 있는 갈대밭 꽃에는 가을물이 맑구나.
　　從此舍舟何所詣, 이제부터 배에 내려 어느 곳으로 가 볼까?
　　酒旗歌扇正相迎. 주막의 깃발 노래 부채가 때마침 맞이하네.

　또한 청대 ≪강희곤산현지고≫에 따르면, 그는 ≪악록(樂錄)≫8장을 지어 음의 정확함("撰≪樂錄≫八章, 定其得失.")에 대해 논했다고 하는데 오늘날 전해지지는 않는다. 하지만 그가 상당한 음악적 소양이 갖췄다는 것을 추정해볼 수 있다.

　원문에서 알 수 있듯이 그는 여악공 한 부를 이끌고 유람하며 청상곡(淸商曲)을

연주했다고 전해지는데(≪청희곤산현지고≫ : "峴有女樂一部, 善奏淸商之曲."), 여악공은 당시 사회에서 일반인이 소유할 수 없었다. ≪당회요(唐會要)≫에 "그해 9월 조칙을 내리길, 3품 이상의 관료는 여악공 한 부(部)를 두고 들을 수 있으며 5품 이상의 관료는 여악공 3명이 넘어서는 안된다. (그러나) 종과 경쇠 연주는 하지 못한다(其年九月. 敕 : "三品以上聽有女樂一部, 五品以上女樂不過三人, 皆不得有鍾磬")"의 기록에서 알 수 있듯이 여악 한 부를 소유했다는 것은 도현의 신분과 맞지 않는 일이었다. 또한 많은 경비가 필요한 일이었다. 그러나 당시 안사의 난 이후 많은 악공과 예인(藝人)들이 민간으로 흩어지게 되면서 음악적 소양이 높았던 도현의 무리와 합류하게 되고 함께 유람에 나선 것으로 추정된다. 여악 한 부의 규모를 기록에 의거해 추정해보면, ≪구당서(舊唐書)·음악이(音樂二)≫에 "음악 연주에는 종 한 가, 경 한 가, 거문고 한 대, 삼현의 거문고 한 대, 격금 한 대, 큰 거문고 한 대, 진비파 한 대, 와공후 한 대, 축 한 대, 쟁 한 대, 절고 한 대, 생황 두 대, 적피리 두 대, 퉁소 두 대, 저피리 두 대, 엽 두 명, 가수 두 명이 쓰인다(樂用鍾一架, 磬一架, 琴一, 三弦琴一, 擊琴一, 瑟一, 秦琵琶一, 卧箜篌一, 筑一, 筝一, 节鼓一, 笙二, 笛二, 簫二, 篪二, 葉二, 歌二)."의 기록에서 알 수 있듯이 청상곡을 연주하고 불렀으니 가수를 포함하여 한 부의 최소 인원은 23명인데, 황가 이외 종과 경쇠는 연주할 수 없어 도현은 최대 21명 규모의 여악공 한 부를 이끌었다고 생각해 볼 수 있다.[187] 실제 도현이 21명의 여악을 이끌고 유람하였는지는 알 수 없지만 배 3대를 나누었다는 사실에서 어느 정도 규모를 가늠케 한다.

---

[187] 위 내용은 莊吉, 〈陶峴女樂小考〉, ≪蘇州敎育學院學報≫, 第32卷 第4期 2015.08를 참조·요약하여 작성하였다.

32. 기벽(芰癖, 마름 먹기를 좋아하는 벽)

굴도(屈到)는 마름을 좋아하였는데, 병이 들어 종로(宗老)를 불러 일렀다. "내가 마름을 좋아하니 제사에 꼭 마름을 쓰도록 하오."

조주 : 옛사람들의 즐기고 좋아함에 관한 벽은 매우 많다. 예를 들면, 주공(周文)은 창잠(昌歜)을, 증석(曾晳)은 양조(羊棗)를, 공손의(公孫儀)는 건어물(鮑魚)을, 선우숙명(鮮于叔明)은 곤충(蟠虫)을, 권장유(權長孺)는 사람의 손톱을 좋아하였는데 차례로 (보면) 모두 하나같지 않다. (그러나) 그 (위의 사람들) 가운데 그것에 미혹되어 극치에 이른 것은 하나도 없다. 비록 습벽(習癖)같은 것이나 신선한 취향이니, 다시 반복하여 상세히 열거하지 않고 여기에 부기(附記)하고자 한다.

[屈到嗜芰, 有疾, 召宗老[188]而告之曰 : "嗜我必以芰."[189] 條註 : 古人嗜好之癖多矣. 如周文之嗜昌歜[190], 曾晳之嗜羊棗[191], 公孫儀之嗜鮑魚, 鮮于叔明之嗜蟠虫, 權長孺之嗜人爪甲, 往往不一獨, 其中無一段流連[192]酣[193]鬱[194][195]之致. 雖癖而鮮韻, 故不復詳列而附記于此.]

---

[188] 종로(宗老) : 문중(門中)의 존장자를 의미.

[189] 원문 출처 및 출현 서적 : 《국어(國語)·권17·초어상(楚語上)·굴건제부불천기(屈建祭父不荐芰)》, 《맹자(孟子)·진심하(盡心下)》

[190] 창잠(昌歜) : 창포(菖蒲)로 담근 염장식품으로 주문왕이 이를 즐겨 먹었다고 한다. 이에 공자도 이를 즐겨 먹게 되었고 이후 성현이 먹는 음식으로 인식되었다.

[191] 양조(羊棗) : 고욤나무의 열매로 익으면 검은색을 띤다고 한다. 또 그 모양이 대추를 닮아 '흑조(黑棗)'라 불리며 양의 똥(羊矢)을 닮아 '양시조(羊矢棗)'라 불리기도 한다. 《맹자·진심하》에 "증석이 고욤을 좋아하였는데, 증자는 이 때문에 차마 고욤을 먹지 못하셨다.(曾晳嗜羊棗, 而曾子不忍食羊棗.)"라는 기록이 있는데, 맹자는 이를 부모의 이름 자는 쓰지 않는 피휘(避諱)와 같은 비유로 그 의미를 설명하여 증자의 효성을 나타내고 있다.

[192] 유련(流連) : 유락(遊樂)에 빠져 집에 돌아오지 아니함.

[193] 감(酣) : 흥겨움 또는 격렬함을 의미.

[194] 울(鬱) : 강렬하고 풍성한 모양을 의미.

[195] 감울(酣鬱) : '감창(酣暢)'의 의미로 통쾌하고, 기분이 좋음을 의미하는데, 유련(流連)의 자구와 결부하여 이해해보면 어떤 것에 깊이 미혹되어 스스로 여기기에 통쾌한 정도에 이름을 의미.

[설명]

　굴도(屈到), 자세한 생몰년은 미상이다. 중국 춘추시기의 초나라에서 군사를 담당하는 사마(司馬) 관직에 해당하는 막오(莫敖)를 지냈다. 그의 아버지 굴탕(屈蕩)과 아들 굴건(屈建) 또한 막오의 관직을 지냈다.

　원문의 내용과 같이 굴도가 마름을 좋아했다는 사실은 춘추시대의 배경과 각 국 군신의 활약상을 기술하고 있는 좌구명(左丘明)의 ≪국어(國語)·초어(楚語)≫에 기록되어 있다. 그러나 원문에는 굴도가 마름을 좋아하여 죽음을 앞두고 자신의 제사상에서조차 꼭 마름을 올리라 말하는 그의 기벽으로 묘사하고 있는데, 사실 원문의 출처에 해당하는 ≪국어≫에는 굴도가 마름을 좋아하였다는 것이 문장의 주제가 전혀 아니다. 이에 ≪국어≫에 기록된 〈굴건제부불천기(屈建祭父不薦芰)〉 원문을 소개하고자 한다.

　　초나라의 경사 굴도는 능각(마름) 먹기를 좋아했다. 그는 병이 나자 가신 종로를 불러 이같이 당부했다.
　　"나를 제사지낼 때 반드시 능각을 쓰도록 하시오."
　　상제를 올릴 때 종로가 능각을 올리자 굴건(굴도의 아들)이 좌우에 명하여 이를 빼앗도록 했다. 그러자 종로가 이같이 말했다.
　　"이는 선주가 당부한 것이오."
　　이에 자목(굴건)이 이같이 반박했다.
　　"이같이 할 수는 업소. 선주는 초나라의 대정(大政)을 이끌었소. 그가 정한 법령은 모두 인심을 깊이 헤아린 것으로 왕부에 보관되어 있소. 선주는 위로는 가히 선왕에 비할 만하고 아래로는 가히 후세에 수훈할 만하오. 초나라는 말할 것도 없고 제후국들 중 선주를 칭예치 않은 나라가 없소. 그 제전에 규정키를, '군주에 대한 제사는 소, 경대부는 양, 사인은 작은 돼지와 개, 평민은 어적을 바친다. 여타 변두 등의 에기와 포해 등의 식품은 상하존비와 상관없이 모두 올릴 수 있다'고 했소. 진이한 음식을 올리지 않고, 많은 제수를 상 위에 벌려놓지 않는 것이 원칙이오. 선주는 사적인 욕심으로 국가가 정한 제전을 어기지 않았을 것이오."

이에 곧 마름으로 제사를 올리지 않았다.196)

　이 이야기는 부자지정(父子之情)에 따라 굴건이 아버지의 유지를 받들어 마름을 제사상에 올리는 것이 마땅한 것인가? 예법에 따라 마름을 올리지 않는 것이 마땅한 것인가?를 논한 정치·철학적 문제이다. 이에 관해 좌구명은 본 고사의 후편 〈좌사의상경사마자기유도시종(左史倚相儆司馬子期唯道是從)〉에서 '첩을 정실로 들일 수 있나?' 하는 문제를 논하며 굴도기기의 고사를 언급하고 있는데 이를 보면 좌구명의 입장은 법도를 중시하였음을 알 수 있다. 즉 아무리 부자지정이라 할지라도 굴도는 대정을 이끈 인물이니 법도에 맞지 않는 마름은 제사상에 올릴 수 없다는 것이다. 또한 '굴도가 마름을 즐겨 먹었다(屈到嗜芰).'의 문제를 둘러싸고 중국 문인들 간 논쟁이 일기도 하였는데, 대표적으로 唐代 유종원(柳宗元)은 이 고사의 출처인 ≪국어≫에 대해 반박하는 ≪비국어(非國語)≫를 지어 지나치게 예법에 얽매여 부자지간의 정을 저버린 굴건을 비판하는 문장을 짓기도 하였다.

　이를 보면 ≪벽전소사≫에서 굴도를 기벽이 있다고 한 것은 한 나라의 법을 관장하던 굴도가 죽음에서도 자신의 사소한 기호를 누리기 위해 예법을 잊을 정도로 마름을 좋아하였기 때문으로 생각된다.

　조주에서 언급하고 있는 굴도의 마름, 문왕의 창포 절임의 이야기는 ≪한비자(韓非子)·난사(難四)·제삼십수(第三十九)≫에 등장하는데 그 내용은 다음과 같다. "어떤 사람이 말하길, 굴도는 마름을 좋아하고, 문왕은 창포 절임을 좋아하였는데, (모두) 제대로 된 맛이 아니다. 그러나 두 현인이 그것을 좋아했다. 맛은 (모든 사람에게) 반드시 맛있다고 볼 수는 없다(或曰屈到嗜芰. 文王嗜菖蒲葅, 非正味也, 而二賢尚之, 所味不必美)." 이 고사는 비록 현인이라도 음식의 기호 즉 개인의 선호하는 바

---

196) 해석은 신동준 역주, ≪좌구명의 국어(國語)≫, 인간사랑, 2005, 490쪽을 따랐다. (屈到嗜芰. 有疾, 召其宗老而屬之, 曰 : "祭我必以芰." 及祥, 宗老將荐芰, 屈建命去之. 宗老曰 : "夫子屬之." 子木曰 : "不然. 夫子承楚國之政, 其法刑在民心而藏在王府, 上之可以比先王, 下之可以訓后世, 雖微楚國, 諸侯莫不譽. 其祭典有之曰 : 國君有牛享, 大夫有羊饋, 士有豚犬之奠, 庶人有魚炙之荐, 籩豆, 脯醢則上下共之, 不羞珍異, 不陳庶侈. 夫子不以其私欲干國之典." 遂不用.)

가 다름을 말하고 있는데, 이것이 화숙이 말하고자 하는 내용과 부합되는 듯하다.

33. 담벽(談癖, 이야기 나누기를 좋아하는 벽)

위개(衛玠)는 청담(淸談) 나누기를 좋아하였는데, 여러 날을 피곤할 줄 모르고 (이야기하다) 병치레가 많았으며 몸은 (날로) 수척해졌다. (이에) 그의 어머니가 말을 항상 못하게 할 지경이었다. 풍광이 좋은 여느 날에 벗들이 한마디 말을 청하면 감탄하지 않은 이가 없었으며 은미한 이치에 들어가면 모두 감탄하였다.

낭야(瑯邪)인 왕징(王澄)은 이름이 드높았는데, 젊어 (크게) 추복(推服)받았다. 매번 위개의 말을 듣고는 이내 탄식하고 절도(絶倒)할 정도였다. 이에 당시 사람들이 이를 이르러 "위개가 도를 말하니(衛玠談道), 평자가 절도한다(平子絶倒)." 라고 하였다. [미주 : 본래 간살위개(看殺衛玠)로 병사한 것이지 이야기로 죽음에 이른 것은 아니다.]

[衛玠好淸談197), 彌日198)忘倦, 其後多病體羸199), 母恆禁其語. 遇有勝日200), 親友時請一言, 無不咨201)嗟, 以爲入微. 琅琊202)王澄有高名, 少所推服203)每聞玠言, 輒嘆息絶倒. 時人爲之語曰 : "衛玠談道, 平子204)絶倒."205)(眉註 : 原

---

197) 청담(淸談) : 일반적으로 현실과 부합되지 않는 담론을 의미.
198) 미일(彌日) : 몇 날에 걸침.
199) 리(羸) : 파리하여 고달프고 지친 모습을 형용한다.
200) 승일(勝日) : 가까운 친구들이 서로 만나거나 풍광이 좋은 날을 의미한다.
201) 자(咨) : '탄식하다.'의 의미이다.
202) 낭야(琅琊) : 오늘날의 중국 산동성(山東省) 임기시(臨沂市) 일대이다.
203) 추복(推服) : 따라서 복종(服從)함. 또는 칭송받음을 의미.
204) 평자(平子) : 왕징(王澄)의 자이다.
205) 원문 출처 및 출현 서적 : ≪진서(晉書)·위관(衛瓘)·권삼십육(卷三十六)·열전제육(列傳第六)≫, ≪흠정사고전서(欽定四庫全書)·자부십이(子部十一)·몽구집주(蒙求集注)≫

由看殺, 非緣談死.206))]

[설명]

위개(衛玠), 286년에 출생하여 312년에 졸하였다. 서진(西晉) 하동(河東) 안읍(安邑) 출신으로 자는 숙보(叔寶)이다. 현학자로 현리(玄理)를 말하길 좋아하는 당대 유명한 청담(淸淡) 명사였으며 미남자로 보는 사람마다 옥인(玉人)이라 칭송했다고 한다.

왕징(王澄), 269년에 출생하여 312년에 졸하였다. 자는 평자(平子)이며 낭야(琅琊) 임기(臨沂) 사람이다. 그 또한 서진 시대의 명사로 유명하였는데 세가(世家) 출신으로 어려서부터 명성을 얻었으며, 청담을 좋아했다. 그는 다른 사람을 잘 칭송하지 않았지만, 위개의 청담을 듣고 크게 감탄했다. 이에 당시 사람들은 원문의 내용과 같이 "위개가 도를 논하면, 왕징이 감탄하며 졸도한다."라고 말하였다.

위 내용을 보면 사람을 졸도하게 하는 '청담이 무엇일까?' 하는 의문이 드는데, 청담은 문자 그대로 해석하면 속되지 않은 청아한 이야기를 의미하는데 '청언(淸言)' 또는 '현언(玄言)'이라 불리기도 하였다. 이 청담은 단순한 현학적 이야기를 의미하기보다는 위진시대의 시대적 상황이 반영된 사교 활동 중 하나라 할 수 있다. 주지하다시피 위진남북조 시대 지식인 사회는 노장사상을 기초로 하여 세속적 가치를 초월한 정신적 자유를 추구하고 염세 사상, 무위사상이 주를 이루었다. 이러한 시대적 배경 아래 청담이 성행하였는데, 이 청담은 주로 명사와 지식인이 삶, 우주 등의 철학적 내용을 탐구하고 토론과 논변이 이루어진 사교 활동을 말한다. 원문에서 풍광이 좋은 여느 날 벗들이 위개에게 한 마디 청하는 모습이 이를 잘 드러내어 준다.

---

206) 간살위개(看殺衛玠) : 위개는 인물이 빼어났다고 전해지는데, 어느날 건업(建業)에 이르렀는데 구경꾼들이 그의 얼굴을 보고자 담장처럼 그를 둘러싸자 크게 놀랐다고 한다. 이후 이러한 일들이 반복되고 위개는 본래 병을 앓아 심약하였는데 날로 피로감이 더해지고 결국에는 병사하였다고 한다. '이르러 보는 것으로 사람을 죽이다(看殺衛玠)'의 이 이야기는 《世說新語·容止》편에 나온다. 이를 근거로 작가는 위개가 이야기 때문에 죽게 된 것이 아니라 빼어난 용모로 인해 죽게 된 것이라 말하고자 하는 듯하다.

또한 위개는 세상의 이치를 연구하고 사고하는 것에 매우 진지를 태도를 보이는데, ≪세설신어·문학편≫에 이를 잘 보여주는 두 가지 고사가 있어 한 가지 소개하고자 한다.

> 위개가 어렸을 때 악령에게 꿈에 대해 물었더니, 악령이 대답했다.
> "그것은 '생각'이지."
> 위개가 말했다.
> "육체와 정신이 결합되어 있지 않을 때 꿈을 꾸는데 어찌하여 그것이 '생각'이란 말입니까?"
> 그러자 악령이 말했다.
> "원인이 있기 때문이지. 수레를 타고 쥐구멍으로 들어간다든지 절구질을 하고 나서 쇠 절굿공이를 씹어 먹는다든지 하는 꿈을 이제껏 한 번도 꾼 적이 없다는 것은 모두 생각도 없고 원인도 없었기 때문이지."
> 위개는 며칠 동안 '원인'이라는 것에 대해서 생각했지만 도무지 알 수가 없어서 마침내 병이 들고 말았다. 악령이 그 소식을 듣고 일부러 수레를 타고 가 위개에게 상세히 설명해주었더니, 위개의 병에 금세 차도가 있었다. 악령이 감탄하며 말했다. "이 아이의 가슴 속에는 틀림없이 불치의 병이 없을 것이로다!"[207]

위개는 당대 미남으로도 유명하였는데 그의 현학적 담론보다 더 이름 높았다. ≪진서(晉書)≫에도 그의 용모를 자세히 묘사하고 있는데, "마치 밝은 진주가 곁에 있어 환하게 빛나는 것과 같다."라고 하여 사람들이 모두 옥인(玉人)으로 불렀다고 한다. 심지어 주위 사람들이 외모가 비교되어 자신의 용모를 부끄럽게 여긴다는 '자참형예(自慚形穢)'의 사자성어가 유래되기도 하였다. 위개 자신은 사람들이 그를 보려 몰려드는 등의 과도한 관심으로 결국 영가 6년(312)에 병으로 사망하였다. 이에 대해 당시 사람들이 "보는 것으로 위개를 죽였다." 하여 '간살위개(看殺衛玠)'의 성어가 생기기도 하였다. 원문의 미주와 같이 위개의 죽음을 둘러싸고 여러 말이 떠도

---

[207] 해석은 김장환 譯注, ≪세상의 참신한 이야기 세설신어1≫, 신서원, 2008, 280쪽을 따랐다.

는데 위개의 과도한 현학적 탐구심과 타인의 관심이 모두 연약했던 위개의 정신과 육체를 피로하게 하여 사망에 이르게 한 것이 아닌가 생각된다.

34. 죽벽(竹癖, 대나무를 좋아하는 벽)

왕휘지(王徽之)는 대나무를 좋아하였다. 한 번은 잠시 빈집에 머무르게 되었는데, 곧바로 (하인들로 하여) 대나무를 심도록 하였다. (그러자) 어떤 사람이 물었다. "빈집에 잠시 기거하는데 군이 무슨 연유로 대나무를 심고자 합니까?" 그러자 휘지가 거리낌 없이 대나무를 가리키며 시가를 읊조렸다. "어찌 하루라도 차군(此君)이 없어서 되겠는가?"

오중(吳中)의 한 사대부 집에 좋은 대나무가 있었다. 왕휘지가 보고자 하는 마음에 이내 수레를 타고 나가 곧장 그 대나무 아래에 이르러 한참 시가를 읊었다. (시간이 흘러) 주인이 물 뿌리고 청소하고 (잘 대접하기 위해) 왕휘지에게 앉기를 청하였는데 그는 뒤도 돌아보지도 않았다. 이후 왕희지가 나가려 하자 (실망한) 주인이 문을 잠가버렸다. 이에 그 대나무를 더 감상하다가 즐거움이 다하자 돌아갔다. [미주 : 시 읊고 대나무 감상하려는데 어찌 주인이 누군지 물을 필요가 있는가? 이 말의 핵심은 여기(차군)에게 있는 것이다.]

[王徽之喜竹, 嘗暫寄空宅中, 便令種竹. 或問 : "寄居何須種竹?", 徽之但嘯詠指竹曰 : "何可一日無此君208)耶."209) (眉註 : 詩云看竹, 何須問主人, 語本此.210) 時吳中211)一士大夫家有好竹. 欲觀之, 便出坐輿徑造212)竹下, 諷嘯

---

208) 차군(此君) : 자구(字句)의 의미로는 '이 사람, 이 분'을 뜻하나 여기서 왕희지가 대나무를 '차군'으로 예스럽게 부르기 시작하여 대나무의 별칭 가운데 하나가 되었다.
209) 원문 출처 및 출현 서적 : ≪세설신어·임탄(任誕)≫
210) ≪세설신어·간오(簡傲)≫에 "나는 본래 흥이 올라 왔다가 흥이 다하여 돌아가는 것이니, 어찌 반드시 대안도를 만나야하겠는가?(王子猷居山陰, 夜大雪, 眠覺, 開室命酌酒, 四望皎然. 因起彷徨, 詠左思招隱

良久. 主人洒掃請坐, 徽之不顧. 將出, 主人乃閉門徽之, 便以此賞之, 盡歡而去.213)]

[설명]

　왕휘지(王徽之), 위진남북조 동진(東晉) 시대의 인물로 338년에 출생하여 386년에 졸하였다. 동진(東晉) 낭야(琅邪) 임기(臨沂) 출신으로 그는 중국 최고의 서예가로 꼽히는 서성(書聖) 왕희지(王羲之)의 다섯째 아들이다. 아버지의 영향으로 초서와 행서에 능했으며 작품으로는 〈승수병불감첩(承嫂病不減帖)〉, 〈신월첩(新月帖)〉 등이 있다. 자는 자유(子猷)이다. 관직은 황문시랑(黃門侍郞) 등을 지냈다.

　왕휘지의 대나무 사랑은 여러 문헌에 전해지는데, ≪세설신어·간오(簡傲)≫에 원문의 고사와 동일한 내용이 전해진다. 왕휘지는 대나무를 의인화하여 예스러운 어감을 가미한 '차군'으로 부르며 심리적 거리감을 좁혔다. 후에 이는 시와 산문의 고사 또는 전고로 많이 활용되었는데, 우리나라의 고려 후기의 문신 이인로(李仁老)와 이색(李穡) 등의 시가에서도 이를 사용하고 있다. 대표적으로 이인로의 〈죽취일에 대나무를 옮겨 심다(竹醉日移竹)〉의 시 한 수를 보자.

　　火雲燒空金石焦, 불구름이 허공을 사르니 쇠와 돌이 타는데,
　　此君風韻寒蕭蕭. 그대의 이 풍채와 운치는 차서 쓸쓸하여라.
　　窮冬凜冽膠欲折, 한 겨울이 몹시 차서 아교도 부러지려 하지만,
　　此君顏色誠難凋. 그대의 이 얼굴빛은 진실로 시들게 하기 어렵도다.
　　此君素節堅如鐵, 그대의 본 절개는 쇠처럼 굳고,

　　詩. 忽憶戴安道. 時戴在剡, 即便夜乘小舟就之. 經宿方至, 造門不前而返, 人問其故, 王曰：吾本乘興而行, 興盡而返, 何必見戴"의 이야기와 같이 흥이 올랐다가 흥이 다하여 물러나는 것처럼 시를 읊고 대나무를 감상하는 것으로 그치고 굳이 그 주인을 따져 물어 만날 필요가 없다는 것이다. 여기(此) 즉 차군(此君)에 작가는 왕희지의 요지가 있다고 보고 있다.

211) 오중(吳中) : 오늘날의 중국 강소성(江蘇省) 소주시(蘇州市)의 중서부 지역을 가리킨다.
212) 경조(徑造) : 초청이 없이 제 마음대로 방문하는 것을 이름.
213) 원문 출처 및 출현 서적 : ≪진서(晉書)·왕휘지전(王徽之傳)≫, ≪세설신어·간오≫

此君空腹渾無物. 그대의 빈 배에 전연 아무 것도 없다.214)

그렇다면 왕휘지는 무엇 때문에 대나무를 좋아하게 된 것일까? 대나무는 곧은 줄기와 단단한 뿌리, 빈 속, 사철 푸른 자태 등의 생물학적 특징을 띠고 있는데 이러한 특성에 근거하여 '비운 듯 세파에 흔들리지 않는 절의를 나타내는 식물'로 여겨져 청덕(淸德), 고절(孤節), 정직(正直), 강건(剛健), 의리(義理), 불변(不變), 진실(眞實)의 수식어가 붙게 되고 이를 다시 사람에 비하며 선비, 군자(君子), 대부(大夫), 지사(志士), 충신(忠臣), 열사(烈士), 열부(烈婦), 고우(高友) 이미지가 한국과 중국에서 부여되었다. 이러한 생물학적 특징은 어느 초목보다도 위의 이미지와 잘 부합되어 고절과 청덕의 상징물로 활용되기 시작한 것이다.

왕휘지 또한 그러하듯 세속과 구분된 고고한 자신을 대나무에 의탁하게 되고 차군이라 칭하며 옆에 두고 닮고자 하였다.215)

또한 그는 호방하고 표일(飄逸)한 성정의 소유자였다. 이에 관련한 많은 고사가 전해지고 있는데 ≪세설신어·임탄≫편에 비교적 잘 알려진 설중방우(雪中訪友)의 고사가 있다.

> 왕자유가 산음현에서 거주하고 있을 때, 밤에 큰 눈이 내렸다.
> 잠에서 깨어나 방문을 열고 술을 가져오라 했는데 사방이 온통 은빛이었다.
> 그래서 일어나 배회하면서 좌사의 〈초은시〉를 읊조리다가 갑자기 대안도가 생각이 났다. 당시 대안도는 섬현에 있었기 때문에 왕자유는 곧장 그 밤으로 작은 배를 타고 그를 찾아 나섰다. 하룻밤이 지나서 비로소 도착했는데, 대문까지 갔다가 들어가지 않은 채 돌아갔다. 어떤 사람이 그 까닭을 물으니 왕자유가 말했다.
> "나는 본래 흥이 올라서 왔다가 흥이 다해서 돌아간 것이니, 어찌 반드시 대안도를 만나야만 하리오!"216)

---

214) 해석과 원문은 한국고전번역원 제공, 양주동(역), ≪동문선(東文選)·제6권·칠언고시(七言古詩)≫을 인용하고 따랐다.
215) 배 다니엘, 〈中國 古典詩에 나타난 대나무 묘사 고찰〉, ≪中國學報≫ 제66집, 2012, 109쪽 인용.
216) 해석은 김장환 譯注, ≪세상의 참신한 이야기 세설신어2≫, 신서원, 2008, 556쪽을 따랐다.

또한 원문에는 누락되어 있지만 왕휘지는 대나무 감상의 흥이 떨어지자 문을 걸어버린 주인과 한참 환담을 나누고 돌아갔다고 한다. 그의 호방한 성정을 잘 보여주는 대목이다. 또한 그는 환온의 참군을 지낼 때 봉두난발(蓬頭亂髮)하고 의관을 단정히 하지 않았으며 심지어는 기병참군(騎兵參軍)으로서 관리하는 병마의 수도 몰랐다고 한다. 이를 보면 그는 실제 적극적으로 세속을 멀리한 채 은거하지는 않았지만 방달(放達)한 언행을 거리낌 없이 행하며 그런 자신과 닮은 세파에 흔들리지 않는 대나무를 좋아하게 된 것이 아닌가 생각된다.

35. 내벽(內癖, 아내를 몹시 사랑하는 벽)

순찬(荀粲)은 조홍(曹洪)의 딸의 아내로 맞았는데 미색이 뛰어나 남편 순찬의 사랑을 독차지할 정도로 사이가 좋았다. (두 사람은) 정(情)과 의(義)가 지극히 돈독하였는데, 겨울에 부인이 열병을 앓자, 이내 정원으로 나가 자신의 몸을 차갑게 한 뒤 돌아와 부인의 몸에 갖다 대기까지 하였다. [미주 : 묘한 생각이다.] (그러나) 부인이 죽은 후 [미주 : 홍안박명이다.] 부하(傅嘏)가 그를 조문하러 왔는데, 순찬이 말을 잇지 못하고 정신이 상해있었다. 부하가 물었다.

"부인(婦人)으로서 재주와 미색이 둘 다 뛰어나기는 어려운 법입니다. 그대의 혼인은 재주는 버려두고 색만을 고려한 것이니 다시 그런 상대를 만나는 것이 어렵지 않는데, 어찌 이토록 심히 애통해한단 말이오." 그러자 순찬이 말하길, "가인(佳人)은 다시 얻기 어렵습니다. 돌이켜보면, 죽은 부인은 경국지색(傾國之色)의 특별함을 가졌다고 할 수 없지만, 쉽게 (다시) 만날 수는 없을 것입니다. 애통함을 그칠 수 없어 끝내 (부인이 죽은 지) 한 해가 채 되기도 전에 또한 죽었다." [미주 : 사랑 때문에 죽게 된 것이다.]

조주 : 그는 유정치(有情癡)이다.

[荀粲娶曹洪女, 有豔色, 專房217)嬿婉218), 情義至篤. 冬月婦病熱, 乃出中庭, (眉註 : 妙想.) 自取冷, 還以身熨之. 後婦卒, (眉註 : 紅顏薄命.) 傅嘏吊之, 粲不言而神傷.219)嘏問曰: "婦人才色並茂爲難, 子之聘也, 遺才存色, 非難遇也. 何哀之甚." 粲曰: "佳人難再得. 顧逝者, 不能有傾城之異. 然未可易遇也." 痛悼不能已已. 未幾亦亡.220) (眉註 : 爲情死.) 條註 : 有情癡221)]

[설명]

　　순찬(荀粲), 자는 봉천(奉倩)으로, 현재의 하남성(河南省) 허창시(許昌市) 일대인 영천군(潁川郡) 영음현(潁陰縣) 출신이며, 조조를 도와 위나라의 초석을 닦은 순욱(荀彧)의 아들이다. 그는 삼국시대 조위(曹魏)의 대신이자 유명한 현학자였다. 순찬은 조조의 육촌 동생이자 그의 목숨을 구하기도 한 위나라 장군 조홍(曹洪)의 딸과 혼인하였는데, 그녀의 용모가 매우 아름다웠다고 한다.

　　원문의 내용과 같이 두 사람의 아름다운 사랑 이야기는 ≪세설신어·혹닉(惑溺)≫과 ≪위지(魏誌)·순욱전(荀彧傳)≫에 기록되어 전해진다.

　　≪순찬별전(荀粲別傳)≫에 순찬은 부인의 재지(才智)를 논하기에는 부족하고 미색을 위주로 해야 한다고 늘 생각했다고 전하며, 원문 속 부하의 물음에 그는 "자신의 부인과 같은 경국지색을 가진 여인을 두 번 다시 만나기 어렵다."라며 말하며 여

---

217) 전방(專房) : 방을 독점한다는 뜻으로, 첩이 남편의 사랑을 독차지함을 비유적으로 이르는 말. 비슷한 말로 전방지총(專房之寵), 전애(專愛), 전총(專寵) 등이 있다.

218) 연완(嬿婉) : 마음이 부드럽고 미색이 뛰어남을 이름.

219) 신상(神傷) : 표정과 태도 등이 슬픔에 잠겨있는 모양. 순찬이 부인이 죽고 자신도 얼마 뒤 따라 죽자 이후 사람들이 '神傷(신상)' 또는 '情傷荀倩(정상순천)', '荀令神傷(순영신상)' 이라 불렀는데, 이는 부부가 정이 깊고 먼저 죽은 아내를 애통해하며 그리워하는 것을 가리키게 되었다.

220) 원문 출처 및 출현 서적 : ≪사고전서본(四庫全書本)·예문유취(藝文類聚)·권제삼십이(卷第三十二)·인부십육(人部十六)≫, ≪세설신어·혹닉≫, ≪몽구원주(蒙求原注)·하(下)≫, ≪태평어람(太平御覽)·사고전서본(四庫全書本)·권34≫

221) 유정치(有情癡) : 유정치는 감정이 있는 어리석은 자란 뜻으로 눈물 흘리며 잘 우는 사람을 가리킨다. '≪북당서초(北堂書鈔)·권오십육卷五十六≫'과 '≪세설신어·비루(紕漏)≫'의 내용을 발췌한 것으로 보이는 ≪벽전소사·전사·임첨(任瞻)≫에 장강을 건너 남천(南遷)한 뒤에 실의에 빠진 왕승상(王丞相)이 임첨을 "이는 유정치이다."라고 한 대목이 있다.

인에게 있어 미색만을 중시한 모습을 알 수 있다. 이를 두고 ≪세설신어≫ 유효표 (劉孝標) 주에 하소(何劭)의 말을 싣고 있는데, "중니는 '덕 있는 자에게는 훌륭한 말이 있다'고 했는데, 순찬은 이 점에 있어서 부족했다. 가만히 생각해 보니, 순찬은 언변에는 남음이 있었으나 식견은 부족했다(何劭論粲日 : 仲尼稱 '有德者有言'而荀粲減於是, 力顧所言有餘, 而識不足)."222)라고 하며 비판하고 있다. 하지만 사랑했던 부인의 갑작스러운 죽음으로 인한 실언 또는 일시의 감정적 발언으로 이해해 볼 수도 있겠다.

후세에 순찬과 조씨 부인 고사는 순영상신(荀令傷神), 순찬상생(荀粲傷生), 순찬포아(荀粲抱疴) 등의 사자성어로 유래되어 죽은 아내에 대한 사랑과 그리움, 부부 간의 사랑을 대표하는 고사로 우리에게 전해지고 있는데, 아내의 죽음으로 순찬의 마음이 상하였다는 순영상신은 청나라 시인 납란성덕(納蘭性德)의 시에도 등장하는데 '〈접련화(蝶戀花)·신고최련천상월(苦最憐天上月)〉'에는 "둥근 달이 항상 휘영청 밝으면, 얼음과 눈도 마다하지 않고 그대를 위해 따뜻하게 하리(若似月輪終皎潔, 不辭冰雪爲卿熱)."라는 구절이 있는데, 이는 본 고사를 빌려 자신의 죽은 아내에 대한 그리움을 표현한 것이다.

36. 외벽(外癖, 남색(男色)의 벽)

왕중선(王仲先)은 반장(潘章)의 아름다움을 소문으로 들었다. 그와 벗을 삼게 되고 마침내 동침하게 되었다. 여느 부부보다도 돈독하였다. (그러나) 얼마 되지 않아 함께 죽었는데, 각 집안에서 이를 (어떻게 처리할지를 두고) 근심하다 그들을 나부산(羅浮山)에 매장하였다. (이후) 홀연히 (그 자리에) 나무 한 그루가 자라났는데, 잎이며 가지며 모두 서로 포옹하는 듯하였다. 당시 사람들이 이를 '침수(枕樹)'라 이

---

222) 해석과 원문은 김장환 譯注, ≪세상의 참신한 이야기 세설신어3≫, 신서원, 2008, 186쪽을 따랐다.

름 붙였다. [미주 : 기이하다.]

조주 : 읍어(泣魚)와 단수(斷袖)의 사랑 이야기를 기록하고 있는 역사서(史書)들도 이루 다 기술할 수 없을 정도로 많으며 또한 (사랑이) 지극하다. 한나라 애제(哀帝)가 거의 선위할 뻔하였고, 전진(前秦)의 주인은 끝내 적국의 손에 넘어갔으며, 계룡(季龍)은 끝내 처를 죽였고, 승달(僧達)은 조카를 묻으려 하였다. 아아, 심하도다. 널리 찾아보지 않아도 여기서 마음이 동요되니 우선 대략적으로나마 예를 들어 이 특이함을 기록하고자 한다.

[王仲先聞潘章之美. 因與友, 遂同衾枕.223) 篤于伉儷224). 未幾偕歿, 其家憫之, 葬于羅浮山. 忽生一樹. 柯條枝葉, 無不相抱. 時人號爲其枕樹.225) (眉註 : 奇.) 條註 : 泣魚226)斷袖227)之歡史書所載不可勝述, 又其極也. 漢哀幾于禪位, 符主竟成敵國228), 季龍229)爲之殺妻, 僧達因而坑姪230), 噫嘻甚矣. 玆

---

223) 동금공침(同衾共枕) : 함께 한 이불을 덮고 베개를 베고 자는 것을 이르는 말로 부부생활을 지칭한다. 왕중선과 반장의 고사가 그 출처이다. ≪태평광기(太平廣記)·권제삼백팔십구(第三百八十九)≫ 참조.

224) 항려(伉儷) : 남편(男便)과 아내가 이루어진 짝.

225) 원문 출처 및 출현 서적 : ≪태평광기(太平廣記)·권제삼팔십구≫, ≪견문록(見聞錄)·권사(卷四)·남총(男寵)≫

226) 읍어(泣魚) : '읍전어(泣前魚, 앞에 잡은 물고기를 보고 울다)'의 뜻으로 전국 시대 위(魏)나라의 남색(男色)인 용양군(龍陽君)이 위왕(魏王)과 함께 배를 타고 낚시를 하다가 갑자기 눈물을 흘리자 위왕이 그 까닭을 물었다. 이에 그가 "처음에 물고기를 잡았을 때는 매우 기뻤으나 뒤에 또 그보다 더 큰 물고기를 잡고 보니 앞에 잡았던 물고기는 버리고 싶어졌다.(臣之始得魚也 臣甚喜 後得又益大 今臣直欲棄臣前之所得魚矣)"라고 하면서, 이 세상에 미인들이 매우 많은데 그들이 왕에게 나아오면 자기도 앞에 잡은 물고기 신세가 되지 않겠느냐고 대답을 하니, 위왕이 앞으로 미인에 대해서 감히 말을 꺼내는 자는 멸족(滅族)의 형을 가하겠다고 명령을 내렸다는 고사에서 유래되었다. ≪전국책(戰國策)·위책(魏策) 4≫

227) 단수(斷袖) : 남색인 한(漢) 나라의 애제(哀帝)가 신하인 동현(董賢)과 함께 어느 날 잠이 들고서는 애제가 기상하려 했으나 자신의 소매에 누워 동현이 잠들어 있자 이를 방해하지 않도록 제 옷을 자르고 일어났다는 고사에서 유래되었다.

228) 부(符) : 부진(符秦, 부견(符堅)이 세운 진나라) 즉 전진(前秦)을 말하는데, 전진의 황제 부견이 전연(前燕)의 왕족이었던 모용충(慕容冲)을 남총으로 삼아 가까이 두었는데, 결국 모용충의 배반으로 몰락하게 된다는 기록이 있다.

229) 석계룡(石季龍) : 석호(石虎), 자는 '계룡(季龍)'이다. 중국 5호16국의 하나인 후조의 제3대 황제로 재위기간은 334~349년이다. ≪진서·사고전서본·권이백육(卷一百六)≫의 기록에 따르면, 석호가 優僮(우동, 男寵) 鄭櫻桃에 혹하여 두 부인을 죽였다는 古事가 나온다. (季龍寵惑優僮鄭櫻桃而殺郭氏, 更納淸河崔氏女櫻桃又譖而殺之.)

不博引以揚波姑畧231)舉而志異.]

[설명]

　연구에 따르면 중국사에서 동성애에 대한 최초의 기록은 ≪잡설(雜說)≫의 "연동(孌童)은 황제(皇帝) 때부터 시작되었다(孌童始黃帝)."이며 중국 문학의 원형이라 불리는 ≪시경(詩經)≫에서도 동성애와 관련된 자구(字句)가 등장하는데, 예를 들면, 교동(狡童)·광동(狂童)·광차(狂且)·자행(姿行)·유여이인(維予二人) 등이다. 이를 보면 중국 동성애는 선진시대 이전에 존재하는 오랜 역사적 배경을 지니고 있음을 알 수 있다.

　춘추전국 시대에 이르러서는 미남을 숭상하는 풍조가 있었다. 이 미남들과 관련된 고사들이 이후 관용어가 되어, 보편적 전고로 사용되었기도 하였다. 본문 조주에서 언급하고 있는 한 애제의 단수지벽(斷袖之癖) 또한 그러하다. ≪한서(漢書)·동현전(董賢傳)≫에 관련 기록이 전해진다. "항상 황제와 함께 생활하며, (함께) 낮잠에 든 적이 있었는데, 황제의 옷소매를 깔고 누워 있었다. 황제가 일어나고자 하였으나 동현이 아직 잠에서 깨지 않아 그를 뒤척이게 하기 싫어 이내 (자신의) 소매를 잘라버리고 일어났다(常與上臥起. 嘗晝寢, 偏藉上袖, 上欲起, 賢未覺, 不欲動賢, 乃斷袖而起)."

　이외, 위나라 왕과 그의 남총(男寵)232)인 용양군(龍陽君), 초나라 공왕(共王)과 안릉군(安陵君), 위나라 영공(靈公)과 미자하(彌子瑕), 한 왕조의 문제(文帝)와 등통(鄧通) 등이 있다.

　명나라 시대에는 황제들도 남풍(男風)을 매우 좋아하였다고 한다. 예를 들면, 무종(武宗)의 경우 청(淸) 모기령(毛奇齡)의 ≪무종외기(武宗外紀)≫에 정사를 돌보지

---

230) 승달(僧達) : 중국 南北朝시기 南梁의 왕족으로 梁 文帝 蕭順之의 11번째 아들이다. 남색으로 조카를 부장(副葬)하려 했다고 전해진다.
231) 약(畧) : '약(略)'의 이체자(異體字).
232) 남총(男寵) : 남색.

않고 어린 환관들과 함께 놀이에 빠져 놀았다는 기록이 있다. 또한 황후나 비빈과 동침하는 날도 한 달에 4·5일에 지나지 않았다고 한다(遂遍游宮中, 日率小黃門爲角紙蹴趨之戱, 隨所駐輒飮宿不返. 其入中宮及東西兩宮, 月不過四五日). 여기서 소황문(小黃門)은 나이 어린 환관(宦官)을 뜻한다.

또한 당시 명나라 일반 사회에서도 남색의 문화가 성행하였다. 사인과 사인 사이의 사랑을 '외교(外交)'라 불렀으며 남자와 처첩 사이의 성교는 '내교(內交)'라 부르며 사인에게는 아내와 첩 이외에 아름다운 어린 시동이 있었다고 한다.

청나라 시대에는 고관과 거상이 남자 배우에게 미련 둔 경우도 적지 않았다고 하며 당시 복건(福建) 지역에서의 '계(契)' 자(字)는 남자 간의 성관계를 의미하였는데, '계'라는 의식을 거행하며 '계부(契父)', '계아(契兒)', '계형(契兄)', '계제(契弟)' 등의 관계를 맺었다고 한다.233)

지금껏 중국의 남성 동성애에 관한 기록을 시대적 흐름에 따라 대략 살펴보았는데, 중국사에서 동성애는 주된 문화 현상으로 보기는 어렵지만 위진남북조 시대에 크게 성행하는 등 시대에 따라 성풍의 정도가 다른데 예교주의에 대한 반감과 청담사상 등의 시대적 사상과 풍조의 유행과 일부 관련이 있을 것으로 생각된다. 최상위 계급층인 군주와 중급의 사대부, 하급 계급층인 일반 백성의 동성애 기록이 있다는 점에서 동성애가 특수 계층의 전유물이 아닌 소수의 사회적 현상으로 이해해 볼 수 있겠다. 마지막으로 대부분 문헌 기록이 남성 동성애에 관한 것으로 여성 동성애에 관한 문헌 기록이 존재하지 않는 것은 아니나, 대부분이 남성 동성애에 관한 것임을 알 수 있다.

---

233) 위의 내용은 류다린(劉達臨) 지음·노승현 옮김, 《중국성문화사》, 심산문화, 2003, 176~189쪽의 내용을 참조·요약하여 작성하였다.

37. 산수벽(山水癖, 산수를 좋아하는 벽)

종소문(宗少文)은 산수(山水)를 좋아하였다. 서쪽으로는 형산(荊山)과 무산(巫山)에 올랐으며, 남쪽으로는 형악(衡嶽)에 올랐다가 초가집을 얽어 살았다. 그러다 병이 들어 강릉(江陵)으로 돌아와 탄식하며 말하였다. "늙음과 병이 한꺼번에 이르니, 명산을 두루 살펴보기는 어려울 듯하다. (그렇다면) 오로지 마음을 맑게 품고 도(道)를 보고서 마땅히 누워서 유람하리라." 그러고는 (자신이) 다녀온 모든 곳을 모두 방안에 그려두었다. 사람들에게 이를 말하길, "거문고 곡조를 타, 여러 산 모두에 메아리 울리고자 하네." [미주 : 지금 백아(伯牙)가 연주하면 종자기(鍾子期)가 마음속으로 듣는다.]

[宗少文好山水. 西陟荊巫, 南登衡嶽234), 因結室235)衡山. 以疾還江陵, 歎曰 : "老病俱至, 名山恐難徧睹. 惟當澄懷觀道, 臥以遊之耳." 凡所遊履, 皆圖之於室. 謂人曰 : "撫琴動操, 欲令衆山皆響."236) (眉註 : 當今伯牙鼓音, 子期竊聽.)]

[설명]

종병(宗炳), 남북조시대 송나라 인물로, 375년에 출생하여 443년에 졸하였다. 자는 소문(少文), 하남(河南) 남양(南陽) 출신이며 화가이자 회화 이론가이며 일생 벼슬을 마다하고 산수 경치를 좋아하여 평생 명산대천(名山大川)을 두루 유람하였다.

원문의 고사는 ≪송서(宋書)·은일전(隱逸傳)·종병(宗炳)≫ 권93에 동일한 내용이 기록되어 있다. 여기서 '와유(臥遊)'는 종병이 처음 언급하여 유래하였는데,

---

234) 형악(衡嶽) : 형산(衡山)을 가리킨다. 호남성(湖南省)에 있으며 오악(五嶽) 가운데 남악(南嶽)으로 불리기도 한다.
235) 결실(結室) : 집을 얽음. 초가지붕을 엮음을 의미.
236) 원문 출처 및 출현 서적 : ≪송서·권구십삼·은일열전·종병≫

'누워서 유람한다.'라는 의미이다. 현대 사회에서는 사람들이 스마트폰이나 컴퓨터를 이용하여 전 세계의 아름다운 경치를 시간과 공간의 제약 없이 누구나 와유를 할 수 있게 되었는데, 종병의 '와유'는 나이가 들어 병약하여 어쩔 수 없이 집안에 머무르게 되자 산수화를 그려 걸어놓고 거문고를 연주하며 마음으로 자연을 유람하며, 실제 유람과 유사한 즐거움을 얻었던 것이다. 그의 회화 이론서 ≪화산수서(畫山水序)≫에도 와유 사상을 언급하고 있다. "이에 한가로이 기거하며 기운을 다스리고, 술잔을 비우고 거문고를 타면서, 그림 펼쳐놓고 고요히 대하며, 앉아 세상의 끝을 궁구하고, 하늘의 이치를 거스를 수 없으니, 홀로 텅 빈 들에서 응답한다(於是閒居理氣, 拂觴鳴琴, 披圖幽對, 坐究四荒, 不違天勵之叢, 獨應無人之野)." 종병의 와유는 후에 집에 누워 산수화를 감상하는 의미의 고사(典故)가 되었다.

또한 와유는 중국 미학사에서 하나의 중요한 사상으로 인식되어 후대 문인에게 모방·인용되기도 하였다. 북송 황정견(黃庭堅)의 ≪제종실대년화이수기일(題宗室大年畫二首其二)≫ 시를 보자,

輕鷗白鷺定吾友, 가벼운 갈매기와 백로가 내 곁에 머무르고,
翠柏幽篁是可人. 푸른 잣나무와 깊숙한 대숲은 좋은 사람이로다.
海角逢春知几度, 바다 끝 봄을 만난 것이 몇 번이던가
臥遊到處總傷神. 누워 도처를 유람하니 모두 슬퍼지는구나.

한국에서도 와유의 전고가 널리 사용되었는데, 고려 말기 이색(李穡)의 유고집인 ≪목은집(牧隱集)≫에서 기록된 그의 시 〈새벽에 읊다.(曉吟)〉에 '와유'가 등장한다.

曉窓日色淡如秋, 새벽 창 햇빛이 맑기가 가을날 같아서,
病骨欲蘇供臥遊. 병든 몸 회복코자 와유하기에 꼭 알맞네.
衰老幸然安所遇, 노쇠하나 다행한 건 환경 따라 편안함이라,
炎蒸得此樂忘憂. 무더워도 이것 있어 즐기면서 근심 잊노니.
抽毫絶句閒來寫, 붓 빼들고 절구를 한가히 써 내려 가는데,

滿架陳編爛不收. 시렁 가득 서책들은 그지없이 찬란하구려.
綠樹參差鶯語亂, 들쭉날쭉 푸른 숲 요란한 꾀꼬리 소리에,
箇中情興儘悠悠. 개중의 흥취가 참으로 유유하기만 하네.237)
(… 중략 …)

회화에서도 후대의 많은 모방과 전승이 있었다. 예를 들어, 명대(明代) 심주(沈周)는 ≪와유도(臥遊圖)≫를 그렸으며 청대(淸代) 정정규(程正揆)는 종병을 본떠 자신이 유람한 것을 그린 ≪강산와유도권(江山臥遊圖卷)≫남겼다.

청대 정정규 그림, ≪江山臥遊圖≫, 고궁박물원(故宮博物院) 소장본

38. 우심적벽(牛心炙癖, 소 염통을 구워 먹길 좋아하는 벽)

왕우군(王右軍)은 소 염통을 구워 먹는 것을 좋아하였다. 왕희지가 11세 무렵, 주의(周顗)가 왕희지를 특별하게 생각하여 당시 귀하던 소 염통을 다른 좌객이 맛보기도 전에 우심적(牛心炙)을 베어 우군에게 먼저 먹였다. 이 때문에 왕희지가 명성

---
237) 해석과 원문은 한국고전번역원 제공, 임정기(역), ≪목은시고(牧隱詩稿)≫ 제24권을 따랐다.

을 얻었다. [미주 : 민공(閔貢)의 돼지 간, 우군(右軍)의 소 염통, (모두) 물질로 사람의 중시하였으나 물질에는 속박되지 않아야 한다. 그렇지 않으면 내 입과 배에 얽매인다.]

[王右軍嗜牛心炙. 年十一時周顗異之, 時絶重牛心炙, 座客來未噉先割啖右軍, 乃知名.[238] (眉註 : 閔貢猪肝[239], 右軍牛心, 物以人重, 不關于物, 不然亦口腹累耳.)]

[설명]

　문자 그대로 우심적(牛心炙)은 소의 염통 즉 심장 구이 또는 이를 구워 먹는 것을 말한다. 이 소의 심장은 위진시대(魏晉時代) 상당히 귀한 진미(珍味)로 여겨져 위의 이야기처럼 주의가 왕희지에게 심장 구이를 먹이자 사람들이 그를 달리 보기 시작한 것이다. ≪세설신어≫에 이를 알 수 있는 이야기가 있다. "왕군부는 '팔백리박(八百里駁)'이라고 부르는 소를 가지고 있었는데, 늘 그 발굽과 뿔을 빛나게 닦았다. 왕무자가 왕군부에게 말했다. '나는 활 쏘는 솜씨가 그대만 못하지만 지금 그대의 소를 내기에 건다면 나는 천만 전(錢)으로 상대하겠소. 왕군부는 자신의 민첩한 손 솜씨에 자신이 있었으며 게다가 왕무자가 훌륭한 소를 죽일 리는 없을 것이라고 생각하여, 곧바로 허락하고서 왕무자에게 먼저 쏘라고 했다. 왕무자는 한 발에 과녁을 명중시킨 뒤 물러나 간이의자에 기대앉아 시종에게 소리쳤다. '속히 소의 심장을 꺼

---

[238] 원문 출처 및 출현 서적 : ≪진서(晉書)·권팔십(卷八十)·왕희지전(王羲之傳)≫, ≪세설신어·태치(汰侈)≫

[239] 민중저간(閔仲猪肝) : 민중은 동한(東漢)의 민공(閔貢)을 가리키는데, '민중저간'은 그의 청렴함을 드러내는 일화에서 유래되었다. "민공이 안읍에 머물 때, 늙고 병든 데다 가난하여 고기를 사 먹을 처지가 못 되어 매일 돼지 간 한 조각만을 사 먹었다. 어느 날은 정육점 주인이 (그에게) 돼지 간 한 조각마저 팔고자 하지 않는데, 안읍 현령이 이 소식을 알고 사람을 시켜 (돼지 간을) 항상 사 먹을 수 있도록 하였다. 민중이 이를 이상하게 여겨 물어 진상을 알게 되자 탄식하며 "내가 어찌 먹는 것의 문제로 안읍에 누를 끼칠 수 있겠는가?" 하고 말하고는 고을을 떠났다(客居安邑, 老病家貧, 不能得肉, 日買猪肝一片, 屠者或不肯與, 安邑令聞, 敕吏常給焉. 仲叔怪而問之, 知, 乃歎曰 : '閔仲叔豈以口腹累安邑邪?' 遂去. ≪후한서(後漢書)·주황서강신도전서(周黃徐姜申屠傳序)≫, ≪고사전(高士傳)·〈閔貢〉≫, ≪세설보(世說補)≫ 등에 해당 고사에 출원한다.

내오너라!' 잠시 뒤에 구운 소 심장 고기를 가져오자, 왕무자는 딱 한 점만 먹고 가 버렸다."라는 기록이 있다.240)

또한 우심적의 고사는 우리나라에도 전해져 귀한 진미를 나타내는 전고로 사용되기도 하였다. 그 예로 ≪양촌문집(陽村文集)≫ 제10권·詩에 〈우심을 보낸 필선 한상덕에게 사례한다(謝韓弼善 尙德 惠牛心).〉시 한 수를 보자.241)

邇來調理失平安, 근래 몸조리에 건강을 잃어서
厭見朝朝苜蓿盤. 아침마다 목숙반에 짜증이 나다니
悅口方需惠芻豢, 보내온 추환에 입맛을 돋구니
同心深感似金蘭. 금란 같은 그 마음 고맙기만 하구려
食蔬豈易逢羊踏, 나물만 먹던 창자 양고기 얻기 어찌 쉬우랴
求藥誠難得兎肝. 약을 구하매 토끼 간 얻기 어렵더라
幸受義之當日炙, 다행히 왕희지의 당일적을 받았으니
無魚長鋏不須彈. 고기 없다 장협을 굳이 치지 않으리라

이렇듯 특히 위진시대 구운 소 심장을 내어 접대한다는 것은 귀한 손님에게 예를 다하는 것을 의미하였다. 왕희지에게 주의는 다른 사람이 젓가락을 들기 전에 먼저 소 염통을 잘라주어 좌중을 놀라게 했으며, 이후 주의는 왕희지와의 관계를 통해 왕씨 집안과 특별한 우의를 맺게 되었다.

또한 소년 왕희지는 종백부 왕도(王導)와 족백(族伯) 왕돈(王敦)으로부터 총애를 받았는데, 당시 명성을 날리던 완유(阮裕)가 왕돈의 주부(主簿)로 있었는데, 왕돈은 왕희지에게 집안의 기대주로 주부 완유에 비하곤 하였다. 주부 완유 또한 왕희지를 중시하여 왕승(王承), 왕열(王悅)과 함께 세 명의 청년, 진나라의 '삼소(三少)'로 불렸다.242)

---

240) 해석과 원문은 김장환 譯注, ≪세상의 참신한 이야기 세설신어3≫, 신서원, 2008, 112~113쪽을 따랐다. 王君夫有牛. 名〈八百里駮〉, 常瑩其蹄角. 王武子語君夫：〈我射不如卿, 今指賭卿牛, 以千萬對之.〉君夫既恃手快, 且謂駿物無有殺理, 便相然可. 令武子先射. 武子一起便破的, 卻據胡床, 叱左右：〈速探牛心來〉須臾, 炙至, 一臠便去.
241) 해석과 원문은 한국고전번역원 제공, 이병훈(역), ≪양촌문집(陽村文集)≫ 10권·시를 따랐다.

39. 담귀벽(談鬼癖, 귀신 이야기하기를 좋아하는 벽)

　　소자첨(蘇子瞻)이 황주(黃州)와 영남(嶺南) 지역에 있을 때이다. 매일 일어나면 손님을 (집으로) 맞이하여 이야기 나누지 않고, 반드시 출타하여 객을 만나곤 하였다. 함께 노니는 데 있어 (상대를) 모두 가리지 않았다. 각각 상대방의 수준(高下)에 따라 담소하며 이리저리 돌아다니고 (대화와 친구 사귐에) 이미 경계(畛畦)가 없었다. 말주변이 없는 자가 있으면 억지로 귀신 이야기를 하고자 했는데, 어떤 이가 그런 귀신 쌧나락 까먹는 소리가 어디에 있냐고 말하면 이내 "그냥 망령되이 한 번 말씀해 보시지요."라고 하였다. [미주 : 대낮에 하는 귀신 이야기는 밤중보다 더 자리를 앞당기게 한다.]

　　조주 : 파공(坡公)도 입과 혀의 경계함을 받아들이지 않는데, 어찌 나도 이 같지 않겠는가? 장공(長公)과 같이 좋은 벗과 인생의 즐거운 이야기를 마음껏 나누는 것은 참을 수 없는 일이자 자신의 즐거움이다. 영웅이 자기 뜻을 이루지 못하고 귀신의 이야기를 함에 이르렀으니, 그 꼿꼿함과 강직함을 삭히고자 한 것이다. 아, 슬픈 일이다.

[蘇子瞻在黃州[243]及嶺外[244]. 每且起, 不招客與語, 必出訪客. 所與遊亦不盡擇. 各隨其人高下, 談諧放浪, 不復爲畛畦. 有不能談者, 則強之使說鬼, 或辭無有, 則曰 : "姑妄言之."[245]　（眉註 : 白日說鬼猶勝夜分前席[246]）　條註 : 坡

---

[242] 위 '설명' 내용은 주로 궈렌푸 지음·홍상훈 옮김, 《왕희지 평전》, 연암서가, 2007, 47~48쪽을 참조·요약하여 작성하였다.

[243] 황주(黃州) : 소식은 1080년 오대시(烏臺詩) 필화 사건을 계기로 황주(黃州) 단련부사(團練副使)로 좌천되기도 하였다.

[244] 영외(嶺外) : 중국 오령(五嶺) 이남 지역을 가리킴. 오령은 월성령(越城嶺), 도방령(都龐嶺), 맹저령(萌渚嶺), 기전령(騎田嶺), 대유령(大庾嶺)을 말한다. 宋之問, 〈渡漢江〉 "嶺外音書斷, 經冬復歷春. 近鄉情更怯, 不敢問來人.(영남 밖으로 쫓겨나 가족과는 소식이 끊기고…)"

[245] 원문 출처 및 출현 서적 : 북송(北宋) 엽몽득(葉夢得), 《피서녹화(避暑錄話)·권상(卷上)》, 주밀(周密) 《계신잡지(癸辛雜識)》, 장남장(張南莊) 《하전(何典)》에 일부 수록되어 있음. 《송패유초·권지사(卷之四)》

公247)不受口舌戒耶, 何不爾爾? 勝友248)劇談249)人生快事如長公250)者, 即不勝, 亦自快也. 英雄不得志, 至以說鬼, 消其骯髒251), 悲夫.]

[설명]

    소식(蘇軾), 1037년에 출생하여 1101년에 졸하였다. 자는 자첨(子瞻), 호는 동파거사(東坡居士)이다. 사천(四川) 미산(眉山) 출신으로 아버지 순(洵), 동생 철(轍)과 함께 '3소(三蘇)'라고 불렀으며, 모두 문학적 재능이 뛰어나 당·송 8대가에 속했다. 소식은 시, 사, 음악, 서예 등에 조예가 깊었다.

    원문의 내용과 같이 소식이 황주와 영남(영외) 지역에 있었을 때 귀신 이야기를 자주 했다고 하는데, 왕안석의 변법에 반대해 구당의 편에선 소식이 반대 상소를 두 차례 올려 외직으로 쫓겨난 이후의 시점과 다시 '오대시(烏臺詩)' 필화 사건으로 황주 단련부사(團練副使) 좌천되었을 시점으로 보인다. 소식의 연보에서 살펴보면 다음과 같다.

    1080년(원풍 元豊 3년, 45세) 황주(黃州)로 유배됨(1080년 2월~1084년 4월)

    1094년(소성 紹聖 元年, 59세) 혜주(惠州) 유배지로 감(1094년 3월 출발하여 10월에 도착). 건창군사마(建昌軍司馬)로 혜주에 안치됨(1094년 10월~1097년 4월)

    1097년(소성 紹聖 4년, 62세) 다시 해남(海南)으로 유배됨(1097년 4월에 출발, 7월에 도착). 경주별가창화군(瓊州別駕昌化軍)으로 해남 담주(儋州)에 안치됨(1097년 7월~1100년 6월)252)

    참고로 영외의 영(嶺)은 월성령(越城嶺), 도방령(都龐嶺, 揭陽嶺), 맹저령(萌渚

---

246) 전석(前席) : 상대방과 더 가까이하기 위해 자리를 앞으로 이동한다는 뜻인데, 즉 "청자가 상대의 말에 정신이 팔린다."라는 의미를 비유하여 이르는 말이다.
247) 파공(坡公) : 송나라 소식(蘇軾)을 가리킨다.
248) 승우(勝友) : 좋은 벗, 사귀어 도움이 되는 벗.
249) 극담(劇談) : 쾌활한 이야기 또는 마음껏 이야기하는 것을 의미.
250) 장공(長公) : 송나라 소식(蘇軾)을 가리킨다.
251) 항장(骯髒) : 고항(高亢)하고 강직한 모양.
252) 임어당 저·진영희 역, ≪소동파 평전≫, 지식산업사, 2012, 583쪽 인용.

嶺), 기전령(騎田嶺), 대유령(大庾嶺)의 중국 오령(五嶺) 이남 지역을 가리키는데, 광서(廣西), 광동(廣東), 호남(湖南), 강서(江西) 지역 일대를 말한다.

이 당시에 소식은 매일 아침 손님을 초대하여 담소를 나누거나 밖에서 친구를 만날 때 한가히 귀신 또는 기이한 이야기를 즐겨한 것으로 보인다. 본래 유가에서는 공자의 말씀에 따라 괴이한 일(怪), 힘(力), 혼란(亂), 귀신(神)의 이야기를 하지 않는 것이 전통이었다. 이에 조주에서도 대문호 소식이 한낱 잡스러운 고사를 말하며 세월을 보내는 것을 보며 한탄한 것이다. 그러나 소식은 귀신 이야기를 즐겨 나누는 것에 그치지 않고 유배 생활 중에 쓴 소품 형태의 모음집 ≪동파지림(東坡志林)≫을 지었는데, 그 내용 가운데 제목이 '기이한 일(異事)'인 편이 있는데, '귀신 이야기(記鬼)'를 포함한 32조(條)의 고사를 기록하고 있다. 불교, 도가와 연금술, 저승과 재생, 인물 관련 일화, 풍자와 기이함 등의 다양한 소재가 등장한다. 그 내용을 살펴보면 소식은 귀신 등의 기이한 고사를 통해 현실과 비슷한 상황을 빗대어 교훈을 주고자 한 것으로 보인다. 소식의 작가 의식이 반영되어 있는 것이다. 사회 다방면의 지식과 관심을 활용하여 자아 성찰과 비평, 유배라는 개인적 절망의 상황에서도 긍정적 측면을 표출하고자 했던 것이다.[253] 여기서 32조 가운데 하나인 '빙의(憑依)' 고사를 소개하고자 한다.

> 빙의에 걸려서 귀신 목소리를 내는 사람들은 대부분 하녀나 첩실 등의 천한 신분이거나, 그 목소리의 당사자가 병들어 죽은 지 얼마 되지 않은 경우가 많다. 그 목소리와 행동거지가 망자와 비슷하고, 당사자들끼리만 알 수 있는 비밀을 알고 있다고 하지만, 모두 다 착각하는 것이다. 기인이 있듯이 귀신 세계에도 이런 일을 전문으로 저지르는 기귀라도 있다는 말인가?
> 옛날에 어떤 사람이 먼 길을 떠나게 되었다. 자신에 대한 아내의 감정이 얼마나 깊은가 알고 싶어서 벽 속에 금비녀를 숨겨 놓았다가, 깜박 잊어버리고 그 사실을 알려주지 못한 채 길을 떠났다. 노상에서 병에 걸려 죽게 되자, 하인을 통해 그 사실을 아내에게 알려주었다. 그러나 그는 죽지 않았다.

---
[253] 김명신, 〈≪東坡志林≫의 판본과 〈異事〉篇 연구〉, ≪中國小說論叢≫ 제71집, 2023, 1쪽 참조.

한편 아내는 어느 날 문득 허공에서 들려오는 목소리를 들었다. 진짜 자신의 남편 목소리 같았다. "나는 이미 죽은 귀신이노라. 못 믿겠느냐? 금비녀가 어디어디에 있으리라." 아내는 그 장소에서 금비녀를 찾아내고는 남편이 정말 죽은 줄로 만 알고 초상을 치루었다. 그 후의 부부관계는 어찌 되었을까? 아내는 도리어 다시 나타난 남편을 귀신으로 여겼다.254)

여기서 주목해 볼 점은 소식은 빙의 현상을 내재한 인격의 표출로 해석하고 있다는 것인데 귀신 이야기를 좋아했다는 소식이 귀신의 존재를 일부 부정한 것이다. 이를 보면 귀신 이야기 그 자체를 좋아했기보다는 조주에서 화숙이 말한 꼿꼿함과 강직함을 삭히고자 한 것으로 보인다.

40. 수벽(睡癖, 졸기를 좋아하는 벽)

중국 남악에 사는 이암로(李巖老)는 졸기를 좋아했다. 다른 사람이 식사를 마치고 바둑을 둘 때면, 암로는 빈번히 잠이 들었다. 몇 판의 바둑이 끝난 뒤에야 (몸을) 뒤집고는 말하길, "나는 이제 한 판을 뒀는데, 공들은 몇 판이나 두었는가?" [미주 : 소옹(邵雍)이 "요와 순이 읍하며 사양한 것은 술 석 잔이고, 탕과 무가 겨룬 것은 바둑 한 판이다."라고 말하였는데, 어찌 단지 잠결의 바둑 한 판이겠는가?]

조주 : 도연명이 (일찍이) "나는 취해 자고 싶으니 그대 또한 돌아가게나"라고 하였는데, 이암로와 견주어보니 문득 (잠과 관련된) 일이 많음을 알게 된다.

[李巖老好睡. 衆人食罷下棋, 巖老輒就枕. 閱數局, 乃一展轉云 : "我始一局,

---

254) 해석과 원문은 김용표 역, 《동파지림 상》, 세창출판사, 2012, 453~455쪽을 따랐다. 〈歸附語〉: "世有附語者, 多婢妾賤人, 否則衰病不久當死者也. 其聲音擧止皆類死者, 又能知人密事, 然皆非也. 意有奇鬼能爲是耶? 昔人有遠行者, 欲觀其妻於己厚薄, 取金釵藏之壁中, 忘以語之. 既行而病且死, 以告其僕. 既而不死. 忽聞空中有聲, 眞其夫也, 曰 : '吾已死, 以爲不信, 金釵在某處.' 妻取得之, 遂發喪. 其後夫歸, 妻乃反以爲鬼也."

公幾局矣?"255) (眉註 : 樂天云 : "唐虞揖讓三杯酒, 湯武征誅一局棋."256) 何但睡中一局?) 條註 : 淵明云 : "我醉欲眠, 卿且去." 比巖老更覺多事."257)]

[설명]

이암로(李巖老), 이름은 초(樵)이며, 황주(黃州) 지역의 명사(名士)였다. 세부적인 일생에 관해서는 정보는 알려진 바가 없다. 다만 이 고사가 소식의 ≪동파지림≫에 출원하고 있으며 이암로가 황주 지역의 유명한 인물이었음을 보았을 때, 소식이 황주 지역으로 좌천되어 만난 인물로 추정된다. 이암로의 수벽에 대한 설명은 ≪동파지림·〈제이암로(題李巖老)〉≫의 문장을 소개하는 것으로 갈음하고자 한다.

남악에 사는 이암로는 잠꾸러기였다. 여러 명이 모여 배불리 밥을 먹은 후 바둑을 두었는데, 그는 그대로 베개를 베고 잠을 자버렸다. 사람들이 몇 판씩이나 두고 난 후에야 그가 몸을 뒤척이며 일어나 말했다. "몇 판이나 두었수?"

동파가 말했다.

巖老常用四腳碁盤,	이암로는 언제나 네 발 달린 바둑판 위에,
只著一色黑子.	오로지 흑 알로만 바둑을 두는 구나.
昔與邊韶敵手,	옛날에는 변소가 적수였는데,
今被陳搏饒先.	이제는 진단 마저 선으로 두는 구나.
著時自有輸贏,	바둑 두면 원래는 승부 있기 마련이나,
著了並無一物.	이 바둑은 끝나봤자 아무 결과 없도다.

---

255) 원문 출처 및 출현 서적 : ≪어은총화(漁隱叢話)≫, ≪기찬연해(記纂淵海)≫, ≪산당사고(山堂肆考)≫, ≪고금담개≫, ≪어정연감유함(御定淵鑑類函)≫, ≪송시기사(宋詩紀事)≫, ≪고금사문유취(古今事文類聚)≫

256) 중국 송 소옹(邵雍, 1011~1077), 자 요부(堯夫), 호 안락선생(安樂先生)의 ≪격양집(擊壤集)·권20·수미음(首尾吟)≫에 나온다.

257) 이백(李白)의 〈산중여유인대작(山中與幽人對酌)〉 시에 "兩人對酌山花開, 一杯一杯復一杯. 醉欲眠卿且去, 明朝有意抱琴來(두 사람이 대작하는데 꽃이 곁에 활짝 피어있고, 한 잔 한 잔 마시고 다시 한 잔 더 들어가네. 이제 나는 취해 자고 싶으니 그대는 돌아갔다가, 내일 아침에 생각이 있거든 거문도 안고 다시 오게나.)" 구절이 있다.

구양공도 이런 시를 읊었다.

夜凉吹笛千山月, 싸늘한 밤기운 피리 소리는 첩첩산중 달빛 아래 흐르고,
路暗迷人百種花. 길 어두워 나그네는 만개한 꽃밭에 홀로고야 말았구나!
棊罷不知人換世, 바둑이 끝나도록 세상이 바뀐 줄도 몰랐으니
酒闌無奈客思家. 술 다 마셨으니 나그네 하릴없이 집 생각만 하는 도다!

이암로는 거의 이 시에서 말한 수준이었다.258)

41. 연하벽(烟霞癖, 고요한 산수 경치를 좋아하는 벽)

전유암(田遊巖)은 기산(箕山)에 은거하였는데, 고종(高宗)이 친히 그의 집 앞까지 행차하였다. 유암이 초야의 옷을 입고서 나와 절하며 황제를 맞이하였다. 고종이 말하였다. "선생께서는 지금껏 편안하셨습니까?" 그러자 전유암이 답하였다. "신은 이른바 물과 바위에 고황(膏肓)이 들었고 연하(烟霞)에는 고질병이 들었습니다."
[미주 : 은일함이 깊다.]

[田遊巖隱箕山, 高宗親幸其門. 遊巖野服出拜. 帝曰: "先生比佳否?" 答曰: "臣所謂泉石膏肓, 烟霞259)痼疾."260) (眉註: 深于隱.)]

---

258) 위 해석과 원문은 김용표 역, 《동파지림 상》, 세창출판사, 2012, 226~229쪽을 따랐다.
南嶽李巖老好睡, 衆人食飽下棊, 巖老輒就枕, 閱數局乃一輾轉, 云 '君幾局矣?' 東坡曰: '巖老常用四脚棊盤, 只著一色黑子. 昔與邊韶敵手, 今被陳摶饒先. 著時自有輸贏, 著了亦無一物.' 歐陽公詩云: '夜涼吹笛千山月, 路暗迷人百種花. 棊罷不知人換世, 酒闌無奈客思家.' 殆是類也.

259) 연하(烟霞): 고요한 산수(山水)의 경치를 의미.

260) 원문 출처 및 출현 서적: 《고금사문유취(古今事文類聚)》, 《금수만화곡(錦繡萬花谷)》, 《산당사고(山堂肆考)》, 《당시기사(唐詩紀事)》, 《신당서(新唐書)》, 《명현씨족언행유고(名賢氏族言行類稿)》, 《방여승람(方輿勝覽)》, 《기찬연해(記纂淵海)》, 《구당서권백구십이(舊唐書卷百九十二)·전유암전(田遊巖傳)》, 《하씨어림(何氏語林)》

[설명]

　전유암(田遊巖), 당 고종(高宗) 함형(咸亨) 초년(初年) 전후로 활동한 것으로 알려져 있으나 정확한 생몰년은 확인하기 어렵다. 그는 재주가 뛰어났지만 벼슬을 그만두고 산수를 두루 유람한 후 어머니와 아내와 함께 기산(箕山)에 은거했다고 한다. 이 기산은 현재 하남성(河南省) 북서부에 위치하며, 북쪽에는 숭산(嵩山)이 있다. 기산은 고대 은사 허유(許由)로 인해 유명해졌는데, 그는 요순(堯舜)시대의 사람으로 ≪장자(莊子)·소요유(逍遙遊)≫와 ≪사기(史記)·백이열전(伯夷列傳)≫ 등에 따르면 요(堯)가 여러 차례 허유에게 천하를 다스릴 것을 청하였으나, 허유는 이를 거절하고 기산에 은거했으며, 사후에도 기산에 묻혔다고 한다. 이에 기산을 '허유산'(許由山)이라고도 부리기도 한다.

　전유암은 허유의 사당 허유사(許由祠) 옆에 거주하며 스스로 허유의 동쪽에 거주하는 이웃이라는 뜻의 '허유동린(許由東鄰)'이라고 불렀다. 이렇듯 전유암은 기산에 은거하면서 지냈는데, 원문의 내용과 같이 한 날 당 고종이 숭산에 행차했을 때, 중서시랑(中書侍郎) 설원초(薛元超)를 보내어 그의 어머니에게 문안을 드리고 약물과 비단을 하사했다고 한다. 이윽고 직접 집을 방문했을 때, 전유암은 평민의 옷차림으로 나가 황제를 배알했다. 고종이 그에게 "선생의 근래 건강은 어떠한가?"라고 묻자, 그는 "신은 산수를 좋아함이 마치 불치병과 같고, 아름다운 경치를 사랑함이 고질병이 되었습니다. 태평성대를 만나 다행히 거닐며 소요하고 있습니다(臣泉石膏肓, 煙霞痼疾, 旣逢聖代, 幸得逍遙)."라고 대답했다.

　여기서 대답한 천석고황(泉石膏肓), 연하고질(煙霞痼疾)은 후에 자연을 애호하는 대표적 고사이자 전고가 되었다. 천석과 연하는 물과 바위, 안개와 노을이란 뜻으로 즉 자연을 지칭하고 고황은 심장과 횡격막 부위를 가리키는데 이 부위는 치료가 어려워 불치병이나 고질병을 비유하는 말로써 천석고황과 연하고질은 자연을 매우 사랑하는 불치병과 고질병에 걸린 것과 같음을 전유암이 비유한 것이다. 이 고사는 ≪신당서(新唐書)·권이백십구(卷二百十九)·은일(隱逸)≫에 기록되어 있다.

　≪신당서≫에 따르면, 고종이 기산에 행차하기 전 여러 차례 전유암을 조정으로

불렀으나 이를 거절하고 세속의 뜻을 품지 않았다고 한다. 그 후 고종이 직접 나서자, 전유암은 더 이상 거절할 수 없어 숭문관학사가 되었으나, 후에 황제가 다시 그를 산으로 돌아가게 허락했다고 한다.

42. 여지벽(荔枝癖, 여지를 좋아하는 벽)

양태진(楊太眞)는 여지(荔枝)를 매우 좋아하였는데, 반드시 싱싱한 여지만을 바치도록 하였다. 이에 (특별히) 역(驛)을 설치하고 이를 전송(傳送)토록 하였다. 수천리를 내달려 장안(京, 長安)에 이르렀지만 색과 맛이 변하지 않았다고 한다. 두목(杜牧)의 시 〈과화청궁(過華淸宮)〉에 이에 관한 이야기를 기록하고 있다.

"장안에서 돌아보면 비단을 쌓아 놓은 듯하고 (長安回望繡成堆),
산꼭대기 화청궁(華淸宮) 천 개의 문 차례로 열리네. (山頂千門次第開).
흙먼지 일으키며 달려온 필마에 양귀비는 미소 짓는데 (一騎紅塵妃子笑),
아무도 모르는구나 바로 여지가 당도하는 줄은 (無人知是荔枝來)."

[미주 : 태진이 여지를 좋아하는 것은 벽이 아니다. 거듭하여 즉시 여지를 진상하도록 한 것이 도리어 벽이다.]

[楊太眞嗜荔枝, 必欲生致之. 乃置驛傳送. 飛馳數千里至京, 色味未變. 杜牧詩曰 : "長安回手繡成堆, 山頂千門次第開. 一騎紅塵妃子笑, 無人知是荔枝來."261) (眉註 : 太眞嗜荔枝不爲癖. 三郞令進荔枝反爲癖矣.)]

---

261) 원문 출처 및 출현 서적 : 소식 ≪여지탄(荔枝歎)≫, ≪어정분류자금(御定分類字錦)≫, ≪고금사문유취≫, ≪어정패문재광군방보(御定佩文齋廣羣芳譜)≫, ≪양태진외전(楊太眞外傳)≫, ≪신당서(新唐書)·양귀비전(楊貴妃傳)≫, ≪두시상주(杜詩詳註)≫

[설명]

국립국어원 표준국어대사전 기준 리치(litchi chinensis, 荔枝)가 표준말이나 편의상 여기서는 우리말 한자음인 여지(荔枝)로 부르고자 한다. 여지는 주로 중국 남부를 원산지로 하며, 열매는 둥근 형태를 띠고 지름이 약 3cm 정도며 겉에는 작은 돌기가 나 있다. 과육은 흰색을 띠고 시고 달다. 중국 남부에서는 과일 중의 왕으로 꼽힌다. 문헌적 기록을 살펴보면, 여지는 중국 남방의 진상물로 정치의 중심지가 북방 지역이었던 한나라 시대 사마상여(司馬相如)의 〈상림부(上林賦)〉에 '리지(离枝)'로 최초 기록되어 있다. "노귤(盧橘)은 여름에 익는다. 황감, 유자, 주(楱, 귤의 일종), 비파, 신대추, 연감, 산돌배, 능금, 후박, 양조(고욤), 매독, 앵두, 포도, 아가위, 태답, 이지 등 과일 나무들은 후궁, 북원에 심어졌다(盧橘夏孰, 黃甘橙楱, 枇杷橪柿, 樗柰厚樸, 樗棗楊梅, 櫻桃蒲陶, 隱夫郁棣, 榙遝荔枝, 羅乎后宮)." 여기서 묘사하고 있는 북원은 서한(西漢) 장안(長安)의 황가원림(皇家園林)인 상림원(上林苑)의 북궁(北宮) 지역이었다. 여지는 남방 과일인데 한나라 무제가 〈상림부〉의 묘사와 같이 사방의 진기한 과실수를 후궁과 북원에 심은 것이다.

또 한나라 광무제(光武帝)는 여지를 포함하여 여러 남방 과일을 예물로 삼았는데, ≪후한서(後漢書)·권팔십구(卷八十九)·남흉노열전제칠십구(南匈奴列傳第七十九)≫에 다음의 기록이 있다.

> 광무 26년, … 정월 초하루에 조정에서는 조하를 하였다. 능묘와 종묘에 제사 지낸 후 한나라는 선우(單于) 사자를 되돌려 보냈으며 알자(謁者)를 보내 호송하였다. 선우에게 채색 비단 천 필, 비단옷 네 벌, 금 열 근, 태관(太官)이 황제를 위해 만든 장(醬) 및 유자, 귤, 용안과 여지를 내렸다. 선우의 모친과 여러 연씨(閼氏), 선우의 아들과 좌·우현왕(左右賢王, 흉노 귀족의 봉호), 좌·우곡려왕(左右谷蠡王, 관직명), 좌·우골도후(右骨都侯, 관직명) 가운데 공덕이 있는 사람들에게도 각종 채색 비단을 내렸는데 모두 만 필에 달하였다. 해마다 이와 같이 하였다(光武元二十六年, … 正朝賀, 拜祠陵廟畢, 漢乃遣單于使, 令謁者將送, 賜彩繒千匹, 錦四端, 金十斤, 太官御食醬及橙·橘·龍眼·荔支；賜單于母及諸閼氏, 單於子及左右賢

王, 左右谷蠡王, 骨都侯有功善有, 繒彩合万匹. 歲以爲常).

한나라 왕실이 장기간 남방에서 여지 등을 진상 받았음을 알 수 있다. 여지의 공급 지역은 주로 남해(南海, 오늘날의 광동성 일대)였는데, 신선한 여지를 진상하기 위해 백성의 혹사와 물자 낭비가 심하여 칙서를 내려 진상을 중지하기도 하였다. 이같이 여지는 한나라 북방 지역에 있어 남방에서 진상되어 온 귀한 과일로 간주되어 제사, 예물, 왕실 음식으로 사용되었다. 게다가 운송의 어려운 점은 더욱 희귀성을 가지게 했고 남방 진물(珍物)로까지 인식되었다.

이후 본문의 주인공인 양태진 즉 중국 당나라 6대 황제 현종의 현비인 양귀비(楊貴妃, 719~756)의 시대에도 여지는 왕실에 진상되는 공물이었다. 여지는 열매를 딴 후 빠른 시간 내 먹어야 하는데 그렇지 않으면 색, 향, 맛이 변하는 특성이 있었다. 이에 신선한 여지를 좋아했던 양귀비를 위해 역참을 두어 장안으로 운송하였다. ≪신당서(新唐書) 권칠십육(卷七十六)·열전제일(列傳第一)·후비상(后妃上)·현종귀비양씨(玄宗貴妃楊氏)≫에 이와 관련된 기록이 있다.

양귀비가 매번 놀러나갈 때마다 힘센 장정들이 말을 몰았다. … 귀비는 여지를 좋아하였는데 반드시 신선한 상태로 도착하기를 바랐다. 그래서 역참을 세우고 말을 수 천리 달려서 맛이 변하기 전에 서울에 도착하였다. (妃每從遊幸, 乘馬則力士授轡策. … 妃嗜荔支, 必欲生致之, 乃置騎傳送, 走數千里, 味未變已至京師)

현종이 가장 총애했던 여인 양귀비가 여지를 좋아하자 이를 위해 역참을 세워 운반하였던 것이다. 여지의 산지인 남해와 사천(四川) 지역에서 운송해 오는 일은 위험하고 많은 물자가 소모되었는데 이 과정에서 많은 사람을 죽기도 하였다고 전한다. 후에 안사의 난의 죄를 물어 양씨(楊氏) 남매가 처형 당했을 때 여지를 장안으로 운반하여 사치한 것이 큰 죄목 중 하나가 되기도 하였다.

양귀비가 여지를 즐겨 먹게 된 이후 당나라 사람들에게 여지가 알려지게 되고 이후 여러 문인의 시문집에 '여지'는 양귀비의 처형과 역참을 두어 힘들게 진상한 이야기가 결합되어 중국 내 '먼 지역에서 힘들게 운반되어 온 진귀한 남방 과일'이라는 인식이 형성되었다.[262] 화숙도 여지의 관리와 운반의 어려운 점을 알고 있어 양귀비의 벽은 과일 여지를 즐겨 먹었던 것이 아니라 힘든 운반 과정을 앎에도 불구하고 계속하여 진상하게 한 것이 벽이라며 미주에 언급한 점도 이 때문일 것이다.

43. 안독벽(案牘癖, 공무 처리하기를 좋아하는 벽)

심문통(沈文通)은 이사(吏事)의 일 보기를 좋아하였다. 매번 병에 걸려 약을 먹어도 효과 없으면 바로 결단하기 어려운 사장(詞狀)을 가져다가 수백 건을 연달아 판결하였다. 붓을 들어 마치 비바람과 같이 써 내려가니 (몸은 비록 앓고 있지만) 마음은 이내 즐거워 보였다고 한다. [미주 : 이재(吏才)다.]

조주 : 벽(癖)은 비록 고아하지 않지만, 그 자체로 깊은 정서를 자아내는 흥취(興趣)가 있으니 오늘날 사람들의 한결같은 사모벽(紗帽癖)만 못하다.

[沈文通喜吏事[263]. 每覺有疾, 藥餌[264]未驗, 亟取難決詞狀[265]連判數百紙. 落筆如風雨, 意便欣然.[266] (眉註 : 吏才[267]) 條註 : 癖雖未雅, 亦自帶韻, 不若今人一味紗帽癖[268]也.]

---

[262] 위 원문의 해석과 내용은 邵玉明, 〈남방의 진물(珍物), 북방의 전기(傳奇) : 한당대(漢唐代) 여지에 얽힌 사연과 여지시의 형상 분석〉, ≪淵民學志·第18輯≫ 2012을 요약·참조하여 작성한 것이다.

[263] 이사(吏事) : 정사(政事), 형옥(刑獄) 등의 관무(官務)를 가리킴.

[264] 약이(藥餌) : 약으로 쓰이는 음식 또는 약물과 식료품을 합한 것.

[265] 사장(詞狀) : 소송(訴訟)을 제기하는 문서.

[266] 원문 출처 및 출현 서적 : ≪흠정고금도서집성(欽定古今圖書集成)·명륜휘편(明倫彙編)·인사전(人事典)·제오십사권(第五十四卷)≫, 엽몽득(葉夢得)≪피서녹화≫, ≪어정자사정화(御定子史精華)≫, ≪송패유초≫

[267] 이재(吏才) : 관리로서 정치를 하는 능력 또는 관리로서 정치 능력이 뛰어난 자를 의미한다.

[268] 사모(紗帽) : 본래 고대 군주 또는 관원이 착용하는 일종의 관모이다. 후에 관직을 나타내는 말로 쓰였다. 여기서 화숙(華淑)은 벽(癖)을 고아하지는 않지만 깊은 정서를 자아내는 것이라 설명하며 이와

[설명]

심구(沈遘), 1025년에 출생하여 1067년에 졸하였다. 자는 문통(文通), 호는 서계(西溪)로 오늘날의 항주 지역에 해당하는 전당(錢塘) 출신이다. 황우(皇祐) 원년(元年, 1049년)에 진사과 차석으로 급제하였다. 이후 강녕부통판(江寧府通判)을 지냈으며 인종(仁宗)에게 '본치론(本治論)' 10편을 바치자 인종이 말하길, "근래에 올린 글은 대게 시와 부인데, 이 10편의 글이 더욱 쓸모가 있다(近獻文者率以詩賦, 豈若此十篇之書爲可用也.)"라고 하여 집현교리(集賢校理)에 제수받기도 하였으며 후에 월주(越州)와 항주(杭州) 등의 지주(知州)를 지내기도 하였다. 저서로는 ≪서계집(西溪集)≫이 있다. 종제(從弟)인 ≪몽계필담(夢溪筆談)≫의 작가인 심괄(沈括, 1031~1095)과 동생 심료(沈遼)와 함께 '삼심(三沈)'으로 불리기도 하였다. 북송 시대 문인이자 관료로 그의 생애와 안독벽에 관련하여 ≪송사(宋史)·권삼백삼십일(卷三百三十一)·심구열전제구십(沈遘列傳第九十)≫[269]에 기록되어 있는데, 재능이 뛰어나고 행정 업무를 잘 다루었으며 크게 선정을 베풀어 백성과 사대부로부터 칭송받았다고 한다.

무엇보다 그의 공무 처리하기를 좋아하였다는 안독벽은 두 가지 측면에서 뛰어나 더욱 이름난 것으로 보인다. 첫째는 공무의 처리 속도, 둘째는 공무의 공평함과 선정(善政)이었다.

첫째, 공무의 처리 속도에 관하여 ≪송사≫에 다음의 기록이 있다. "아침 일찍 공무를 보기 시작하여, 정오에 이르러서는 업무를 다 마쳤다. (그리고는) 출타하여 벗

상반되게 세속적인 사람들의 출세욕을 동일선상에 놓고 이를 에둘러 비판하고 있다.

[269] ≪宋史·卷三百三十一·列傳第九十≫: "沈遘, 字文通, 錢塘人, 以蔭爲郊社齋郞. 擧進士, 廷唱第一, 大臣謂已官者不得先多士, 乃以遘爲第二. 通判江寧府, 歸, 奏≪本治論≫. 仁宗曰: '近獻文者率以詩賦, 豈若此十篇之書爲可用也.' 除集賢校理. 頃之, 修起居注, 遂知制誥. 以父扶坐事免, 求知越州, 徙杭州. 爲人疏儁博達, 明於吏治, 令行禁止. 民或貧不能葬, 給以公錢, 嫁孤女數百人, 倡優養良家子者, 奪歸其父母. 善遇僚寀, 皆甘歲傾盡爲之耳目, 刺閭巷長短, 纖悉必知, 事來立斷. 禁捕西湖魚鱉, 故人居湖上, 蟹夜入其籮間, 適有客會宿, 相與食之, 旦詣府, 遘迎語曰: '昨夜食蟹美乎?' 客笑而謝之. 小民有犯法, 情稍不善者, 不問法輕重, 輒刺爲兵, 奸猾屛息. 提點刑獄鞫眞卿將按其狀, 遘爲稍弛, 而刺者復爲民. 嘉祐遺詔至, 爲次於外, 不飮酒食肉者二十七日. 召知開封府, 遷龍圖閣直學士, 治如在杭州. 蛋作視事, 逮午而畢, 出與親舊還往, 從容燕笑, 沛然有餘暇, 士大夫交稱其能. 拜翰林學士、判流內銓. 丁母憂, 英宗閔其去, 賚黃金百兩, 仍命扶喪歸蘇州. 旣葬, 廬墓下, 服未竟而卒, 年四十, 世咸惜之. 弟遼, 從弟括."

또는 친척과 왕래하며 태연하게 웃으며 지내었다. 거침없음에도 여유가 있으니 사대부들이 그의 능력을 일제히 칭찬하였다(晨作視事, 逮午而畢, 出與親舊還往, 從容燕笑, 沛然有餘暇, 士大夫交稱其能)."

둘째, 마찬가지로 ≪송사≫에 그의 선정에 관한 기록이 있다. "백성 가운데 때로 가난하여 장례를 치를 수가 없으면 공전(公錢)을 베풀어 주고 고녀(孤女) 수백 명을 시집보냈다. 양자녀 기르는 자를 불러 모으고는 (아이를) 빼앗아 그 친부모에게 돌려주었다(民或貧不能葬, 給以公錢, 嫁孤女數百人, 倡優養良家子者, 奪歸其父母)."

그러나 그는 얼마 지나지 않아 모친상을 당하였고 영종(英宗)이 이를 알고 아쉬워하며 황금 100냥을 하사하고 결국 소주로 돌아가게 된다. 이후 장사를 지낸 뒤 무덤 아래 초막집에서 상기를 채우기도 전에 졸하였으니 그의 나이 마흔에 불과하였다.

44. 성악벽(聲樂癖, 노래를 좋아하는 벽)

한지국(韓持國)은 노래(聲樂)를 좋아하였는데, 무더위를 만나면 번번이 이를 피하고자 누차 자리를 옮겨 다녔는데, 여의찮으면 평상에 누워 종에게 단판(檀板)을 잡고 느린 곡조의 노래를 부르게 하여 소리가 끊어지지 않게 하고 이리저리 몸을 뒤척이며 평온하게 감상하였다. 때로는 고개를 끄덕이고 손뼉을 치면서 노랫 가락에 맞추었다. 이따금 부채질을 멈추기도 하였다. [미주 : 여름의 더위를 잊게 하는 방법이다.]

[韓持國嗜聲樂, 遇極暑, 輒求避屢徙, 不如意, 則臥一榻. 使婢執板270) 緩歌不絶聲. 展轉徐聽. 或頷271)首撫掌. 與之相應. 往往不復揮扇.272) (眉註 : 銷夏法.)]

---

270) 판(板) : 여기서는 檀板(단판)을 의미한다. 악기의 한 종류로 참빗살나무를 이용하여 만들었으며 박자(拍子)를 치는데 사용한다.
271) 암(頷) : '(머리를)끄덕이다.'라는 의미이다

[설명]

한지국(韓持國), 북송 시대 대신이며 시인이다. 자는 지국(持國)이며 이름은 유(維)이다. 오늘날의 하남성(河南省) 허창(許昌)에 해당하는 영창(潁昌) 사람이다. 1017년에 출생하여 1098년에 졸하였다. 그의 생애에 관하여 대중에게 알려진 것이 크게 없으나 송나라 재상을 지낸 왕안석(王安石)이 한지국에게 〈한지국종부병주피(韓持國從富并州辟)〉의 시를 남기기도 하였다.

그가 하인으로 노래를 부르게 하며 잠이 들곤 했다는 고사는 ≪피서녹화(避暑錄話)≫ 등의 여러 문헌에 기록되어 있는데, 여름밤 무더위를 잊기 위한 것으로 이것이 반복되어 습관이 된 듯하다. 앞서 언급한 범덕유의 비파벽과 유사하게 정신을 다른 곳으로 돌리기 위함이었을 것이다. 주목할 만한 점은 한지국의 이런 행동에 대하여 소동파가 다음과 같이 언급한 글이 있는데, 내용을 간략히 요약하면 한지국의 사위 왕식(王寔)이 소동파를 찾아뵙자 소동파가 한지국의 안부를 물었다. 그러자 세월이 흘러 말년이 되어 관직을 그만두고 음주, 술, 여색으로 세월을 즐기지 않으면 하루도 보낼 수 없다는 한지국의 말로 대답하였다. 그러자 소동파가 이에 대해 한 노인의 이야기를 들어 새벽 다섯 시에 일어나야 자기 일을 할 수 있고, 말년이라도 마음을 음악과 술에 쓰지 말고 죽을 때까지 가져갈 수 있는 계획을 세우고 실천하는 것이 중요하다고 말하였다.273) 이 점을 보면 한지국이 즐긴 성악벽은

---

272) 원문 출처 및 출현 서적 : ≪흠정고금도서집성・명륜휘편・인사전・제오십사권(第五十四卷)≫, ≪흠정고금도서집성・역상휘편(曆象彙編)・세공전(歲功典)・제일백권(第一百卷)≫, ≪사우재총설권(四友齋叢說卷)・삼십삼(三十三)・오노(娛老)≫, ≪하씨어림(何氏語林)≫, ≪송패유초≫, ≪피서녹화≫

273) ≪師友談記≫云：東坡言, 王寔、王寧見訪, 寔, 韓持國之婿也, 因問持國安否, 寔、寧昔曰：自致政, 尤好飲, 嘗自謂人曰：吾已耄老, 且將聲樂酒色以娛年, 不爾, 無以度日. 東坡曰：惟其殘年, 正不當爾. 君兄弟至親且舊, 頃爲某傳一語于持國可乎? 寔、寧曰：諾. 東坡曰：頃有一老人, 未嘗參禪, 而雅合禪理, 生死之際, 極爲了然. 一日, 置酒, 大會親友, 酒闌, 語衆曰：老人即今日去. 因攝衣正坐, 將奄奄焉. 諸子乃惶遽呼號曰：大人今日乃與我決乎? 願留一言爲教! 老人曰：本欲無言, 今爲汝懇, 只且第一五更起. 諸子未喻, 曰何也? 老人曰：惟五更可以干當自家事, 日出之後, 欲自干當, 則不可矣. 諸子曰家中幸豐, 何用早起? 舉家諸事, 皆是自家事也, 豈有分別? 老人曰：不然, 所謂自家事者, 是死時將得去者. 吾生平治生, 今日就化, 可將何者去. 諸子頗悟. 今持國果自以爲殘年, 請二君于持國, 但言某請持國干當自家事, 與其勞心聲酒, 不若爲可以死時將得去者計也. 坡又曰：范景仁平生不好佛, 晚年清謹, 減節嗜欲, 一物不芥蒂於心, 真卻是學佛作家, 然至死常不肯取佛法. 某謂景仁雖不學佛而達佛理, 即毀佛罵祖, 亦不害也.

개인의 성정으로 말미암은 학문적, 예술적 성취 욕망에서 비롯된 벽과는 결이 다른 것이다.

45. 납촉벽(蠟燭癖, 촛불을 좋아하는 벽)

　구준(寇準)은 촛불을 좋아하였다. 등주지사(鄧州知事)로 재임하고 있을 때, 스스로 화랍촉(花蠟燭)을 만들기도 하였다. (평소) 유등(油燈)을 켜지 않고 화장실에 갈 적에는 (항상 촛불만을 켜놓아) 뒷간에 촛농이 종종 한 무더기를 이루었다고 한다. [미주 : 구준의 사당에는 마땅히 촛불을 많이 두어야 할 것이다.]
　조주 : 이 벽은 남들과 달라서 잘 이해가 가지 않는다.

[寇準喜蠟燭. 知鄧州日, 自製花蠟燭. 不點油燈, 廁溷間, 燭淚在地, 往往成堆.274) (眉註 : 寇公祠宜多置燭.) 條註 : 此癖殊不解.]

[설명]
　구준(寇準), 북송 진종(眞宗) 때 재상을 지낸 정치가 이자 문학가로 961년에 출생하여 1023년에 졸하였다. 오늘날의 섬서성(陝西省) 위남(渭南)인 화주(華州) 하규(下邽) 출신으로, 자는 평중(平仲)이고, 시호(諡號)는 충민(忠愍)이다. 강직한 성품의 소유자로 그는 명재상으로 평가받는데, 1004년, 그가 재상으로 있을 때 동북방에 있는 요나라가 20만 대군을 이끌고 송나라를 쳐들어오자 남쪽으로 천도(遷都)하자는 의견을 물리치고 황제에게 친정(親征)할 것을 권하고 황제가 직접 전주(澶州)에 이르러 결국 요나라를 물리치게 된다. 이후 세공(歲貢)으로 은견(銀絹) 30만 냥

---

274) 원문 출처 및 출현 서적 : ≪흠정사고전서·유설(類說)·귀전록(歸田錄)≫, ≪설부(說郛)≫, ≪하남통지(河南通志)≫, ≪분문고금유사(分門古今類事)≫, ≪오조명신언행록(五朝名臣言行錄)≫, ≪송명신언행록(宋名臣言行錄)≫, ≪송패유초≫, ≪송사(宋史)·구준(寇準)열전(列傳)≫

을 받는다는 조건으로 요나라와 화친을 맺게 되는데 이를 전연(澶淵)의 공이라고 한다.

그의 아버지는 오대(五代) 후진(後晉) 개운(開運) 二年인 945년에 장원(狀元)에 급제한 인물인 구상(寇湘)이다. 이러한 배경 덕분에 그의 집안은 부유하였는데 어릴 때부터 사치스럽고 집에 유등(油燈)을 켠 적이 없었다고 한다. 관련 기록이 ≪송사(宋史)・열전(列傳) 第40・구준(寇準)≫에 나온다.

> "구준은 어려서부터 부귀하였으며 성격이 호사스러웠다. 폭음하기를 좋아하였으며, 매번 연회의 빈객에게 문을 닫고 수레의 참마를 벗기고는 크게 베풀었다. 집에는 설유등(爇油燈)을 켠 적이 없는데 부엌이나 측간에서도 반드시 거촉(炬燭)을 켰다(準少年富貴, 性豪侈, 喜劇飲, 每宴賓客, 多闔扉脫驂. 家未嘗爇油燈, 雖庖匽所在, 必然炬燭)."

원문과 같이 그가 촛불 켜기를 좋아했다는 사실은 ≪열전≫에서도 확인할 수 있는 대목이다. 그러나 단순히 촛불 켜기를 좋아했다는 것이 벽이 될 수 있었던 것은 당시 송대(宋代) 사회에서 촛불은 조명 도구 가운데 가장 값이 비싼 물건이었기 때문이다. 다음으로 소나무의 목재 또는 소나무 등에서 나오는 송진을 이용한 것이었고 기름 성분으로 불을 밝히는 유등이 가장 저렴하였다. 그는 부유한 집안 환경 덕택으로 값비싼 촛불을 화장실에까지 호사스럽게 사용한 것이다. 더구나 그는 원문에서 언급한 색색의 화랍촉(花蠟燭)을 만들기도 하였는데, 이는 밀랍의 색깔을 가공하여 빨강, 노랑, 흰색 등의 다양한 색을 만들어 거기에 향료를 추가하여 만든 '오색촛불(五色蠟燭)'을 가리킨다. 당시 상류층 사회 사람들에게 널리 사랑받은 물건이었다. 이를 보면 그의 납촉벽은 상류층의 사치스러운 벽이라 할 수 있겠다. 아이러니한 것은 구준은 6가지의 후회의 글인 ≪육회명(六悔銘)≫을 지었는데 그 가운데 사치스러움을 경계하여야 한다는 구절이 있다. 내용은 이러하다.

관원이 사사로운 부정을 저지르면, 관직에서 쫓겨났을 때 후회하게 된다.
(官行私曲, 失時悔.)
부유할 때 검소하게 쓰지 않으면, 가난해졌을 때 후회하게 된다.
(富不儉用, 貧時悔.)
재주는 어렸을 때 닦지 아니하면, 때가 지난 후에 후회하게 된다.
(藝不少學, 過時悔.)
일을 보고 배우지 않으면, 필요하게 되었을 때 후회하게 된다.
(見事不學, 用時悔.)
술에 취했을 때 함부로 말하면, 술에 깨었을 때 후회하게 된다.
(醉發狂言, 醒時悔.)
건강할 때 알맞은 휴식을 하지 않으면, 병이 들어 후회한다.
(安不將息, 病時悔.)

46. 기복벽(奇服癖, 특이한 옷을 좋아하는 벽)

적기년(翟耆年)은 특이한 복식(服飾) 차림을 좋아하였는데 당나라 사람의 복식과 비슷하였다. 스스로 당장(당나라인의 복장, 唐裝)으로 이름 붙이기도 하였다. 어느 날 허언주(許彦周)를 찾아가 만났는데, 언주는 양 갈래머리를 한 채 쇠코잠방이(독비곤, 犢鼻褌)를 입고 있었다. 그리고 높은 나막신을 신고 적기년을 맞이하였다. (그러자) 기년이 깜짝 놀라자, 언주가 차분히 말하였다. 나는 진장(진나라인의 복장, 晉裝)인데, 공은 무엇이 괴이하오? [미주 : 해학이 기묘하다.]

조주 : 기복은 특이하고 마음은 방탕하니 가히 복음(服淫)이라 부를만하다.

[翟耆年好奇巾服275), 一如唐人. 自名唐裝. 一日往見許彦周, 彦周髽髻276), 着

---

275) 건복(巾服) : 두건(頭巾)과 웃옷 등을 포함한 복식을 의미함.
276) 좌계(髽髻) : 정수리를 기준으로 두 갈래로 빗어낸 상투 또는 머리 뒤로 낸 상투 모양을 의미.

犢鼻褌277), 躡278)高屐279)出迎. 耆年愕然. 彦周徐曰 : "吾晉裝也. 公何怪."280) (眉註 : 謔得妙.) 條註 : 服奇志淫, 可稱服淫.]

[설명]

적기년(翟耆年), 상세한 생몰년은 알려지지 않았으며 자는 백수(伯壽)이며, 별호는 황학산인(黃鶴山人)이다. 윤주(潤州) 단양(丹陽) 사람으로 송조에서 참지정사 관직을 지낸 적여문(翟汝文, 1076~1141)의 아들이다. 적기년은 아버지의 지위로 입직하였으며 고문을 좋아하고 성격이 고고하여 남과 쉽게 어울리지 않았다고 한다. 적기년이 송나라 사람이므로 그가 입었다고 전해지는 당나라인의 복장 '당장'은 전대(前代)의 복장인 것이다. 당장의 명칭 또한 송나라 사람들이 당조(唐朝) 시대 착용하여 쓴 건모(巾帽)와 복장(服裝)을 가리키는 말이다. 이에 적기년과 허언주가 활동하였던 시대에는 입지 않았던 전대의 복장을 하였으니 사람들에게 기복이라 불리었던 것이다.

허언주(許彦周), 자세한 생몰년은 알려지지 않았으며 이름은 허의(許顗)이며, 자는 언주(彦周)이다. 오늘날의 하남성(河南城) 수현(睢縣)에 해당하는 양읍(襄邑) 출신이다. 송 고종(高宗) 소흥(紹興) 연간에 용주군사판관(永州軍事判官) 등을 지냈다. 그가 입었다는 독비곤(犢鼻褌)은 중국 역사서를 포함한 다양한 문헌에 출현하는데 그 형태에 관하여 여러 분석이 존재하나 무릎길이의 바지 정도로 이해할 수 있겠다.

---

277) 독비곤(犢鼻褌) : 고대의 복식으로 무릎까지 내려오는 잠방이를 의미.

278) 섭(躡) : 여기서는 '신을 신다.'의 의미로 쓰임.

279) 극(屐) : 나막신.

280) 원문 출처 및 출현 서적 : ≪노학암필기(老學庵筆記)≫, ≪고금담개(古今譚槪)·괴탄(怪誕)≫, ≪고금소(古今笑)·괴탄부(怪誕部)≫, ≪어정분류자금(御定分類字錦)≫, ≪산당사고(山堂肆考)≫, ≪어정패문운부(御定佩文韻府)≫

[그림] 독비곤281)   [그림] 독비곤282)

≪후한서(後漢書)·권사십일(卷四十一)≫에 다음과 같은 기록이 있다. "영제는 오랑캐의 복장, 오랑캐의 장막, 오랑캐의 침상을 좋아하였으며, 온 수도가 모두 (그것을 가지러) 다투었다(靈帝好胡服, 胡帳, 胡牀, 京師皆競爲之)." 이를 보면 법도에 따라 말과 행동이 제약되고 권위를 드러냈던 황제조차 이를 저버리고 개인의 기호에 따라 호복(胡服)을 입었으며 온 수도가 이민족의 풍속을 따라 하였다고 하니 의상에는 단순한 기호에 의한 유행 이상의 복잡한 사회 현상을 반영하고 있는 듯하다. 이를 보면 황제부터 평민에 이르기까지 개인의 기호, 미적 취향, 환경, 시대적 배경, 문화 등의 다양한 요소와 결합하여 의복 문화를 이해해야 할 것이다.

---

281) 司馬遷, ≪史記≫, 中華書局, 北京, 1982. 인용.
282) 石學敏, ≪針灸學≫, 中國中醫藥出版社, 北京, 2007. 인용.

47. 매벽(梅癖, 매화를 좋아하는 벽)

　임포(林逋)는 고산(孤山)에 은거하며 소거각(巢居閣)을 짓고 빙 둘러 매화를 심고는 시부를 읊으며 자적(自適)하였다. 호수와 산(湖山)을 소요(逍遙)하다가 며칠 밤 돌아오지 않았는데, 손님이 이르면 동자(童子)가 학을 풀어 그를 불러오도록 하였다. [미주 : 화정은 매화를 아내로 삼고 살았으니 진실로 매벽이라 부를만하다. 그러나 벽 중에서 가장 운치 있다. 청절(淸節)의 구절로는 가히 백중(伯仲)이다.]

　조주 : 여기 화정의 매화 시 한 수를 더하고자 한다. "뭇꽃 흔들려 떨어져도 홀로 따사롭게 고우니, 작은 정원의 꽃 정취를 독차지하네. 그림자는 맑고 얕은 물 위에 비스듬히 가로 놓여있고, 그윽한 향기는 황혼 녘 달빛에 떠도는구나. 하얀 서리 같은 학이 내려오다 먼저 훔쳐보고, 흰나비가 만일 안다면 응당 넋이 다 달아나겠구나. 다행히 나지막이 시를 읊조리며 함께 친해질 수 있으니, 단판과 금 술잔 모두 필요 없겠네."

[林逋隱居孤山, 構巢居閣繞植283)梅花, 吟詠自適. 徜徉284)湖山, 或連宵不返, 客至則童子放鶴招之.285) (眉註 : 和靖妻梅286), 允稱梅癖, 然亦癖中之最韻者與. 淸節之句, 可爲伯仲.) 條註 : 附和靖287)梅花詩 : "衆芳搖落獨暄妍, 占盡風情向小園.288) 疎289)影橫斜水淸淺, 暗香浮動月黃昏. 霜禽290)欲下先偸眼,

---

283) 요직(繞植) : 주변에 둘러심다.
284) 상양(徜徉) : 천천히 어슷거려 거닒 또는 소요하다.
285) 원문 출처 및 출현 서적 : ≪서호유람지(西湖遊覽志)≫, ≪어정연감유함(御定淵鑑類函)≫
286) 매처학자(梅妻鶴子) : 송나라 임포가 서호(西湖)에 은거하면서 매화를 처로, 학을 아들로 삼아 유유자적한 풍류 생활을 했다는데서 유래하였다.
287) 화정(和靖) : 송 인종(仁宗)이 임포에게 '화정선생(和靖先生)'의 시호(諡號)를 내려, '임화정(林和靖)'이라 불리기도 하였다.
288) 본고가 저본(底本)으로 삼은 ≪청수각쾌서십종≫에 기록된 임포(林逋)〈산원소매(山園小梅)·기일(其一)〉는 다른 판본(≪흠정고금도서집성·박물휘편(博物彙編)·제이백팔권(第二百八卷)≫ 등)과 해당 구의 두 글자가 차이를 보이는데, 오자(誤字)로 판단하여 '斷(盡)', '芳(風)'으로 수정하여 번역하였다.
289) '소(疏)'와 동자.

粉蝶如知合斷魂291). 幸有微吟可相狎, 不須檀板292)共金樽."293)]

[설명]

　　임포(林逋) 북송 초기 활동한 시인으로 자는 군복(君復)이며 967년에 태어나 1028년에 졸하였다. 항주(杭州) 출신이다. 원문의 내용과 같이 그는 평생 은일한 삶을 살아왔는데, 고향 항주의 서호(西湖)에 살며 홀로 살며 자식도 없었다. 머무르는 곳에 수많은 매화나무를 심어 놓고 학을 길렀으며 배를 호수에 띄워 놓고 유유자적 하였다. 손님이 오면 (하인이) 학을 풀어 그를 부르곤 하였다. 이에 '매화를 아내로 삼고 학을 아들로 삼았다'라고 하였다(≪시화총귀(詩話總龜)≫: 林逋隱於武林之西湖, 不娶無子. 所居多植梅, 畜鶴, 泛舟湖中, 客至則放鶴致之, 因謂妻梅子鶴云). 이후에 풍류를 즐기며 초야에 묻혀 은일한 삶을 사는 사람을 이르러 매처학자(梅妻鶴子)라 부르게 되었다. 그는 자신의 시에 은일한 삶과 사상을 담은 시를 남기기도 하였다. 오언율시(五言律詩)의 형식으로 지은 시로는 〈호루사망(湖樓寫望)〉, 〈추일서호한범(秋日西湖閑泛)〉 등 28수, 칠언율시(七言律詩)로는 〈호상은거(湖上隱居)〉, 〈호산소은(湖山小隱)〉 등 46수, 칠언절구(七言絶句)로는 〈고산은거서벽(孤山隱居書壁)〉, 〈수정추일우서(水亭秋日偶書)〉 등 10수로 전체 84수가 있다.294) 대표적으로 〈소은자제(小隱自題)〉한 수를 보자.

　　竹樹繞吾廬, 대나무가 나의 초옥을 둘러싸고 있으니,
　　清深趣有余. 맑고 깊어 정취가 넘치네.
　　鶴閑臨水久, 학은 한가롭게 물가에서 오래도록 머물고,
　　蜂懶采花疏. 벌은 여유롭게 꽃 사이를 돌아다닌다.

---

290) 상금(霜禽) : 백구(白鷗), 백로(白鷺) 등으로, 이들이 내려앉은 모습을 은자(隱者)가 머무르는 처소를 가리킨다.
291) '혼(魂)'와 동자.
292) 단판(檀板) : 악기의 한 종류로 참빗살나무를 이용하여 만들었으며 박자(拍子)를 치는데 사용한다.
293) 원문 출처 및 출현 서적 : 송·임포〈산원소매·기일〉
294) 임원빈, 〈林逋 詩歌의 內容考察〉, ≪중국학연구≫ 제58집, 127쪽 인용.

病妨开卷, 술병이 나서 책 읽기 힘들어,
春陰入荷鋤. 봄 그늘로 호미 메고 들어간다.
嘗憐古圖畫, 일찍이 옛 書畫를 좋아했는데,
多半寫樵漁. 대부분 나무하고 고기 잡는 일을 써놓아서이다.[295]

임포(林逋)는 본래 당나라 멸망한 뒤 혼란의 5대 10국 중 오월(吳越)사람이었다. 중국 역사의 큰 변혁기에 태어난 그는 열두 살 무렵 북송 태종이 오월을 송 왕조를 편입하게 되면서 망국의 쓰라림을 겪는다. 망국 오월 출신으로 마음의 상처를 입고 성인이 된 뒤 20년간 역양(歷陽), 조주(曹州), 금릉(金陵), 소주(蘇州) 등의 강북과 강남 각지를 유랑하였다. 문인 집안 출신으로 학식은 풍부하였지만 과거에 응시하지는 않았으며 오랫동안 떠돌아다니다 결국에 고향 항주로 돌아가 서호 기슭에 살며 서호 주인을 자처하였다.

이 시점에 매화를 집 주위에 심고, 명고(鳴皐)라는 이름의 학, 유유(呦呦)라는 이름의 사슴을 키우며 살았다고 한다.[296] 특히 그는 매화를 좋아하여 본고와 같이 매벽이라 불리기도 하였는데, 그가 읊은 매화시 〈산원소매(山園小梅)〉 한 수를 보도록 하자.

衆芳搖落獨暄妍, 많은 꽃들 다 시들었을 때 홀로 예쁘게 피어,
占盡風情向小園. 자그마한 정원의 아름다운 정취를 독차지 하네.
疏影橫斜水清淺, 희미한 그림자는 횡으로 맑은 물 얕은 곳에 비껴있고,
暗香浮動月黃昏. 그윽한 향기는 황혼 무렵의 달 빛 속에서 풍겨온다.
霜禽欲下先偸眼, 흰 새는 내려오려고 먼저 살짝 쳐다보고,
粉蝶如知合斷魂. 흰 나비가 안다면 마땅히 애를 끊을 것이리라.
幸有微吟可相狎, 다행히 나지막하게 읊조려 서로 친근해질 수 있으니,
不須檀板共金樽. 단목 악기나 금 술잔이 모두 필요치 않다네.[297]

---

[295] 상동.
[296] 이나미 리츠코 지음·김석희 옮김, 《중국의 은자들》, 한길사, 2002, 105~112쪽 내용을 참조·요약하여 작성하였다.

중국 문화사에서 군자의 기절(氣節)을 상징하는 네 가지 사물 즉 매화, 난초, 국화, 대나무가 있는데 그중 매화를 으뜸으로 여겼다. 이는 매화만의 고유한 특성 때문인데, 매화는 늦겨울에서 초봄에 걸쳐 개화하여 봄철에 피는 온갖 꽃들과는 대조되는 특징을 지니고 있으며 매화의 개화는 봄의 도래를 알려주는 '봄의 전령사' 역할을 하였으며 계절의 변화를 알려주어 시인의 감정적 인식을 자극하고 생명력의 상징이 되었다. 또한 겨울 새하얀 꽃잎은 빙기옥골(氷肌玉骨)의 미녀와 같이 고고한 기품을 드러내 상상력과 감흥을 불러일으키고 한겨울 피어나는 매화의 특성으로 자신의 고결함과 고상함을 다른 사물과 달리 투영하기 적합한 사물로 여겨졌다. 위 시 또한 추운 겨울에도 고고히 피어 있는 매화의 정절(挺節)을 시인 자신에게 투영하여 은일한 생활의 정취를 잘 드러내며 임포의 매화 사랑의 이유를 보여 주고 있다. 임포의 매화시 이후 중국 문화사에서 흔히 매화시라 하면 임포를 자연스럽게 떠올리게 되었다.298)

이외 임포의 영물시 중에서는 앞서 언급한 명고(鳴皋)라는 이름의 학, 유유(呦呦)의 사슴을 딴 시도 있어 임포의 은일한 삶의 단면을 엿볼 수 있다.

〈명고(鳴皋)〉
皋禽名祇有前聞, 언덕위의 새 그 이름은 단지 이전에 듣기만 했는데,
孤引圓吭夜正分. 홀로 한밤중에 알을 끌어안고 운다.
一喥便惊寥沉破, 한 번 우니 깜짝 놀라 적막함이 깨어지게 된 것은,
亦无閒意到青雲. 단지 한가할 수 없고 뜻이 청운에 있어서이네.299)

외딴 산중에서 20여 년 은둔 생활은 천성(天聖) 6년(1028) 병으로 끝나게 된다. 정리하면, 임포는 매화를 가장 자신 삶과 닮아있고 닮고자 하여 자아의 투영 사물로

---

297) 임원빈, 〈林逋 詩歌의 內容考察〉, ≪중국학연구≫ 제58집, 132쪽 인용.
298) 우재호 외, 〈唐代 梅花詩에 나타난 梅花의 상징성〉, ≪中國語文學≫ 제61집, 2012, 31~57쪽의 내용을 참조하여 작성하였다.
299) 임원빈, 〈林逋 詩歌의 內容考察〉, ≪중국학연구≫ 제58집, 134쪽 인용.

삼은 듯하다. 이에 자연스럽게 주위에 매화를 심어 넣고 명고의 학, 유유의 사슴과 함께 살았다. 또한 은일한 삶 속에서 청신하고 투명한 시적 표현은 그를 대표적 은일 시인이 되게 하였다.

48. 시벽(詩癖, 시를 좋아하는 벽)

간문제가 스스로 이르길 "나는 일곱 살에 시벽(詩癖)이 있었는데, 커서도 싫증 나지 않았다."라고 하였다. [미주 : 이 벽은 누구나 가지고 있어 벽이라 할 수 없다. 그러나 시는 또한 (지극히 참된) 습속이니 즐길 만하다.]
조주 : 시는 또한 (지극히 참된) 습속이니 즐길 만하다.

[簡文帝自謂 : "七歲, 有詩癖, 長而不倦."300) (眉註 : 此癖人人有, 但恐不能癖耳. 詩亦有癖可樂.) 條註 : 詩亦有癖可樂.]

[설명]

간문제(簡文帝, 503~551년), 중국 양나라의 제2대 황제로 재위 기간은 549~551년이다. 자는 세찬(世纘 또는 世讚), 묘호(廟號)는 태종(太宗)이다. 531년, 그의 형 소명태자(昭明太子)가 죽은 뒤 태자로 책봉되고 왕위에 올랐다. 그는 6세에 글을 짓고 7세에 시를 지었다고 한다. 소명태자와 아우인 상동왕(湘東王)과 작시(作詩) 경쟁을 즐겼다고 한다. 그러나 지은 시 대부분이 궁정 생활과 남녀 간의 정을 묘사한 염려(艶麗)한 것으로 궁체시(宮體詩)·염정시(艷情詩)의 시초로 불린다.

여기서 화숙은 미주와 조주에 시 짓기를 좋아하는 것은 중국 문인이라면 누구나

---

300) 원문 출처 및 출현 서적 : ≪梁書·본기·간문제≫, ≪실빈록(實賓錄)≫, ≪금수만화곡(錦繡萬花谷)≫, ≪어정자사정화(御定子史精華)≫, ≪산당사고(山堂肆考)≫, ≪남사(南史)·양본기(梁本紀)≫, ≪어정고금도서집성(欽定古今圖書集成)·명륜휘편·황극전(皇極典)≫, ≪잠재집(潛齋集)≫, ≪해록쇄사(海錄碎事)≫, ≪전량문(全梁文)≫, ≪책부원귀(冊府元龜)≫

가지고 있는 벽이며 참된 습속으로 장려하고 있다. 주지하다시피 중국에서 '시'란 단순한 문학 작품의 한 장르로 취급되지 않고 중국 역사와 문화의 핵심적 기능과 가치를 품고 있는 유산으로 평가받는다. 심지어 중국을 '시의 왕국'이라 부르는 것 또한 이 이유 때문일 것이다. 그렇다면 중국에서 '시'는 어떠한 역할·기능·가치를 가진 것일까?

우선 중국의 시는 고대 최초의 시가집 ≪시경≫으로부터 출발하는데 초나라의 노래 초사(楚辭)와 함께 중국 문학의 시조 또는 모체로 평가받는다. 중국 문학 가운데 가장 오래된 장르로 중시되었고, ≪시경≫·≪서경(書經)≫·≪역경(易經)≫을 묶어 삼경이라 했는데, 이 가운데 시경이 경전의 핵심으로 여겨졌다.

시 또는 작시(作詩)는 오늘날의 문학의 '시' 개념에 가까운 언어와 문자를 매개로 한 예술의 한 역할을 담당했을 뿐만 아니라 중국 수나라 때부터 시행되기 시작한 과거(科擧)제도의 핵심 과목 중 하나로 당송(唐宋)시대의 정착기와 성숙기를 거쳐 한 나라의 관원을 선발하는 정치적 덕목이 되었으며, 문인 생활 속 희로애락 등의 감정을 표출하는 수단이 되었다. 공자가 시의 효능에 대해 언급한 기록이 있다. ≪논어(論語)·위정(爲政)≫편 "삼백여 편으로 이루어진 ≪시경≫의 시를 한 마디로 개괄한다면 '시 속에 담긴 생각에 사악함이 없다.'라고 말할 수 있다."와 ≪논어·양화(陽貨)≫편 "'제자들은 어찌 시를 공부하지 않는가?' 시는 사람의 감흥을 일으킬 수 있게 해주며, 세상의 풍속을 살필 수 있게 해주며, 사람들과 어울릴 수 있게 해주며, 적절한 원망을 나타낼 수 있게 해주며, 가까이는 아버지를 섬기고 멀리는 군주를 섬길 수 있게 해주며, 새와 짐승과 초목의 이름을 많이 알게 해준다." 또 공자는 아들 백어에게 시 공부와 관련하여 이렇게 말하였다. '너는 ≪시경≫ 중 〈주남〉과 〈소남〉을 공부하였느냐? 〈주남〉과 〈소남〉을 공부하지 않으면 마치 담장을 마주하고 서 있는 것처럼 어떤 진전도 이룰 수 없을 것이다.'"[301] 이처럼 시는 성정의 도야(陶冶)와 인생의 개도(開導) 역할을 담당하기도 하였다. 다른 표현으로 시는 사람의 사

---

[301] 원문과 해석은 이강재, ≪논어≫, 살림, 2006, 110과 320쪽을 따랐다.

상과 의지, 감정과 생각을 나타낸다는 '시언지(詩言志)', 시언지를 계승 발전시켜 시의 성정(性情)과 정감(情感)적 측면을 중시한 '시연정(詩緣情)', 시를 포함하여 형식에만 치중된 문학이 아닌 문학에는 '도(道)'를 실어야 한다는 내용과 사상성을 강조한 '문이재도(文以載道)'를 담고 있는 것이 바로 시이다.[302]

중국 문인에게 시는 자신의 감정과 사상을 표현하는 거의 유일한 방식으로 식자(識字)는 모두 시를 지었다고 해도 과언이 아닐 것이다. 따라서 화숙 또한 이 점을 들어 중국 문인이라면 누구나 가지고 있는 습속이라 했다.

그렇다면 중국 역사상 시를 가장 많이 다작한 시인은 누구일까? 그를 중국 최고의 시벽자(詩癖者)로 꼽을 수 있을 것이다. 물론 서사 도구의 한계, 당시 시인의 시대와 개인적 상황, 출판·인쇄업 발달의 한계, 작가의 사상과 가치관, 선호했던 시의 형식, 시문집이 전해지기도 하고 산일(散逸)되기도 하는 등의 이유로 수량적 차이가 분명히 존재한다. 이 점을 감안하여 보면 건륭제(乾隆帝) 43,630여 수, 육유(陸游) 9,300여 수, 유극장(劉克莊) 4,804여 수의 시사(詩詞), 양만리(楊萬里) 4,200여 수, 백거이(白居易) 3,800여 수, 조번(趙蕃) 3,714여 수의 시사, 매요신(梅堯臣) 2,922여 수, 방회(方回) 2,836여 수의 시사, 소식(蘇軾) 2,700여 수의 시사, 황정견(黃庭堅) 2,393여 수의 시부(詩賦) 정도를 꼽을 수 있다. 이 가운데 남송 시대 육유는 1125년에 출생하여 1210년에 사망하였는데, 그의 시가 현재 9,300여 수 정도 전해진다. 이를 계산해 보면 그는 3일꼴로 최소 한 수 이상의 시를 지은 셈이 된다.

---

[302] 위 내용은 주로 최병규 지음, 《중국 시가와 소설의 입문서》, 한국문화사, 2008, 1~14쪽의 내용을 요약·참조하여 작성하였으며, 일부 차주환, 《중국시론》, 서울대학교출판부, 2003, 1~21쪽도 함께 참조하였다.

하 편
〈전사顚史〉

무릉화숙武陵華淑 지음撰

1. 고개지(顧愷之)

　개지는 세 가지 뛰어난 재주가 있었는데, 재절(才絶), 화절(畵絶), 치절(癡絶)이다. 환온(桓溫)은 "고개지의 몸속에는 어리석음과 간교함이 각각 반반씩 들어 있으니, 이를 합하여 평가하면 정당하게 공평한 평을 얻을 것이다."라고 말하였다. 한번은 환현(桓玄)이 버들잎으로 그를 속이며 말하였다. "이것은 매미들이 자신의 몸을 엄폐할 때 쓰는 것이다. 가져다가 자신을 덮으면 다른 사람들이 너를 못 볼 것이다." 그러자 그가 좋아하며 버들잎으로 자신의 몸을 덮었는데 환현이 개지의 몸에 오줌을 싸자 그가 더러운 오줌을 보고도 환현이 자신을 볼 수 없기 때문이라 말하며 버들잎을 소중히 여겼다.
　개지가 산기상시(散騎常侍)의 관직에 있을 때, 사첨(謝瞻)의 관서와 서로 맞닿아 있었다. 개지가 한밤중 달 아래 시를 읊으면 사첨이 (이를 듣고) 멀리서 찬탄해 하였다. (이에) 개지가 피곤함도 잊고 더욱 힘써 노래하였다. (듣던) 사첨이 취침에 들고자 다른 사람으로 하여 찬탄의 추임새를 넣도록 하였다. 개지가 이상함을 느끼지 못하고 밤을 넘겨 아침에 이르러서야 그만두었다.

　장강(長康)이 그림 상자 앞을 봉해 놓고 환현(桓玄)에게 맡겨 놓았는데 모두 장강이 매우 진귀하게 여기던 그림들이었다. 환현이 상자의 뒤를 열어, 그림들을 훔치고 이전과 같이 봉하여 장강에게 돌려주면서 "열어보지 않았다."라고 속였다. 장강은 봉한 것이 처음과 같았으나 그림이 사라진 것을 보고도 기묘한 그림이 신통하여 마치 사람이 신선이 되어 올라간 것과 같이 변화되어 사라졌다고 단지 말할 뿐 전혀 이상해하지 않는 낯빛을 보였다.

　개지가 한 번은 이웃집 여인을 좋아하여 꼬드기려 했지만 내켜 하지 않자 벽에 여인의 초상을 그렸는데, 가시가 그녀의 심장에 꽂힌 그림이었다. 그러자 이내 그 여인이 심통을 앓았다. 고개지가 뒤이어 자신의 깊은 속마음을 드러내고 여인이 이를 받아주자 몰래 그림 속 가시를 지웠는데 이내 (여인의) 심통이 나았다.

[愷之有三絶, 才絶畵絶癡絶.[1] 桓溫嘗云：＂愷之體中癡黠各半, 合而論之, 正得平耳．＂ 桓玄嘗以一柳葉詒之曰：＂此蟬翳葉也, 取以自蔽, 人不見己．＂, 愷之喜, 引葉自蔽, 玄就溺[2]焉, 愷之目觀[3]穢醜[4], 故云：＂不見．＂, 以珍重此葉．[5] 愷之爲散騎常侍, 與謝瞻連省, 夜于月下長詠, 瞻每遙贊之, 愷之彌自力忘倦. 瞻將眠, 令人代己, 愷之不覺有異[6], 遂申旦而止．[7] 長康[8]嘗以廚[9]畵糊題其前,

---

[1] 삼절(三絶) : 고개지(顧愷之)는 삼절이라 불렸는데, 재절(才絶), 화절(畵絶), 치절(癡絶)이다. 문예에 있어 지식이 박학하고 특히 고대 회화 이론에 있어 '전신사조(傳神寫照)', '이형사신(以形寫神)', '천상묘득(遷想妙得)' 등의 관점을 제시하기도 하여 재절이라 불렸다. 회화에 있어서는 초상화·신선·불상·금수·산수 등의 뛰어난 작품을 남겼으며, 특히 중국 산수화의 비조로 추앙 받는다. 그의 뛰어난 예술적 성취와는 달리 고개지는 각종 기행을 일삼았는데, 이를 두고 사람들은 '미침이 극에 달했다.' 하여 '치절(癡絶)'이라 불렀다. 이를 두고 그를 삼절이라 부르게 되었다.

[2] 뇨(溺) : 오줌을 뜻함.

[3] '도(睹)' 자와 동자.

[4] '혼(醜)' 자의 이체자.

[5] 원문 출처 및 출현 서적 : 《흠정고금도서집성·이학휘편(理學彙編)·문학전(文學典)》, 《진서·문원전(文苑傳)》, 《고금담개·치절부(癡絶部)》

[6] 본고의 저본(底本)인 《청수각쾌서십종》과 《진서·문원전》을 비교하면 본고의 판본에는 '有異'가 빠져있어 해석상 어색하다. 이에 《진서》에 의거하여 '有異'를 삽입하여 해석하였음.

[7] 원문 출처 및 출현 서적 : 《태평광기·사고전서본》, 《북당서초》, 《진서·문원전》

寄桓南郡10), 皆其深所珍惜者. 南郡發其厨後, 竊取畫, 而緘封如舊以還之, 紿云:"未開." 長康見封題如初, 但失去畫, 直云:"妙畫通靈, 變化而去, 亦猶人之登仙.", 了無怪色.11) 愷之嘗悅一鄰12)女, 挑之弗從, 乃圖其形於壁, 以棘針釘心, 女遂患心痛. 愷之因致其情, 女從之, 密去針而愈.13)]

[설명]

고개지(顧愷之), 정확한 생몰년은 특정할 수 없으나 대략 340년에서 출생하여 410년에 사망한 것으로 전해진다. 강소성(江蘇省) 무석(無錫) 출신으로 위진남북조 시대 활동하였다. 자는 장강(長康)이며 호두(虎頭) 장군을 지내 '고호두'라 불리기도 하였다. 원문에서 소개하고 있듯이 그는 피곤함을 잊고 밤새 시를 읊었던 뛰어난 글재주, 연모하는 여인의 그림에 못을 그리자 가슴이 아팠다던 묘한 그림 실력, 버들잎으로 몸을 덮었다는 기행의 행동으로 인해 재절(才絶), 화절(畵絶), 치절(癡絶)의 삼절(三絶)로 불리었다.

그의 삶 전체를 조망해 보면 이 치절(痴絶)을 예술에 대한 강한 집착으로 인해 발로된 기행으로 이해해 볼 수 있겠으나 이와 상반되게 상당히 출세 지향적이며 세속적 이면의 모습도 살펴볼 수 있다. 예를 들면, 고개지는 환온(桓溫, 312~373년)의 참군을 지내는 등 환온의 총애를 받았다. 그러나 환온이 병사하자 환온과 앙숙 집안인 은중감(殷仲堪)의 참군이 되어 특별한 대우를 받았다. 이후 은중감이 환온의 아들 환현(桓玄)에 의해 살해되자, 고개지는 다시 환현의 휘하에 들어간다. 다시금

---

8) 장강(長康) : 고개지의 자.

9) 주(厨) : 물건을 담아 보관하는 궤(櫃)

10) 환남군(桓南郡) : 위진남북조 시대의 인물로 환현(桓玄, 369년~404년)을 가리킨다. 성은 환(桓), 자는 경도(敬道), 이름은 현(玄) 또는 영보(靈寶)라고도 한다. 중국 환초(桓楚)의 초대 왕으로 재위기간은 403년에서 404년이다.

11) 원문 출처 및 출현 서적 : ≪하씨어림≫, ≪시주소시(施注蘇詩)≫, ≪왕우승집전주(王右丞集箋注)≫, ≪어정패문재서화보(御定佩文齋書畫譜)≫, ≪진서·문원전≫

12) '린(隣)' 자의 본자.

13) 원문 출처 및 출현 서적 : ≪진서·문원전≫, ≪흠정고금도서집성·경제휘편(經濟彙編)≫, ≪대평어람·사고전서본≫, ≪영락대전(永樂大典)≫, ≪책부원귀≫

환현이 반란을 일으켰으나 주살되자, 안제(安帝)의 수하에 들어가 산기상시(散騎常侍)를 지낸다. 그는 죽림칠현의 사상을 추종하였으나 그의 정치적 역정을 살펴보면 이와는 전혀 상반된 삶을 살아왔다.14) 이를 보면 그의 치절은 높은 수준의 예술적 사상과 실력, 사람들의 손가락질조차도 꺼리지 않는 기이한 행동들에 대한 평이 합쳐서 불린 것으로 보인다. 이리하여 원문에 환온이 개지의 몸에는 어리석음과 간교함이 반반 들어 있다고 한 것이다.

마지막으로 고개지는 예술적 성과를 간단히 살펴보면, 그는 회화에 있어 '천상묘득(遷想妙得)'의 개념을 제시하는데 이는 인물화에 있어서 인물의 삶과 성정을 담고, 실제 창작에서 객관 대상의 본질적 특성과 창작주관의 창의적 표현의 결합을 말한다. 즉 화가 개인의 창의력을 발휘할 수 있는 방법론으로 예술창작에 있어 상상력과 작가의 주관성의 적극적 개입을 강조한 선구적이고 독창적인 예술창작론이다.15)

2. 완적(阮籍)

완사종(阮嗣宗)은 그 성정(性情)이 내키는 대로 행동하고 방탄(放誕)하였다. 때로는 문을 걸어 잠그고 책만 보았는데, 자신만의 의지가 강하고 독립적인 사람이었다. 때로는 산수(山水) 간에 노닐 적에 며칠이 지나도 돌아갈 생각을 잊어버릴 지경이었다. 당시 사람들은 그를 미치광이라 불렀다.

한 병사의 딸이 재주와 용모가 아주 뛰어났다. 그러나 시집도 가기 전에 죽어버렸다. 완적은 본래 그 아버지와 오빠를 알지 못했지만 곧장 쫓아가 곡하며 슬픔을

---

14) 박세욱, 〈顧愷之의 문학에 관한 小考〉, ≪中國語文學≫ 제48집, 2006, 360~361쪽의 내용을 참조하여 작성하였다.
15) 김연주, 〈고개지(顧愷之)의 '천상묘득(遷想妙得)'〉, ≪조형교육≫ 68집, 2018, 41~42쪽의 내용을 참조하여 작성하였다.

다하고 돌아왔다. 때로는 마음 내키는 대로 홀로 수레를 타고 나가서는 닦아진 길로 다니지 않았는데, 수레가 더 이상 갈 수 없는 궁지에 빠지면 이내 한 차례 통곡한 뒤에 돌아왔다. 한번은 광무산(廣武山)에 올라 초나라와 한나라의 교전 지역을 보며 말하였다. "당시 세상에 영웅이 드물어 어린놈들이 큰 명성을 얻게 됐구나."

완적의 형수가 한번은 친정에 다녀올 예정이었는데, 완적이 작별 인사를 하기 위해 형수를 찾아갔다. 어떤 사람이 그를 나무랐다.[16] (그러자) 완적이 말하였다. "예법이 어찌 나 같은 사람들을 위해 만들어진 것인가?". 이웃집 젊은 부인이 미색이 뛰어났는데, 선술집에서 술을 팔고 있었다. 완적이 한번은 그 집에 가서 술을 먹고 취해 부인의 몸 곁에 잠들었다.

완적은 친밀한 눈매의 청안(靑眼)과 미워하는 눈초리의 백안(白眼)[17]의 표정을 잘 지을 수 있었는데, 위선적으로 예의와 풍속을 잘 따지는 무리를 보면, 흰자위를 보이며 흘겨보았다. 완적이 모상(母喪)을 당하여 혜희(嵆喜)[18]가 문상을 왔다. 그런데 완적이 미워하는 눈초리를 혜희에게 보였고 그는 불쾌해하며 물러갔다. 혜희의 동생 혜강이 그 이야기를 듣고, 이내 술을 챙기고 거문고를 들고 그를 찾아갔다. (그러자) 혜강을 본 완적이 크게 기뻐하며 청안의 눈매를 지었다.

조주 : 완사종은 광사(狂士)다. 성정(性情)은 미치지 않았는데, 그 행실이 남들과 매우 달라 이름이 높아져 여기에 부록하고자 한다. 이른바 "미치지 않으면 그 명성이 드러나지 않는다."라고 하였는데, 바로 완사종이 이러하다.

[阮嗣宗[19]]任情縱誕. 或閉戶視書, 傲然獨得. 或登臨山水, 經日忘歸. 時人多謂之癡. 兵家女有才色, 未嫁而死. 阮初不識其父兄, 徑往哭之, 盡哀而還. 時

---

[16] 어떤 사람이 나무란 이유는 시동생과 형수 간에 직접 왕래하며 방문하는 것이 예법에 어긋나기 때문으로 보인다.

[17] 백안(白眼)은 눈의 흰자를 드러내어 흘겨본다는 뜻으로 상대방을 무시하거나 업신여김을 의미한다. 그 반대의 경우가 청안(靑眼)이다. 오늘날의 '백안시(白眼視)'와 '청안시(靑眼視)' 모두 여기에서 유래된 것으로 보인다.

[18] 삼국시대 위나라, 서진의 인물이며 자는 공목(公穆)으로 혜강의 형.

[19] 완적(阮籍) : 210~263년, 진(晉) 나라 때 죽림칠현(竹林七賢)의 한 사람. 자는 사종(嗣宗)이다.

率意獨駕, 不由徑路, 車跡所窮, 輒痛哭而返. 嘗登廣武[20], 觀楚漢戰處, 曰："時無英雄, 使豎子成名."[21] 籍嫂嘗歸寧, 籍見與別. 或譏之, 籍曰："禮豈爲我設耶". 鄰家少婦有美色, 當壚沽酒. 籍嘗詣飮, 醉便臥其側.[22] 籍能爲靑白眼, 見禮俗之士, 以白眼對之. 時有母喪, 嵇喜來弔, 阮作白眼喜, 不懌而退. 喜弟康聞之, 乃賫[23]酒挾琴造焉, 阮大悅, 遂見靑眼.[24] 條註：嗣宗狂士也. 素無顚名以其行事絶類故附於集中. 所云不顚[25]不狂其名不彰者, 嗣宗有之.[26]]

[설명]

완적(阮籍)은 8세에 이미 글을 지었을 정도로 문재(文才)가 뛰어났다고 한다. 천성적으로 조용하고 매사에 신중한 성격의 소유자였다. 문사(文士) 집안에서 태어나 어려서 부친인 완우(阮瑀, 대략 165년~212년)를 잃고 홀어머니 아래 쓸쓸하게 성장하였다고 한다. 초년부터 가문의 전통에 따라 유학을 배워 관직에 나아가고자 하였다. 이때 유학자 채옹(蔡邕)의 문하에서 수학하기도 하였다. 이후 시대적 상황과 풍

---

20) 광무(廣武) : 오늘날의 하남성(河南省) 정주시(鄭州市) 형양시(滎陽市)에 해당한다. 초한쟁패(楚漢爭霸) 당시 항우와 유방이 이곳에서 대치하였는데, 이를 두고 완적이 항우와 유방을 '어린놈(豎子)'이라 지칭하고 있다.

21) ≪진서(晋書)·권사십구(卷四十九)·열전제십구(列傳第十九)≫："완적은 외적으로 방탕하였으나 내적으로는 순박하고 결점이 없는 사람이었다(其外坦蕩而內淳至, 皆此類也)."의 문장이 본고에는 생략되어 있는데, 완적의 순수한 성정을 알 수 있다.

22) ≪진서·권사십구·열전제십구≫에 따르면 "완적은 스스로 의심함을 피하려 하지 않았는데, 그 남편이 몰래 이를 엿보았으나 이내 의심하지 않았다(籍既不自嫌, 其夫察之, 亦不疑也)."의 문장이 있는데 본고에는 생략되어 있음.

23) 제(賫) : '가져오다 또는 지니다.'의 의미이다.

24) 원문 출처 및 출현 서적 : ≪진서·권사십구·열전제십구≫, ≪하씨어림≫, ≪흠정고금도서집성·이학휘편≫

25) 전(顚)과 동자이다. 즉 '미치다'를 뜻한다.

26) '미치지 않으면 그 명성이 드러나지 않는다(不顚不狂, 其名不彰).'는 원굉도가 장유우를 주제로 쓴 詩〈장유우(張幼于)〉에서 출원하는 것으로 보인다. 원굉도는 해당 시에서 장유우를 평하며 "호협한 기개 때문에 집은 가난하지만, 전광(顚狂)이기에 명성이 일어났다(家貧因任俠, 譽起爲顚狂)."라고 말하고 있다. 실제 장유우는 광방한 행동으로 세속을 놀라게 하였는데, 이를 원굉도는 단순히 행동이 기괴하고 성정이 미쳤다고 보는 것이 아니라 '狂者'의 새로운 사유의 출현 가능성을 언급하며 이를 긍정적으로 이해했음을 알 수 있다. 화숙 역시도 이를 찬동하여 인용한 것으로 보인다. 시의 해석은 袁宏道 저·심경호 외 역주, ≪역주 원중랑집1≫, 소명출판, 2004, 402쪽을 따랐다.

파로 자연스럽게 노장사상을 접하게 되고 당시의 현학 흐름에 동참하게 된다.

　노장사상을 접한 그는 자신의 이상을 펼치지 못한 것에 대한 비애와 고통에 힘들어하였고 표일(飄逸)과 광방(狂放)의 모습을 보인다. 그의 대표적 문학 작품이자 장르인 자신의 품고 있던 생각을 시를 읊었다는 영회시(詠懷詩) 82수에 이러한 사상과 생각이 잘 드러나 있다. 내용을 4가지로 구분해보면 첫째, 고통스러운 삶과 고독한 정회를 묘사, 둘째, 권력 찬탈과 변절자에 대한 풍자, 셋째, 노년기 인생의 역정과 불안한 여생을 서술, 넷째, 운둔 생활과 신선 세계 추구[27]이다. 그중 평범하고 소박한 삶을 살고자 한 염원을 담은 영회시 제8수 '작작서퇴일(灼灼西頹日)'과 제10수 '북리다기무(北里多奇舞)'의 두 수를 살펴보자.

〈작작서퇴일(灼灼西頹日)〉
灼灼西頹日, 눈부신 해가 서쪽으로 기울자,
余光照我衣. 남은 빛이 나의 옷을 비추고,
迴風吹四壁, 회오리바람 사방 벽으로 불어와
寒鳥相因依. 겨울 철새는 서로를 의지한다.
周周尙銜羽, 주주 또한 날개 물고
蛩蛩亦念饑. 공공 역시 굶주림 생각하는데,
如何當路子, 어찌하여 벼슬길에 나아간 자들은
磬折忘所歸. 굽은 경쇠 되어 돌아오길 잊는가?
豈爲誇譽名, 어찌하여 헛된 명예 위해
憔悴使心悲. 초췌하여 마음을 비참하게 하는가?
寧與燕雀翔, 제비, 참새와 더불어 날지언정
不隨黃鵠飛. 고니 따라 날지는 말아야지.
黃鵠遊四海, 고니는 사해에서 노니는지라.
中路將安歸. 중도에 어찌 돌아올 수 있으리오.[28]

---

[27] 심우영, 《영회시(詠懷詩)》, 서울 : 지식을만드는지식, 2010, 10쪽 인용.
[28] 심우영, 《영회시(詠懷詩)》, 서울 : 지식을만드는지식, 2010, 37쪽 인용.

〈북리다기무(北里多奇舞)〉
北里多奇舞, 북리에는 괴이한 춤 많고,
濮上有微音. 복상에는 망조 든 노래 있다.
輕薄閑遊子, 경박하며 빈둥대는 귀족 자제들은
俯仰乍浮沉. 고개를 들었다 숙였다 몸을 세웠다 굽힌다.
方式從狹路, 지름길 좁은 길로 들어서서는
僶俛趨荒淫. 애써 황음무도로 내닫는구나.
焉見王子喬, 어찌 왕자교를 볼 수 있으리오?
乘云翔鄧林. 구름 타고 등림 위 나는 것을.
獨有延年術, 혼자서라도 장생술을 익힌다면
可以慰我心. 내 마음 위로할 수 있겠지.29)

제비와 참새를 고니와 비교하며 은일한 삶을 희망하며, 빈둥대며 경박한 삶을 사는 귀족 자제와 달리 자신의 몸을 보전하며 조금의 위안을 얻는 삶을 살아가고자 하는 마음이 담겨 있다.

돌아와 원문에 소개된 고사는 완적의 표일과 광방의 내면적 표출로 볼 수 있을 것이다. 아울러 ≪벽전소사≫에는 소개되지 않았지만 완적을 포함하여 당시 명사들의 흔한 행동 양식 중 하나가 광음(狂飮) 또는 감음(酣飮)이다. 세속에 일을 관여하지 않고 음주를 일상으로 삼은 것이다. ≪세설신어≫에도 완적의 광음에 관한 이야기가 자주 출현하고 있다. ≪세설신어·간오≫편에 관련 기록이 있다. "진 문왕은 공적과 덕망이 성대하여, 좌석에 있는 사람들이 그를 엄숙하게 공경하는 모습이 제왕을 대하는 것 같았다. 그러나 완적만이 좌중에서 다리를 쭉 뻗고 앉아 휘파람을 불었으며 마음껏 술을 마시면서 태연자약했다(晉文王功德盛大, 坐席嚴敬, 擬於王者. 唯阮籍在坐, 箕踞嘯歌, 酣放自若)."30) 그러나 술에 취한 완적의 모습들도 그의 삶을 이해해보면 단순히 광인의 모습이 아니라 세속의 번잡한 일을 잊고 예법에 구

---

29) 심우영, ≪영회시(詠懷詩)≫, 서울 : 지식을만드는지식, 2010, 41쪽 인용.
30) 해석과 원문은 김장환 譯注, ≪세상의 참신한 이야기 세설신어2≫, 신서원, 2008, 567쪽을 따랐다.

속되지 않는 광달한 행동 중 하나일 것이다.31) 또한 취하여 이웃집 젊은 부인의 품속에서 잠이 든 일 또한 이러한데, 사실 부인의 남편이 이 일을 알고 있음에도 묵인하였다. 이는 평소 예와 격식을 따지지 않는 완적의 행실을 잘 알고 있었고 부정한 행동 없이 단순히 부인의 품에 잠이 들었기 때문이다. 형수를 찾아뵌 일 또한 이러하다.

이렇듯 이러한 기행은 그의 삶을 반추해보면 의도적인 반예교(反禮敎)와 반인륜적인 행위일 것이다. 그는 자신의 아들에게 다음과 같은 말을 남겼는데, 이를 확신하게 한다. ≪세설신어·임탄≫편 "완혼(阮渾, 완적의 아들)은 장성했을 때 풍격과 기질이 부친과 비슷했으며, 역시 방달한 인물이 되고자 했다. 그러나 완보병(완적)은 말했다. '중용(완함, 완적의 조카)은 이미 거기에 들어 있지만, 너는 더 이상 그럴 수 없다.'(阮渾長成, 風氣韻度似父, 亦欲作達. 步兵曰 : 仲容已預之. 卿不得復爾.)"32)

3. 예형(禰衡)

예정평(禰正平)이 형주(荊州)로부터 북방 허도(許都)로 유학(遊學)하러 왔는데, 가슴속에는 명함(名銜)을 품고 있었는데, 명함 속 글이 닳을 정도였지만 의탁할 곳이 없었다. 어떤 이가 물었다. "어찌하여 진장문(陳長文)33)과 사마백달(司馬伯達)34)

---

31) 위 내용은 심규호, ≪완적집≫, 문예신서 386, 510~564쪽 내용을 참조하여 작성하였다.

32) 해석과 원문은 김장환 譯注, ≪세상의 참신한 이야기 세설신어2≫, 신서원, 2008, 515쪽을 따랐다.

33) 진군(陳羣) : 진군(陳羣, ?~236년)은 중국 삼국시대 위나라의 대신이다. 자는 장문(長文)이며, 예주(豫州) 영천군(潁川郡) 허현(許縣) 출신이다. 그의 집안은 대대로 청류파로 이름이 높았다. 그의 할아버지는 대학자 진식(陳寔)이며, 아버지는 진기(陳紀)이다. 또한, 그는 조조(曹操)의 참모인 순욱(荀彧)의 사위이며, 진태(陳泰)는 그의 아들이다. 진군은 어렸을 때부터 할아버지에게서 '반드시 우리 종족을 일으킬 아이'라고 인정받았다. 오만하기로 소문났던 공융(孔融)도 진군을 인정하였다. 그는 유비에게 발탁되어 잠시 벼슬을 하기도 하였다. 194년에 서주자사(徐州刺史) 도겸(陶謙)이 죽고 유비가 서주를 차지하려 할 때, 진군은 "남쪽에서는 원술(袁術)이, 서쪽에서는 여포(呂布)가 서주를 노리고 있으니 위험하

과 같은 명사(名士)를 쫓지 않는가?" (그러자) 예형이 대답하였다. "어찌 도고아(屠沽兒)35)와 같은 자들에게 배우겠는가?" 이에 재차 묻기를 "순문약(荀文若)36)과 조치장(趙稚長)37)은 어떠한가?" 예형이 답하였다. "문약의 얼굴을 빌려 조문할만하고, 조융38)은 손님을 대접할 때, 주방을 감독하게 할만하다. 오직 노나라의 공융(孔融)39)과 양수(楊脩)40)만을 존중할만 하다." (그리고) 일찍이 (그들을) 칭찬하며 말

다"고 반대하였지만 유비는 받아들이지 않았다. 결국 여포가 서주를 차지하자 진군은 아버지와 함께 피난생활을 하다가 198년에 조조가 여포를 토벌한 후 등용되었다. 이후, 조조의 참모인 순욱의 사위가 되면서 정치적 입지를 굳혔다. 진군은 언제나 공정하고 엄격하였으며 정도에서 벗어나는 일은 하지 않았다. 조비(曹丕)는 진군의 인품을 훌륭히 여겨 신하가 아닌 친구의 예로 대하였다. 진군은 법제 정비에 힘쓰며 주로 내정을 잘 살폈다. 그는 조조가 육형(肉刑)을 부활시키려고 하자 부적절한 사형을 줄일 수 있다는 판단에서 종요(鍾繇)와 함께 찬성하였다. 하지만 왕랑(王朗) 등의 반대로 무산되었다. 진군은 220년에 조비가 황제에 오르자 구품관인법(九品官人法) 제정을 주청하여 시행하였다. 이 법은 관리 등용을 체계적으로 하는 것으로 그동안 호족이나 채용관이 자의적으로 판단하던 행태를 법률로서 정비하였다. 진군은 226년에 조비의 유언에 따라 사마의(司馬懿), 조진(曹眞)과 함께 조예(曹叡)를 보좌하였으며 관직이 사공(司空)에까지 올랐다. 그는 10년 후인 236년에 죽었다. 허우범,≪삼국지 인물≫, 차이나랩, 인용.

34) 사마백달(司馬伯達) : 백달(伯達, 171~217년)은 사마랑(司馬朗)의 자이다. 후한 말기 하내(河內) 온현(溫縣) 사람. 사마의(司馬懿)의 형이다. 동탁(董卓)이 헌제(獻帝)를 장안(長安)으로 옮겼을 때 동탁이 망할 것을 알고 동탁의 측근에게 뇌물을 주어 사직한 뒤 귀향했다. 당시 가뭄이 들었는데, 동생에게 세상이 쇠망한다고 해서 학업을 게을리 해서는 안 된다고 경계했다. 나중에 조조(曹操)가 불러 사공연(司空掾)이 되고, 연주자사(兗州刺史)로 옮겼다. 하후돈(何侯惇)을 따라 오나라를 정벌하다 병에 걸려 죽었다. 임종욱 외,≪중국역대인명사전≫, 2010. 인용.

35) 도고아(屠沽兒) : 본래는 백정과 술장수를 가리키는 말로 출신이 미천한 자를 멸칭하는 말이다. 여기서는 천시(賤視)해서 하는 말이다.

36) 순문약(荀文若) : 문약(文若)은 순욱(荀彧, 163~212년) 자이다. 중국 후한 말기 조조 휘하의 정치가로 조조와 함께 패업에 큰 공로를 인정받는 자이다.

37) 조치장(趙稚長) : 치장은 조융(趙融, 생몰불상)의 자이다. 양주(涼州) 한양군(漢陽郡) 사람이다. 동한 말년 조조, 원소 등과 함께 십상시가 세운 황실 경비를 이끈 여덟 교위인 서원팔교위(西園八校尉) 중 한 명이었으며, 후에 조조 휘하에서 탕구장군(蕩寇將軍)을 지냈다.

38) 즉 순욱은 그저 얼굴만 잘생긴 사람이며, 조융은 고기를 즐겨 탐하는 대식가일 뿐이라며 비판하고 있다.

39) 공융(孔融) : 동한 말, 뛰어난 문학가이자 건안칠자(建安七子) 중 한 사람이다. 공융은 채옹을 이어 문장의 대가로 꼽혔으며 시가도 잘했다. 훗날 위(魏) 문제(文帝) 조비가 현상금을 걸고 그의 문장을 구할 정도였으며, "양웅이나 반고에 견줄 만하다"는 칭찬도 들었다. 그의 문장은 논의를 위주로 하고 있는데, 그 내용은 대체로 교화를 강조하고 어진 정치와 유능한 인재의 추천을 강조하고 있다. 인물에 대해 평할 때는 시세의 흐름에 정확하게 맞추어 자신의 견해를 직설적으로 드러내어 대단히 날카롭고 개성이 뚜렷했다. 문장의 예술성이란 면에서는 글이 잘 정돈되어 있고 우아하며 넉넉하다. 과거의 일을 인용하여 현재를 논의하는데 비유가 절묘하고 기운이 넘친다. 특히 조조를 조롱한 글이 적지 않은데 '문장이 곧 그 사람'이라는 말을 실감나게 한다. 시는 다섯 수가 남아 있는데 죽기 전에 남긴〈임종시〉에서는 충성스럽고 거짓 없었던 자신의 삶이 모함당한 고독하고 분한 자신의 감정을 표출하고 있다. 6언

하길, "대아(大兒)⁴¹⁾ 공문거(孔文擧)⁴²⁾와 소아(小兒) 양덕조(楊德祖)⁴³⁾ 이외에 나머지는 녹록(碌碌)⁴⁴⁾하여 말할 것도 없다."

공융이 누차 조조(曹操)에게 예형을 칭찬하자, 조조가 그를 만나 보고자 하였다. 그러나 예형이 수차례나 그의 초대를 무시하며 자신이 광병(狂病)이 걸렸노라 둘러대며 나아가 만나길 거부하였다. (또한) 여러 번 조조를 향해 교만한 말을 하였는데, 이를 들은 조조가 분노하였으나 그 재주가 유명하여 차마 죽일 수는 없었다. 이에 모욕주고자 그를 북을 치는 아전인 고리(鼓吏)⁴⁵⁾를 맡게 한 후에 8월 조회(朝會)에서 그의 북 연주를 시험하고자 하였다. 이에 3중으로 된 누각을 짓고 빈객들을 나란히 배석시켰다. 그리곤 비단으로 웃옷을 짓고 잠고(岑牟)⁴⁶⁾와 단교(單絞)⁴⁷⁾, 소곤(小幝)⁴⁸⁾을 만들어 연주하는 자에게 모두 옛 옷을 벗고 새 옷으로 갈아입게 하였다. 예형의 연주 차례가 오자〈어양참과(漁陽摻撾)〉를 연주하며 땅을 박차며 앞으로 다가오며 발을 구르는데 그 모습이 남달랐다. 또한 북소리가 심히 구슬프고 음절이 특히 미묘하여 강개(慷慨)하지 않은 좌객이 없었는데, 틀림없이 예형의 연주

시 세 수는 동탁의 난리와 조조의 횡포를 묘사한 서사시 같은 것으로 표현이 통속적이고 서술이 간명하다. 공융의 저술로는 ≪수서(隋書)≫〈경적지(經籍志)〉에 ≪공융집(孔融集)≫ 9권이 있다고 했으나 흩어졌고, 지금 남아 있는 것은 모두 명·청 시대의 집본(集本)이다. ≪한위육조백삼가집≫에〈공소부집(孔少府集)〉1권이 널리 전해지고 있다. 한국인문고전연구소, ≪중국인물사전≫, 인용.

40) 양수(楊修) : 175~219년, 자는 덕조(德祖)이다. 언변과 재주가 능하여 어린 나이부터 주부 벼슬을 지냈으며, 공융, 예형과도 교류하였다. 그의 재능에 관한 일화는 ≪세설신어≫에 많이 실려있다.

41) 예형은 공융을 대아(大兒)라고 불렀고 양수를 소아(小兒)라고 칭하고 있는데, 자신이 인정하고 높게 평가하는 인물에게조차 낮춰 불렀다. 그의 성정을 잘 알 수 있는 대목이다.

42) 공융은 오늘날의 산동성 곡부(曲阜)인 노국(魯國) 출신으로 자를 문거(文擧)라 했다.

43) 양수의 자가 덕조이다.

44) 녹록(碌碌) : 만만하고 호락호락하고 하잘 것 없거나 보잘 것 없음을 이르는 말.

45) 고리(鼓吏) : 북을 치는 아전으로 예형(禰衡)을 가리킨다. 그는 삼국(三國) 시대 명사였는데, 조조(曹操)가 그를 모욕 주기 위하여 고리로 삼자, 여러 사람들이 보는 자리에서 부모가 물려준 결백한 몸을 보여 준다면서 속옷만 걸치고 북을 치며 어양곡(漁陽曲)을 노래하는 장면이다. ≪후한서(後漢書)·예형전(禰衡傳)≫에 기록이 전해진다.

46) 잠고(岑牟) : 군대의 고각리(鼓角吏)들이 쓰던 모자이다.

47) 단교(單絞) : 짙은 황색의 두루마기 형식의 홑 겉옷으로, 두루마기 형식의 옷이다.

48) 소곤(小幝) : 짧은 홑고의.

임을 알 수 있었다. (그런데) 이미 연주가 시작되었으나 예형이 옷을 갈아입지 않자 관리가 꾸짖으며 말하였다. "고리(鼓吏), 너는 어찌 혼자 새 옷으로 갈아입지 않는가?" 그러자 예형이 이내 연주를 멈춰 무제 앞에 서서 먼저 홑바지를 벗고 다음에는 나머지 옷을 벗더니 나체로 서 있었다. 그리고 천천히 잠고를 쓰고, 다음에는 홑 겉옷을 입고 마지막으로 홑바지를 입었다. 옷을 다 입고서는 북을 치며 〈어양참과〉의 연주를 마치고 나갔는데, 그의 얼굴은 조금도 부끄러워하는 기색이 없었다. 이를 본 조조가 웃으며 사방에 앉은 사람들에게 말하였다. "본래 예형을 모욕주고자 하였는데, 예형이 도리어 나를 욕보이는 구나."

공융이 물러나 예형을 책망하며 말하였다. "당신(正平)[49]은 대단히 고상한 군자라 응당 이러해야 하는가?" 이에 예형이 다시 조조를 찾아뵙고자 약속하였다. 그러자 공융이 다시 조조를 알현하고 말하였다. "예형이 지난날의 일을 직접 사죄하고자 합니다." 그러자 조조가 기뻐하며, 수문장에게 객이 오면 통보할 것을 명하였다. 그러나 밤이 늦도록 기다리다 드디어 나타났는데, 짧은 베 홑옷 걸치고 거친 베로 만든 건을 쓰고 손에는 삼척(三尺)의 큰 지팡이를 짚고 대영문(大營門)에 앉아 지팡이로 땅을 내려치며 욕을 내뱉고 있었다. 이에 수문자(守門者)가 고하였다. "지금 밖에 미치광이 유생이 당도하였습니다. 영문에 앉아 패역(悖逆)의 말을 일삼고 있습니다. 붙잡아 죄를 물으심이 마땅합니다." 그러자 조조가 분노하여 공융에게 말하였다. "예형, 이 자식은 내가 쥐새끼나 참새 죽이듯 죽일 수 있다. 그러나 본래 헛되이 이름 나 있어 멀고 가까운 곳에서 나를 이르러 인재를 포용할 수 없는 자라 할 것이다. 그래서 지금 유표(劉表)에게 보내버릴 것이다." 출발을 앞두고 여러 사람들이 예형의 여정에 안녕을 비는 조도(祖道)를 지내고자, 먼저 성의 남쪽에 제사를 준비해 놓고는 서로 간에 주의를 주며 말하였다. "예형의 언행이 패악스럽고 무례하여 지금 예형이 당도하면 일어나지 말 것이다." 이에 예형이 도착하자 모두 앉아 일어나지 않았다. 그러자 예형이 들어오더니 크게 통곡하였다. 사람들이 그 이유를

---

[49] 정평(正平) : 예형의 자.

물으니 예형이 말하였다. "앉아 있는 것은 무덤이요, 누워 있는 것은 시체이니 무덤과 시체 사이에 슬프지 않을 수 있겠는가?"

　유표(劉表)50)와 (형주의) 여러 문사가 한 번은 상주문(上奏文)의 초고를 작성하였는데, 모두 재사(才思)51)가 지극하였다. 그런데 예형이 그것을 보고 펼치더니 한 번 다 살펴보지도 않고 찢어버리곤 땅에 내던져 버렸다. 유표가 크게 놀라고 유형은 이내 붓과 종이를 달라하더니 잠깐 사이 문장을 완성하였는데, 말과 뜻이 모두 아름다워 유표가 거듭 크게 기뻐하였다.

　조주 : 한 토막 북 연주하니 영웅들을 기가 막히게 하고 기운을 토하게 한다. 서문장(徐文長)52)의 〈사성원(四聲猿)〉53)에 이 단락을 끼워 넣어, 지옥54)에서 다시 한

---

50) 유표(劉表) : 142~208년, 중국 후한 말의 정치가이다. 자는 경승(景升)이며 연주(兗州) 산양군(山陽郡) 고평현(高平縣) 출신이다. 그는 전한(前漢) 경제(景帝)의 11대손으로 8척의 키에 위엄 있는 풍모를 갖췄다. 유표는 190년에 공석이었던 형주자사(荊州刺史)에 임명되었다. 형주는 권력의 공백으로 몹시 혼란하였다. 유표는 원술(袁術)의 견제로 치소가 있는 무릉(武陵)으로 가지 못하고 양양(襄陽)에 머물러야만 하였다. 또한, 향촌씨족으로 무장한 호족세력들은 제각기 무력을 앞세워 위세를 떨쳤다. 유표는 채모(蔡瑁), 괴월(蒯越), 괴량(蒯良) 등 유력한 호족들과 연대하여 55명의 종적(宗敵) 수령들을 일거에 살해하였다. 그의 이러한 결단으로 형주는 빠르게 안정을 되찾았다. 유표는 199년에 형주의 패권을 장악하고 10만의 병력을 갖춘 거대한 세력가로 부상하였다. 그는 원술처럼 참칭(僭稱)하지는 않았지만, 황제처럼 천지에 제사를 지내고 의장을 쓰는 등 야심을 드러내었다. 유표는 학문을 숭상하여 학자들을 모아 오경장구(五經章句)를 편찬하였고, 당대 최고 유학자인 송충(宋忠)을 초빙하여 학문을 연구할 수 있도록 하여 '형주학풍'을 완성하였다. 형주학은 마융(馬融)과 정현(鄭玄)이 완성한 훈고학을 보다 정묘하게 다듬은 것으로 위진현학(魏晋玄學)과 당대(唐代) 훈고학(訓詁學)에 커다란 영향을 미쳤다. 유표는 천하의 상황을 관망하며 움직이지 않았다. 원소(袁紹)가 200년에 조조(曹操)를 공략하기 위해 남하하며 조조의 배후를 공격해줄 것을 요구하였다. 유표는 승낙하였지만 양군의 대치가 길어지자 모른 척하였다. 그는 원상(袁尙)이 조조와 싸울 때에도 관망만 하였다. 조조는 유표의 우유부단함을 간파하고 원상을 죽이고 하북을 평정하였다. 유표는 하북을 평정한 조조가 형주를 공략하기 위하여 남하할 때 숨을 거둔다. 그는 후계자로 채씨 일족 등이 후원하는 차남 유종(劉琮)을 지목하였다. 유종은 화친파의 여론에 밀려 조조에게 형주를 내어주었다. 삼국지에 주석을 단 배송지(裵松之)는 유표를 평가하길, 동탁(董卓), 원소, 원술과 함께 후한의 4대 역적이라고 하였다. ≪삼국지연의≫에서의 유표는 옥새를 주워 돌아가는 손견(孫堅)을 공격한다. 이에 손견이 형주를 침입하자 황조(黃祖)를 내세우고 원소와 연맹하여 대항한다. 황조가 고전했지만 결국 손견을 살해한다. 조조가 원소의 화북을 차지한 후 남하하여 형주에 무혈 입성하는 것은 정사와 같다. 허우범, ≪삼국지 인물≫, 차이나랩, 인용.

51) 재사(才思) : 문예 창작의 사고(思考)와 사로(思路) 또는 재치(才致) 있게 계책(計策)을 세우는 생각이 뛰어남을 이른다.

52) 서문장(徐文長) : 문장(文長)은 서위(徐渭, 1521~1593)의 자이다. 중국 명대의 문인. 자는 문청(文淸), 후에 문장(文長)이라고 고쳤다. 일설에는 자는 천지(天池), 호는 청등(靑藤), 천지생(天池生), 전수월(田水月) 등. 저장성 산음(山陰)사람. 시문, 서화를 잘하고, 희곡도 지었으며, 희곡 연구로도 유명하다. 총독 호종헌(胡宗憲)의 막하에 들어『백록표』(白鹿表)를 기초해서 유명해 졌고, 또 병술(兵術)로도 명

차례 연주하니 웅풍(雄風)55) 격렬해지고 초어(楚語) 구슬프게 들리네. 간사한 자들이 결탁해 있음을 아는데, 구천(九泉)에서 가면을 쓰지 않을 수 있겠는가?

[禰正平56)自荊州北遊許都, 陰懷一刺, 刺字漫滅, 無所之, 或曰 : "何不從陳長文司馬伯達乎", 衡曰 : "焉能從屠沽兒遊耶", 又問 : "荀文若趙稚長云何"57), 衡曰 : "文若可借面吊喪, 稚長可使監廚請客. 惟善魯國孔融弘農楊脩." 嘗稱58)曰 : "大兒孔文擧, 小兒楊德祖. 餘子碌碌, 莫足數也." 孔融數稱衡于曹操, 操欲見之, 而衡數輕操, 自稱病狂, 不肯往, 數有傲言, 操怒, 以其才名, 不殺, 思欲辱之, 乃令錄爲鼓吏後, 至八月朝會大閱試鼓節, 作三重閣, 列坐賓客. 以帛絹製衣, 作一岑牟, 一單絞及小惲. 鼓吏度59)者, 皆當脫故衣, 着新衣.

성을 떨쳤다. 뒤에 호종헌이 투옥되었기 때문에, 서위는 발광하여 자살미수 소동을 일으켰고 또 처를 죽여 투옥되기도 하였다. 스스로, 서예가 제일, 시가 제이, 문상이 제삼, 그림은 제사라 하였고, 서는 초서를 잘했으며, 미불(米芾)을 배웠고, 필세는 분방 기이하여 문징명(文徵明), 왕총(王寵)보다도 한수 위라고 평한다. 그림은 산수, 화훼, 초충 등을 주로 그렸으나, 특히 화훼화가 뛰어나고, 오진(吳鎭) 심주(沈周)로 이어지는 계통에 있으면서, 그와는 다른, 묵색이 아름다운 수묵, 화훼, 잡화를 그려, 진계유(陣繼儒), 팔대산인(八大山人) 등 근세의 문인 및 묵희(墨戲)에 현저한 영향을 끼쳤다. 대표작은 ≪화과도권(花果圖卷)≫, 저서에 ≪서문장집(徐文長集)≫, ≪현초류적(玄鈔類摘)≫이 있다. 한국사전연구사, ≪미술대사전(인명편)≫, 1998. 인용.

53) 사성원(四聲猿) : 중국 명대(明代)의 희곡. 서위의 작품이다. 조조(曹操)를 면박하는 예형(禰衡)에게 작자 자신의 불평을 의탁(依託)한 ≪광고사(狂鼓史)≫(北曲一齣), 월명화상(月明和尙)의 설화(說話)에 새로운 경지를 연 ≪옥선사(玉禪師)≫(北曲二齣), 딸이 아버지를 대신하여 종군(從軍)해도 알아보지 못하는 세인의 우둔을 풍자한 ≪자목란(雌木蘭)≫(北曲二齣), 여자도 과거에 장원(壯元)할 수 있다는 풍의(諷意)를 담은 ≪여장원(女壯元)≫(南曲五齣) 등 4곡으로 구성된 연작물(連作物)로, 모두 작자 자신의 세상에 대한 울분을 토로한 작품이다. 작자의 성벽(性癖)과 재능이 넘치는 수작으로, 비애(悲哀)를 담은 문장은 명(明)·청(淸)의 문인들로부터 호평을 받았다. 두산백과 두피디아, 인용.

54) 음부(陰府) : 축복(祝福) 받지 못한 사람이 죽어서 가는 곳인 지옥 또는 저승을 의미한다.

55) 웅풍(雄風) : 임금이 사는 곳에 부는 바람. 즉 대왕풍(大王風)을 이른다. 반면 백성들 집에 부는 바람은 자풍(雌風, 서인풍(庶人風))이라 하는데, 이 모두 풍자적으로 쓰는 말이다. 飄零神女雨 斷續楚王風(표령신녀우 단속초왕풍 ; 무산(巫山) 선녀의 비는 나부껴 내리고, 초 나라 대왕풍은 그치락 이으락 하네.) 〈두보(杜甫) 천지(天池)〉. 전관수, ≪한시어사전≫, 국학자료원, 2007. 인용.

56) 예정평(禰正平) : 정평(正平)은 예형(173~198년)의 자이다. 중국 후한 말의 인물로 젊었을 때부터 말주변이 있었고, 성격이 강직하면서 오만했다고 전해지는데, 조조와 유표(劉表), 황조(黃祖)를 능멸하여 처형당했다.

57) ≪후한서·권110하≫와 비교했을 때 본고에는 '云何'가 누락되어 있는데, 문맥의 자연스러움을 위해 보충하여 해석하였다.

58) ≪후한서·권110하≫에 '称'가 누락되어 있는데, 해석의 자연스러움을 위해 보충하여 해석하였다.

次傳衡, 衡擊鼓爲漁陽摻撾, 蹋地來前, 躡駿脚足, 容態不常, 鼓聲甚悲, 音節殊妙. 坐客莫不慷慨, 知必衡也. 既度, 不肯易衣. 吏呵之曰: "鼓吏何獨不易服", 衡便止. 當武帝前, 先脫幝, 次脫餘衣, 裸身而立. 徐徐乃着岑牟, 次着單絞, 後乃着幝. 畢, 復擊鼓摻撾而去, 顔色無怍. 操笑謂四坐曰: "本欲辱衡, 衡反辱孤."⁶⁰⁾ 孔融退而數⁶¹⁾之曰: "正平大雅, 固當爾邪." 衡因許往, 融復見操說, 衡願得自謝, 操喜, 勅門者有客便通, 待之極晏, 衡乃着布單衣疏巾, 手持三尺梲杖, 坐大營門⁶²⁾, 以杖箠地大罵. 吏白, 外有狂生, 坐于營門, 言語悖逆, 請收案罪. 操怒謂融曰: "禰衡豎子, 孤殺之猶雀鼠耳. 顧此人素有虛名, 遠近將謂孤不能容人, 今送與劉表", 臨發, 衆人爲之祖道⁶³⁾, 先供設于城南, 乃更相戒曰: "禰衡勃虐無禮, 今因其後到, 當以不起折之." 衡至衆人皆坐不起, 衡入而大號. 衆問其故, 衡曰: "坐者爲冢, 臥者爲屍. 屍冢之間, 能不悲乎." 劉表嘗與諸文士共草奏, 竝極才思, 衡見之, 開省未周, 因毀抵地, 表大駭, 衡乃從求筆札, 須臾成文, 辭義兼美, 表復大喜. 條註: 撾鼓一段, 令英雄短氣, 亦令英雄吐氣, 徐文長四聲猿中將此段插入, 陰府覆演一番, 雄風激烈, 楚語淒涼. 奸購⁶⁴⁾有知, 能不蒙面於九泉乎.]

[설명]

예형(禰衡), 후한(後漢) 말 시대의 인물로 자는 정평(正平)이다. 오늘날 대중에게 독설가로 널리 알려진 인물이다. 그가 활동하였던 후한 말은 사회적 동요와 전란이

---

59) 도(度) : 가락, 율려(律呂)를 뜻함.
60) 고(孤) : 나, 왕후(王侯)의 겸칭(謙稱)
61) 수(數) : '책망(責望)하다.'의 뜻이다.
62) 영문(營門) : 군영 경내의 문 또는 이를 지키는 수문군(守門軍)을 이른다.
63) 조도(祖道) : 멀리 떠나는 자를 송별하는 연회. 조자의 해석에 대해서는 여러 설이 있으니 시작이라는 뜻이라고도 하고, 먼 곳에 간다는 뜻이라고도 하고, 또 일설에는 옛날의 황제의 아들 누조라는 이가 여행 중에 죽었으므로 후세 사람이 그를 도로의 신으로서 제사 지내고 그의 이름 한자를 따서 송별(送別)하는 제사의 이름으로 하였다고도 함. 조기형 외, ≪한자성어·고사명언구사전≫, 이담북스, 2011. 인용.
64) 구(購)는 화친할 구(媾)와도 뜻이 통하는데, '결합하다, 결탁하다'라는 의미로 해석하였다.

끊임없었다. 그러나 원문의 내용과 같이 재주가 뛰어나 공융(孔融)의 추천에 의해 조조가 만나길 청하기도 하였다. 하지만 예형은 거부하는데, 이러한 그의 행동은 다소 기이하여 일시적으로 명성을 얻었다. 그러나 그의 말과 행동으로 인해 여러 사람들에게 미움을 사게 되고 결국 자신의 죽음을 부추기게 되어 20대 초반(일설에는 26세)에 졸하게 된다. 위진남북조 시기는 죽림칠현을 포함한 여러 명사들이 예형과 같이 예법을 무시하고 표일(飄逸)한 행동으로 명성을 얻었으며 사회적 풍조로 발전하기도 하였다. 이러한 현상의 전조로 후한 말부터 당시 후한 사회 전반에 예형과 같이 행동하는 명사를 숭배하는 풍조가 생기게 되었는데, 예형은 이 같은 인물 가운데 하나였다. 이러한 사회적 풍조는 그를 죽음으로 몰게 되었던 것이다. 그러나 개인적 측면에서 보면, 한나라에 충성하였던 예형이 고의적으로 조조를 조롱하게 되고 결국 죽음에 이르게 되었다고 볼 수도 있어 그의 죽음은 두 가지 측면에서 이해해 볼 수 있을 것이다.

조주에서 언급한 ≪사성원(四聲猿)≫의 〈광고사(狂鼓史)〉는 서위(徐渭)가 예형이 조조의 열한 가지 악행을 나열하며 면박하는 형식으로 자신의 불평을 의탁한 잡극 작품이다. 서위는 8차례 과거 시험에서 낙방하는 등 개인적 울분과 실패에 대한 좌절감을 예형의 입을 빌려 공융(孔融), 양수(楊修)를 살해한 조조와 황조(黃祖)의 손에 의해 예형이 살해되는 과정을 묘사하며 재능은 뛰어났지만 인정받지 못했던 자신과 예형을 동일시 한 것으로 보인다.

예형의 생애에 관해서는 ≪후한서(後漢書)·예형열전(禰衡列傳)≫, ≪삼국지(三國志)·순욱전(荀彧傳)≫ 등에 기록되어 있다.

4. 임첨(任瞻)

　임첨(任瞻), 자는 육장(育長)이다. 젊은 시절 명성이 높았는데, 무제(武帝)⁶⁵⁾가 붕어(崩御)하자 120명의 만랑(挽郞)⁶⁶⁾을 선발했는데, 그 당시의 준수한 인재들이었다. 육장도 그 가운데 속했다. 왕안풍(王安豊)⁶⁷⁾이 사위를 고르기 위해 만랑 중에 뛰어난 자를 가려 4명을 택하였다. 임첨은 여전히 그 가운데 있었다. 임첨은 어린 시절부터 총명함이 남달라 많은 사람들의 사랑을 받았는데, 당시 사람들은 육장(育長)의 그림자조차도 훌륭하다고 말하였다.

　(그러나) 임육장이 강남을 넘어온 뒤로는 이내 실의(失意)에 빠져버렸다. 이에 왕승상(王丞相, 왕도(王導)]이 먼저 강남으로 건너온 명사들을 초청하여 함께 석두(石頭)로 가서 그를 맞이하며 지난날과 같이 그를 대우하였는데, 사람들이 임육장을 보자 단번에 지난날과 다름을 알아챘다. 자리에 앉고 차가 나오자 임첨이 사람들에게 물었다. "이는 차(茶)입니까? 명(茗)⁶⁸⁾입니까." 그러자 임육장이 사람들에게서 이상한 낌새를 느끼고는 재차 스스로 해명하며 말하였다. "방금 차에 관해 물은

---

⁶⁵⁾ 무제(武帝) : 진(晉)나라의 개국 황제 사마염(司馬炎)을 가리킨다.

⁶⁶⁾ 만랑(挽郞) : 위진남북조에서 당나라 시기, 장례의 발인(發靷) 시에 영구(靈柩)를 이끌고 만가(挽歌)를 부르던 소년을 이르는 말이다.

⁶⁷⁾ 왕안풍(王安豊) : 234~305년, 서진(西晉) 낭야(琅邪) 임기[臨沂, 지금의 산동(山東)에 속함] 사람. 자는 준충(濬沖)이다. 왕혼(王渾)의 아들이고, 죽림칠현(竹林七賢) 가운데 한 사람이다. 어려서부터 영특했고 풍채가 비범했으며 청담(淸談)을 즐겼다. 완적(阮籍), 혜강(嵇康)과 더불어 죽림에서 노닐었는데, 왕융이 늦게 참여하자 완적이 "속물(俗物)이 다시 왔으니 남의 뜻을 그르치게 하겠다."고 했던 것처럼 '칠현'들 가운데 가장 범속(凡俗)한 인물의 전형이었다. 진무제(晉武帝) 때 이부황문랑(吏部黃門郞)과 산기상시(散騎常侍), 하동태수(河東太守), 형주자사(荊州刺史)를 역임했고, 안풍현후(安豊縣侯)의 작위가 수여되었다. 나중에 광록훈(光祿勳), 이부상서(吏部尚書) 등의 직책으로 옮겼다. 혜제(惠帝) 때 관직이 사도(司徒)에 이르렀다. 구차하게 아첨하여 총애를 얻었고 명리(名利)에 열중하여 조정에 서면 충간하여 바로잡는 성과가 없었다. 성품이 극히 탐욕스럽고 인색하여 전원(田園)이 여러 주(州)에 있었는데도 재물 모으기를 멈추지 않고 직접 셈판을 들고 밤낮으로 계산하면서 늘 부족한 듯 행동했다. 집에 훌륭한 오얏나무가 있었는데, 다른 사람이 가꿀까 봐 늘 씨앗에 구멍을 내어 팔았다. 이 때문에 세상 사람들에게 비난을 받았다. 평생 저서는 남기지 않았다. 임종욱 외, ≪중국역대인명사전≫, 2010. 인용.

⁶⁸⁾ 명(茗) : 늦게 딴 차(茶).

것은 뜨거운지(熱), 차가운지(冷)를 물어본 것이오."

한 번은 출타하였다가 관저 아래를 지나가는데 눈물을 흘리며 비통해하였다. 왕 승상이 그것을 듣고는 말하였다. "임첨은 정치(情癡)가 있다."[69]

조주 : 유진옹(劉辰翁)[70]은 다음과 같이 말하였다. "총명한 사람들이 실의를 잃으면 종종 이러해진다." 무릇 선비가 적절한 때를 만나지 못하면 맑은 눈에는 세상의 차가움과 따뜻함이 보이고, 밝은 귀엔 세상의 옳고 그름이 들리게 되고, 입을 열면 세상의 선함과 악함을 이야기하게 되니, 혼혼묵묵(昏昏嘿嘿)[71]하며 맹인이 되고, 귀머거리가 되고, 벙어리가 되느니만 못하다. 오히려 스스로 천성의 온전함을 얻게 되었으니, 육장(育長)이야 말로 나의 스승이다.

[任瞻, 字育長, 少時甚有令名[72], 武帝崩, 選百二十挽郎, 一時之秀彦, 育長在其中. 王安豐選壻, 從挽郎㨂[73]其勝者, 擇取四人, 任猶在其中. 童少時, 神明[74]可愛, 時人謂育長影亦好. 自過江, 便失志. 王丞相請先度時賢共至石頭迎之, 猶作疇日[75]相待, 一見便覺有異. 坐席, 下飮, 便問人云 : "此爲茶爲

---

[69] 정치(情癡) : 감정이 있는 바보라는 뜻으로, 눈물을 흘리며 잘 우는 사람을 뜻한다. 진(晉)나라 임첨(任瞻)은 자가 육장(育長)이다. 그가 젊었을 때는 매우 총명하여 사람들이 "육장은 그림자도 좋다." 하였다. 그러나 진나라가 양자강을 건너 남천(南遷)한 뒤로 실의하여 명청한 사람이 되었다. 그가 관저(棺邸) 아래를 지나가면서 눈물을 흘리며 우니, 그 말을 들은 왕 승상(王丞相)이 "이는 유정치이다." 하였다. ≪世說新語·비루(紕漏)≫에 출원한다.

[70] 유진옹(劉辰翁) : 송나라 말기 길주(吉州) 여릉[廬陵, 지금의 강서(江西) 길안시(吉安市)] 사람. 자는 회맹(會孟)이고, 호는 수계(須溪)다. 어려서 태학생(太學生)으로 있었다. 이종(理宗) 경정(景定) 3년(1262) 전시(殿試)에서의 대책(對策)에서 권세가였던 가사도(賈似道)를 거슬려 병과(丙科)에 등제했다. 부모님이 연로하다는 이유로 염계서원(濂溪書院) 산장(山長)이 될 것을 자청했다. 강만리(江萬里)와 진선중(陳宣中) 등이 사관(史館)에 머물 것과 태학박사(太學博士)에 임명할 것을 추천했지만 모두 사양하고 나가지 않았다. 송나라가 망하자 벼슬하지 않았고 은거하다가 일생을 마쳤다. 사(詞)를 잘 지었는데, 주로 망국의 아픔을 통절하게 노래한 것이다. 작품에 ≪수계사(須溪詞)≫ 10권과 ≪수계사경시(須溪四景詩)≫ 4권이 있는데, 나중에 사람들이 ≪수계사(須溪詞)≫로 편집했다. 그 밖의 저서에 ≪수계집(須溪集)≫과 ≪반마이동편(班馬異同評)≫, ≪방옹시선후집(放翁詩先後集)≫ 등이 있다. 임종욱, ≪중국역대인명사전≫, 2010.

[71] 혼혼묵묵(昏昏嘿嘿) : 보이지도 들리지도 않는 모호한 상태를 말한다. ≪장자(莊子)·재유(在宥)≫ : "至道之精, 窈窈冥冥 ; 至道之极, 昏昏默默."에 출원한다.

[72] 영명(令名) : 좋은 명성(名聲)이나 명예(名譽)를 이르는 말

[73] '수(搜)'와 동자.

[74] 신명(神明) : 사람의 정신이나 지혜가 뛰어남을 이르는 말

茗.", 覺有異色, 乃自申明云 : "向問飲爲熱爲冷耳." 嘗行從棺底[76]下度, 流涕悲哀. 王丞相聞之曰 : "此是有情癡[77]." 條註 : 劉辰翁曰 : "才人失志往往如是.", 夫士不遇時而猶澄目以觀世之冷煖[78], 聰耳以聽世之是非, 張口以談世之善敗[79], 不若此之昏昏嘿嘿, 爲瞽, 爲聾, 爲啞之, 猶得以自全其天也育長其吾師乎.]

[설명]

우선 임첨(任瞻)이 강남으로 건너온 뒤 실의를 잃은 이유를 설명하면, 서진(西晉)이 멸망한 뒤 사마예(司馬睿)가 남경(南京)에 동진(東晉)의 왕조를 세우게 되는데, 이때 옛 서진의 신하들이 장강을 건너 동진에 투항하게 되고 임첨도 강을 건넌 후 더 이상 관직에 나아가지 않았다고 한다. 망국의 큰 사회적 변혁과 개인의 목숨이 위태하였던 충격과 경험이 청아하였던 임첨에게 큰 심리적 충격을 준 것으로 보인다.

강남으로 넘어온 임첨은 차(茶)와 명(茗)을 구분하지 못하였다고 하는데, 차는 일찍 딴 찻잎이고 명은 늦게 딴 것이다. 그러나 임첨이 이를 구분하지 못했고 뜨거운지(熱), 차가운지(冷)를 물은 것이라 변명하게 된다. 궁색한 변명이었지만, 이같이 변명한 것은 당시 명(茗)과 냉(冷)이 운모(韻母)가 같고 독음(讀音)도 비슷하였고, 다(茶)는 열(熱)과 발음이 비슷하였다고 한다.[80]

---

75) 주일(疇日) : 오래지 아니한 과거(過去)의 어느 때를 이르는 말.
76) 관저(棺底) : 관재(棺材)를 파는 점포를 의미한다.
77) 원문 출처 및 출현 서적 : ≪세설신어·비루편≫
78) '난(暖)'의 이체자.
79) 선패(善敗) : 성패 또는 선(善)과 악(惡)을 의미한다.
80) 김장환 譯注, ≪세상의 참신한 이야기 세설신어3≫, 신서원, 2008, 174쪽, 인용.

5. 곽충서(郭忠恕)

 곽서선(郭恕先)은 제멋대로 거리낌 없이 노닐었으며 특히 세상 사람들과 어울리려 하지 않았다. 송 태종(太宗)이 그의 이름을 듣고 대궐로 불러 내시성(內侍省) 두신흥(竇神興)의 집에 묵게 하였다. 서선(恕先)의 긴 수염은 아름다웠는데, 어느 날 돌연히 수염을 모조리 뽑아 버렸다. 두신흥이 놀라서 그 까닭을 물었다. "오로지 (수염 없는) 선생을 닮기 위해서요."
 조주 : 남의 결점을 장점인 줄 알고 본뜸.
 서선(恕先)이 기산현(岐山縣)에 있었을 때, 부잣집 자제가 그림을 좋아하여, 날마다 순주(醇酒)[81]를 대며 그를 모셨는데, 매우 후하게 접대한 지 오래되었다. 얼마 후 정(情)을 표하며 또 하얀 명주(匹素)[82]을 보내왔는데, 곽서선이 거기에다가 실 감는 얼레(線車)를 손에 쥔 아이가 연줄을 길이가 몇 장(丈)[83]이 되는 풍연(風鳶)을 날리고 있는 모습을 가득 그려 놓았다. 이를 안 부잣집 자제가 크게 분노하며 곽서선과 절교하였다.
 조주 : 부잣집 자제 스스로 서선의 세속과 다른 행동 양식을 받아들이기 어려웠을 것이다.
 서선은 때때로 역부(役夫)[84]나 일반 백성(小民)들과 어울렸는데, 시장 점포에 가서는 마시고 먹으며 말하였다. "내가 교유하는 사람들은 모두 그대들과 같은 사람들이오."
 조주 : 소동파(東坡)가 그를 칭찬하며 말하길, "높다란 소나무(長松) 하늘을 찌를 듯하고, 물가에 비친 소나무 창벽(蒼壁)[85]을 이루네. 높이 솟은 누각 어렴풋이 보이

---

81) 순주(醇酒) : 술의 맛이 진하고 향이 뛰어난 미주(美酒)를 뜻한다.
82) 명주(匹素) : 흰 명주를 뜻한다.
83) 장(丈) : 10척(尺)이 1장에 해당한다. 오늘날 대략 3.3미터에 해당한다.
84) 역부(役夫) : 역역(力役)을 하는 일꾼 또는 인부를 뜻한다.
85) 창벽(蒼壁) : 여름에 잔잔하게 흐르는 강물에 푸른 산이 비춰지는데 이를 창벽이라 부른다.

고, 난간에 기대있는 자 누구인가? 이슬비에 안개 자욱하게 끼여 적막하고, 안개비(烟雨) 그치는구나. 서선이 그 안에 있으니 혹여 나올까 불러본다." 하였다.86)

[郭恕先87)放曠88)不羈89), 尤不與俗人伍, 宋太宗聞其名, 召赴闕, 館於內侍省竇神興舍, 恕先長髯而美, 一日忽盡去之, 神興驚問其故曰:"聊以90)."91) 條註 : 效顰.92) 恕先在岐93), 有富人子喜畵, 日給醇酒待之, 甚厚久. 乃以情言且致匹素, 郭爲畵小童持線車放風鳶引線丈滿之, 富人子大怒與郭遂絶. 條註 : 富人子亦自不俗恕先反落套94)矣. 恕先時與役夫小民入市肆95)飮食曰 : "吾所與遊皆子類也." 條註 : 東坡贊曰: "長松參天, 蒼壁插水, 縹緲96)飛97)觀, 憑欄誰子, 空濛98)寂歷99), 烟雨滅沒, 恕先在焉, 呼之或出."]

---

86) 송・소식의 《곽충서화찬서(郭忠恕畫贊序)》에 보인다.
87) 서선(恕先) : 곽충서의 자.
88) 방광(放曠) : 말과 행동에 거리낌이 없음을 이르는 말.
89) 불기(不羈) : 남에게 매이지 아니함을 이르는 말.
90) 이(以) : 닮음을 뜻한다.
91) 원문 출처 및 출현 서적 : 《송패유초》, 《하씨어림》, 《동파전집(東坡全集)》, 《속자치통감장편(續資治通鑑長編)》
92) 효빈(效顰) : 월(越) 서시(西施)가 불쾌(不快)하여 얼굴을 찡그렸더니, 어떤 추녀(醜女)가 그걸 보고 미인(美人)은 찡그린다고 여겨 자기도 찡그렸다는 일화에서 유래한 말로, 남의 결점을 장점인 줄 알고 본 뜸을 이른다.
93) 기(岐) : 《송사(宋史)・권사백사십이(卷四百四十二)・열전제이백일(列傳第二百一)》에 곽충서가 "기(岐), 옹(雍), 경(京), 낙(洛)에 많이 노닐었다."다는 기록이 있는데(多遊岐、雍、京、洛間), 섬서(陝西) 기산현(岐山縣) 일대를 가리킨다.
94) 낙투(落套) : '套'는 세속의 습관 또는 관습이 된 행동 양식이나 격식을 말하는데, 낙투는 이러한 양식이나 격식에 들어맞거나 매임을 의미한다.
95) 시사(市肆) : 시장의 점포를 의미한다.
96) 표묘(縹緲) : 끝없이 넓거나 멀어서 있는지 없는지 알 수 없을 만큼 어렴풋함을 이르는 말.
97) 비(飛) : 높이 솟아 있는 모양.
98) 공몽(空濛) : 이슬비가 뽀얗게 내리거나 안개가 자욱하게 낀 모양을 의미한다.
99) 적력(寂歷) : 고요하고 쓸쓸함을 의미한다. 적막(寂寞)과 의미가 유사하다.

[설명]

   곽충서(郭忠恕), 후주(後周) 말에서 북송(北宋) 초기 활동한 학자이자 서화가로 자는 서선(恕先)이다. 자세한 출생 연도는 알려지지 않았으며 977년에 졸하였다고 한다. 그는 5세에 이미 오경(五經)을 읽어 내었으며 약관의 나이에 추관(推官)으로 관직 생활을 시작하는 등 재능이 남달랐다. 문자학 방면에 지식이 뛰어났으며 전서(篆書)와 예서(隸書)에 능하였다고 한다. 서화에도 능하여 계척(計尺)을 이용하여 복잡한 누각도 그리었는데, 후에 반듯하고 입체감 있게 건축, 배 등의 구조물을 그리는 계화(界畫)의 전범이 되기도 하였다. 저서로는 《한간(汗簡)》이 있다. 그러나 권력자를 업신여기고 성격이 호방하고 술을 즐겨 마시고 자주 예법에 어긋나는 행동을 일삼아 안정적인 정치 경력을 이루지 못하고 방랑하며 회화로 생계를 유지하였다고 한다. 예를 들면 원문에서 소개하고 있는 내시 두신흥(竇神興)을 따라해 곽서선(恕先)이 그의 긴 수염을 짧라버리고는 "내시인 당신을 닮고자 하였다."라고 하였는데, 이에 두신흥이 격분하여 앙심을 품었게 되고 (두신흥의 간계로) 결국 관부의 기물을 횡령하였다는 이유로 장형을 처분받고 좌천되어 산동성 등주(登州)로 유배되는 도중 제주(濟州)에서 사망했다고 전해진다. 이외에 유사한 고사가 많이 전해진다. 본문의 송(宋) 태조(太祖)가 즉위하고 곽충서의 재능을 알아보고는 국자감주부(國子監主簿)로 명하여 권력자 두신흥의 집에 머물며 행한 일인데, 그는 천성적으로 권력자에 대한 반감이 있었던 것이 아닌가 생각된다.

   두 번째 고사 또한 부잣집 자제가 곽충서에게 그 위에 그림을 그려달라는 요량으로 비싼 명주를 보내었으나, 그 위에 몇십 미터가 되는 명주의 한 쪽 끝단에 연을 그려놓고 가로질러 줄을 쭉 그어놓고는 반대쪽 끝단에 한 아이의 손을 그려놓고는 그림을 완성하였다고 하였으니 그의 성정을 잘 드러내는 고사라 하겠다.

6. 장욱(張旭)

장욱, 소주(蘇州) 인이다. 음주를 좋아하여 매번 크게 술에 취할 때면, 부르짖으며 날뛰다가 이내 글씨를 쓰곤 하였는데, 어떤 때는 머리카락에 먹물을 묻혀 글을 쓰기도 하였다. 그리고 술에 깨서 스스로 바라보고는 신(神)의 도움이라 여겼는데, 다시는 그와 같은 글을 쓸 수가 없었다고 한다. 세상 사람들이 이런 그를 두고 미친 장욱[장전(張顚)]이라 불렀다.

장욱이 상숙현위(常熟縣尉)[100]로 첫 부임했을 때, 어떤 한 노인이 글을 늘어놓고 감상평을 구하였다. 늦은 밤 그 노인이 또 찾아왔는데, 장욱이 번거로워 화를 내며 그를 나무라자, 노인이 말하였다. "보아하니 나리의 필치가 기묘(奇妙)하여 집에서 소장하고 있던 것을 바치고자 합니다." 그러자 장욱이 보관하고 있던 것을 물었고, 그 노인의 아버지 글을 꺼내어 놓았는데, 천하의 뛰어난 글이었다. 이로부터 장욱은 그 필법을 얻었다.

조주 : 양승암(楊升菴)[101]이 말하였다. "장전(張顚)은 서예(書)를 잘 쓰는 것으로 유명했으나 세상 사람 중에 그의 시를 본 이가 드물었다. 근래에 소주 사람(蘇州, 吳中)[102]이 그의 〈춘초첩(春草帖)〉 시 한 수를 수집하였는데, 이른바

> 春草青青萬里餘,   봄풀은 만리나 이어져 있고,
> 邊城落日見離居.[103] 변방의 성에 해가 지고 홀로 떨어져 지내는 구나.

---

[100] 상숙현위(常熟縣) : 오늘날의 강소성(江蘇省) 상숙시(常熟市) 일대를 가리킨다.

[101] 양승암(楊升菴) : 명나라 중기의 학자 양신(楊慎)을 가리킨다. 자 용수(用修), 호 승암(升菴). 1524년 계악(桂萼) 등이 등용될 때 동지 36명과 함께 반대의견을 가정제(嘉靖帝)에게 직간하다가, 황제 앞에서 곤장을 맞고 운남성(雲南省) 용창(永昌)으로 유배되었다. 그 뒤로는 시와 술로 세월을 보내며 재능을 숨기고 살았다. 경학(經學)과 시문이 탁월하였으며 박학하기로 이름이 높았다. 운남성에 관한 견문과 연구는 귀중한 자료로 전한다. 주요 저서에는 ≪단연총록(丹鉛總錄)≫, ≪승암집(升菴集)≫ 등이 있다.

[102] 오중(吳中) : 강소성 소주시의 중서부에 위치한다.

[103] 이군삭거(離群索居) : ≪예기(禮記)·단궁상(檀弓上)≫ 에 나오는 말로, 친지나 벗들과 헤어져서 혼자

情知海上三年別,　　타향살이로 3년이나 떠나있다는 것을 잘 알지만,
不寄雲間一紙書.　　구름 사이로 편지 한 통 보내지 못하네.

인데 가히 절창(絶唱)이라 할 수 있다."

또한 최홍려(崔鴻臚)가 소장하고 있던 장욱의 서예 석각본에서 3수의 시를 찾아볼 수 있다.

3수 중 첫 수〈도화계(桃花溪)〉
隱隱飛橋隔野煙, 들녘의 안개에 가려진 높이 솟은 다리 흐릿하게 보이고,
石磯西畔問漁船. 강가 바위 서쪽에서 어선에게 물어보네.
桃花盡日隨流水, 복사꽃 종일토록 물 따라 흘러오니,
洞在青溪何處邊. 맑은 계곡의 어디쯤에 도화동이 있소.

3수 중 둘째 수〈산행유객(山行留客)〉
山光物態弄春輝, 산빛이며 만물의 자태가 봄빛에 희롱당하고,
莫爲輕陰便擬歸. 구름 좀 끼었다고 돌아갈 생각은 말게.
縱使晴明無雨色, 설령 청명하여 비 올 기색 없어도,
入雲深處亦沾衣. 구름 깊은 곳에 들면 옷자락 젖는다네.

3수 중 셋째 수〈춘유직우(春遊値雨)〉
欲尋軒檻列清樽, 헌함(軒檻)104)을 찾아 맑은 술들 늘어놓고,
江上煙雲向晚昏. 강가 위 구름 연기 피어오르고 저녁 무렵 날 저물어가네.
須倩東風吹散雨, 잠깐 봄바람(東風)105) 청하여 봄비 불어 흩어버리고,
明朝却待入華園. 내일 아침 비 물러나길 기다렸다가 봄 동산 가야지.

그의 필체는 기괴하고 구름을 벗어나 바람을 헤쳐 나가는 듯하고 시 또한 맑고

외로이 사는 생활을 가리킨다.
104) 헌함(軒檻) : 누각(樓閣) 또는 대청(大廳) 등의 기둥 밖으로 돌아가며 놓은 난간이 있는 좁은 마루나 방.
105) 동풍(東風) : 봄바람을 가리킨다.

속되지 않으니 소중히 여길 만 하다. 관심이 많은 자를 위해 시 4수를 찾아 여기에 더하여 붙어놓았다.

[旭, 蘇州人. 嗜酒, 每大醉. 呼叫狂走, 乃下筆, 或以頭濡106)墨而書, 既醒自視, 以爲神助107), 不可復得也, 世呼爲張顚. 旭初爲常熟尉, 有老人陳牒求判, 宿昔又來, 旭怒其煩, 責之. 老人曰, "觀公筆奇妙, 欲以家藏耳." 旭因問所藏, 盡出其父書, 天下奇筆也, 自是盡其法.108) 條註 : 楊升菴曰 : "張顚以能書名, 世人罕見其詩, 近日吳中人有收其春草帖一詩所謂, 春草靑靑萬里餘, 邊城落日見離居. 情知海上三年別, 不寄雲間一紙書. 可謂絶唱." 又見崔鴻臚所藏, 有旭書石刻三詩, 其一〈桃花溪〉109) 隱隱飛橋隔墅煙, 石磯西畔問漁船. 桃花盡日隨流水, 洞在靑溪何處邊. 其二〈山行留客〉山光物態弄春輝, 莫爲輕陰便擬歸. 縱使晴明無雨色, 入雲深處亦沾衣. 其三〈春遊値雨〉欲尋軒檻列淸樽, 江上煙雲向晚昏. 須倩東風吹散雨, 明朝却待入華園. 字畫奇怪擺雲摠風而詩亦淸逸可愛. 好事者摸爲四首懸之.]

[설명]

장욱(張旭), 생몰년은 대략 685년에서 759년으로 추정된다. 자는 백고(伯高)이며, 소주(蘇州) 오현(吳縣) 출신으로 오늘날의 강소성(江蘇省) 소주(蘇州)이다. 그는 서예 특히 초서로 유명하였으며 시 또한 뛰어났다고 전해진다. 또한 본문의 전사(顚史)에 수록된 바와 같이 기행적 행동으로도 유명하였다. 구애받지 않고 자유분방하였으며 거리낌이 없었던 인물이었다. 이에 사람들이 그의 성(姓)인 장(張)과 '미치다'의 뜻을 가진 '전(顚)' 자를 합치어 '장전(張顚)'이라 불렀다. ≪벽전소사≫

---

106) 유(濡) : '(물에) 적시다.'의 의미한다.
107) ≪신당서(新唐書)·권이백이(卷二百二)·열전제일백이십칠(列傳第一百二十七)≫의 원문에는 '助'자가 없다.
108) 원문 출처 및 출현 서적 : ≪신당서(新唐書)·권이백이(卷二百二)·열전제일백이십칠(列傳第一百二十七)≫
109) 저본에는 '기(磯)'로 기록되어 있는데 수정하여 '계(溪)'로 고치어 표기하였다.

〈전사〉에 적합한 인물이라 하겠다.

앞서 언급한 바와 같이 그는 서예로 유명하였다. 장욱이 활동하였던 당나라 개원(開元)과 천보(天寶) 연간은 시가, 문학, 회화, 조소, 소설, 전기 등의 문화적 부흥과 발전 시기로 장욱의 서예 또한 이러한 배경에서 크게 주목받았다. 서예의 서체 중에 초서는 자체 필획의 생략이 많고 곡선 위주의 흘려 쓰는 필체이다. 오체 가운데 가장 변화가 심하고 다양하여 서예가의 개성이 잘 드러나는 서체라 할 수 있다. 이에 자유롭고 분방한 성정의 소유자 장욱과 가장 어울리는 서체이기도 하며 그런 연유인지 장욱 또한 초서를 가장 잘 써서 그의 초서를 '광초(狂草)'라고 불렀다. 본문의 내용과 같이 머리카락에 먹물을 묻혀 글을 쓰기도 하며 술이 취하여 소리를 지르며 광분하듯 글을 써 내려갔다고 한다. 술에 깨서는 스스로 귀신이 다녀간 것처럼 여기며 다시는 그와 같이 글을 쓸 수 없었다고 하니 미친 초서로 불릴 만한 것이다. 이런 그의 서예와 성정을 두고 당대(唐代) 최고의 시인 시성 두보(杜甫)와 이기(李頎, 690~753)는 다음과 같은 시를 남기기도 하였다.

〈장욱에게 드림(贈張旭)〉
張公性嗜酒, 장공은 본래부터 술을 좋아하고,
豁達无所營. 활달하여 꾀하는 바가 없다네.
皓首窮草隸, 흰머리 되도록 초서와 해서를 궁구하여,
時稱太湖精. 당시 사람들은 태호의 정기 받았다 하였지.
露頂据胡床, 대머리로 접는 호상에 기대어,
長叫三五聲. 서너 너덧 길게 소리 지르네.
興來洒素壁, 흥이 일어 흰 벽에 먹을 뿌리니,
揮笔如流星. 운필이 마치 유성 같구나.
下舍風蕭條, 누추한 집에는 바람도 적막하고,
寒草滿戶庭. 마른 풀이 집 뜰에 가득 하네.
問家何所有, 묻노니, 집에 무엇을 지니고 있소.
生事如浮萍. 인생지사 부평초와 같은데.
左手持蟹螯, 왼손에는 게의 집게다리를 쥐고 있고,

右手執丹經, 오른손엔 단경을 들고 있네.
瞪目視霄漢, 눈 부릅뜨고 하늘을 쳐다보노라면,
不知醉與醒. 취했는지 깨었는지 알 수가 없네.
諸賓且方坐, 여러 손님들 아직 반듯이 앉았는데,
旭日臨東城. 떠오르는 해는 동쪽 성에 걸려 있네.
荷葉裏江魚, 연꽃잎 속에 강의 물고기 놀고,
白甌貯香粳. 흰 단지에는 좋은 쌀 담겨 있네.
微祿心不屑, 하찮은 봉록에는 조금도 마음 두지 않고,
放神于八紘. 더 넓은 세상에만 정신을 쏟고 있네.
時人不識者, 당시 사람들이 알지 못하는 자,
即是安期生. 이가 바로 안기생이라네.

시 속에서 장욱의 삶과 사상을 잘 드러내고 있다. 즉 예술에 대한 집착, 안분지족의 삶, 얽매이지 않는 자유로운 삶, 비범한 인품 등이다.[110]

다음으로 두보의 〈음중팔선가(飮中八仙歌)〉 중 일부를 인용하고자 한다.

(…중략…)
張旭三杯草聖傳, 장욱은 석잔 술에 초서의 성인이 되고,
脫帽露頂王公前, 모자 벗어 머리 드러내어 왕공들 앞에 나서고,
揮毫落紙如雲煙. 종이에 구름과 연기처럼 붓 대어 휘두르네.
(…후략…)

두보는 술 걸치고 초서를 써 내려간 장욱을 잘 묘사하고 있다. 원문의 고사와 그 내용이 같다.

장욱의 기행은 앞서 살펴본 바와 같이 예술로 승화되어 서예의 번영과 발전에 무한한 가능성을 열어주었으며 후대 서예가들의 전범이 되었다고 평가받는다. 자신

---

[110] 위 시의 해석과 원문은 우재호, ≪당나라 시인들이 서예를 노래하다≫, 영남대학교 출판부, 2020, 63~66쪽을 인용하여 작성하였다.

의 사상과 정감을 서예의 필획과 조합에 녹여내어 '마음의 흔적(心迹)'과 '마음의 그림(心畫)'의 경지에 이른 것이다. 제멋대로 행동하는 광적 기행은 광초를 낳아 중국 서예사에서 '초성(草聖)'의 지위를 확립하였다. 이런 의미에서 그의 심적 의식과 행동은 그의 예술과 밀접한 관련이 있으며 단순한 광기로 보기는 어렵다.

　　마지막으로 장욱의 초서 작품으로는 〈낭관석기서(郎官石記序)〉, 〈엄인지(嚴仁志)〉, 〈고시사첩(古詩四帖)〉, 〈두통첩(肚痛帖)〉, 〈천자문잔권(千字文殘卷)〉, 〈초서심경(草書心經)〉, 〈춘초첩(春草帖)〉, 〈추심첩(秋心帖)〉 등이 있는데 문헌 기록에 비해 현재 전해지는 작품은 소수이다. 또한 작품이 개별 작품의 진위에 관해 쟁론이 있다.

7. 미불(米芾)

　　미원장(米元章)이 개봉(開封)111)에 거주할 때, 그의 복장(服裝)이 매우 기이하였는데, 높다랗고(高冠) 챙(蓋天)이 있는 모자를 쓰곤 하였다. 그리고 하인(從者)의 손이 닿는 것을 원하지 않았는데, 더러워지는 것을 염려하여서이다. 가마를 탈 때는 높은 모자로 인해 윗덮개(정개, 頂蓋)112)가 방해가 되자 이내 덮개를 떼어버리곤 모자만 수레에 튀어나온 채 타고 다니었다.

　　하루는 외출하여 보강문(保康門)에서 조이도(晁以道)를 조우하였는데 (미불을 보자) 이도가 크게 웃었는데, 미불이 가마에서 내려 손잡으며 물었다. "조사(晁四), 자네는 (내가) 무엇과 닮았다고 말한 것인가?" 조이도가 대답하였다. "(압송되어 온) 오랑캐 우두머리 같다고 했습니다." 그러자 두 사람이 손뼉 치며 포복절도(抱腹

---

111) 원문의 경사(京師)를 개봉으로 해석하였다. 원래 '경(京)'은 지명이고 '사(師)'는 도읍을 가리키는 말이었는데, 나중에는 나라의 도읍을 가리키는 일반적인 명사가 되었다.
112) 정개(頂蓋) : 윗덮개를 의미한다.

絶倒)하였다. 당시 서쪽 토번(吐蕃) 지역의113) 오랑캐 성채(城砦)에서 잡아 온 수장(首領)을 귀장(鬼章)이라 하였는데, 함거(檻車)에 실려 수도 개봉에 압송되어 오곤 하였는데, 이를 두고 조이도가 미원장을 놀린 것이다.

미불은 호고박아(好古博雅)114)하였는데, 세상 사람들이 모두 그를 보고는 '미전(米顚, 미친 미불)'이라 불렀다. 채노공(蔡魯公)이 유독 깊이 그를 총애하여, (채경 재상 재임 시 추천으로) 서화학박사(書畫學博士)로 임명되었으며, 이후 예부원외랑(禮部員外郎)으로 옮겼다. 미불의 탄핵을 간한 상소문 백간(白簡)115)으로 인해 중앙 관직에서 쫓겨났다. 하루는 채노공에게 편지를 보내 타지에서 전전하는 신세를 한탄하면서 온 집안의 식구들은 진류(陳留)116)에 가 있고, 홀로 매우 큰 배를 타고 이리저리 떠돌아다니는 자신의 처지를 호소하였다. 심지어는 편지 행간에 배 한 대를 그려 넣기도 하였다.117)

말년에 바로 그의 미친 언동(顚行)을 고하는 내용의 상소문이 또 올라가자 미불은 다시 노공(魯公)과 여러 대신들에게 이런 내용을 두루 알리며, 스스로 "오랫동안 중앙과 지방의 관직을 맡아왔으나, 여러 대신들이 나를 알아주어 추천자(거주, 擧主)만 수십 수백 명에 이를 것이다. 그러나 관리를 씀에 있어 응당 모두 뛰어난 자들로 삼아야 하니, 미친 자를 천거할 사람은 없을 것이다."라고 말하였다. 이에 세상에는 ≪미불의 미침을 변론하는 첩(米老辨顚帖)≫이 전해지고 있다.

미불이 권지무위군주사(權知無爲軍州事)으로 재임 시, 주(州)의 관청에 입석(立

---

113) 토번(吐蕃) : 중국 7세기 초에서 9세기 중엽까지 활동한 티베트왕국 및 티베트인에 대한 당·송나라 때의 호칭이다. 617년에서 842년에 송첸캄포에서 랑다르마에 이르기까지 2백여년간 지속된 티베트 지역 역사상 국력이 가장 강했던 왕조였다.

114) 호고박아(好古博雅) : 학식이 높고 성품이 단아하며 옛것을 좋아함을 이르는 말.

115) 백간(白簡) : 관리를 탄핵하는 상소문.

116) 진류(陳留) : 진류는 오늘날의 하남성(河南省) 개봉시(开封市) 상부구(祥符区) 직할 진류진(陳留鎭)이다.

117) 미불은 지방 말단의 관직을 전전하였지만 진적(眞蹟)을 찾아다니며 진귀한 서화(書畫)를 배에 싣고 세상을 떠도는 그의 모습을 시에 언급하며 고고(孤苦)한 예술가의 이미지로 묘사하였는데, 이로써 후대 미불이 '미가선(米家船)', '홍관월(虹貫月)'으로 불리기도 하였다. 송대 황정견(黃庭堅)의 ≪희증미원장(戲贈米元章)≫二首其一 : "창강에 밤이 새도록 무지개가 달을 꿰니, 이는 틀림없이 미가의 서화선일 터이네.(……滄江盡夜虹貫月, 定是米家書畫船)."에서 기원한다.

石)이 있었는데, 매우 기괴하였다. 이에 미불이 포홀(袍笏)을 가지고 오도록 명하여 이를 갖춰 입고 돌에 절을 하고는 '석장(石丈)'이라 불렀다. 언사자(言事者)가 이를 사방에 전하였는데, 조정에까지 이야기가 전해졌는데, 이를 들은 모두 그를 비웃었다고 한다. 어떤 사람이 미불에게 "진실로 그러한 일이 있는가?"라고 묻자, 미불이 느긋하게 대답하였다. "내가 언제 절을 했다고 하는가, 읍(揖)을 했을 뿐이지."

조주 : 미불의 초상을 그려보고 싶다.

원장이 서학박사로 있을 때, 하루는 황제와 채경(蔡京)이 간악(艮嶽, 艮岳)에서 서예에 대해 논하며, [서예에 조예(造詣)가 깊은] 미불을 불러 이르게 하였다. 그리고 큰 병풍에 글을 쓰도록 하였다. 좌우를 두리번 돌아보고는 붓과 벼루를 가져와 쓰려하자 휘종(徽宗)이 자신의 어안(御案) 사이에 놓인 단연(端硯)을 가리키며 그것을 사용하도록 하였다. (이후) 미불이 글을 다 쓰고는 이내 벼루를 받쳐 들고 무릎을 꿇으며 청하였다. "이 벼루를 신에게 내려주시옵소서. 이미 적시어 버렸습니다. 다시는 어전(御殿)에 둘 수 없사오니 신이 가지고 가게 해 주시옵소서." 그러자 휘종이 크게 웃으며 그것을 하사하였다. 미불이 춤을 추면서 사례하고는 벼루를 끌어안고 부리나케 달려갔다. 벼루에 남아 있던 묵이 도포의 소맷자락을 적시는데도 매우 즐거워하는 얼굴 색을 보였다. 황제가 채경을 돌아보며 말하였다. "미쳤다는(顚) 명성이 헛되어 얻은 것이 아니구나."

휘종은 미불이 서예가 뛰어나다는 명성을 듣고 하루는 요림전(瑤林殿)에서 비단 그림을 펼쳐놓았는데, 넓은 네모꼴 모양으로 길이가 2장(二丈) 가량 달하였다. (그리고) 마노연(瑪瑙硯), 이정규묵(李廷珪墨), 아관필(牙管筆), 금연갑(金硯匣), 옥진지(玉鎭紙)와 옥수적(玉水滴)을 진열해 놓고는 미불을 불러 그 위에 글을 쓰게 하였다. 황제가 미불의 서예를 살펴보기 위해 주렴을 제치고 나와서는 술과 과일을 하사하였다. (그리고) 원장이 도포의 소매를 접어 매고는 솟구쳐 뛰어 민첩하게 움직이며 글을 써 내려 가는데 마치 구름과 같고 용이 날고 뱀이 꿈틀거리는 듯하였다. 황제가 주렴 아래에 있는 것을 알고는 돌아보며 큰 소리로 말하였다. "기묘하옵니다. 폐하" (그러자) 황제가 크게 기뻐하며 연갑과 진지(鎭紙) 따위 등을 모두 미불에게 하사하였다.

자첨(子瞻)[118]이 유양(維揚)[119]에서 손님을 초대하여 잔치를 베풀었는데, (참여한) 십여 명 모두 천하의 선비들이었다. 원장 또한 자리하였는데 술잔이 몇 차례 돌고 반쯤 취했을 때 갑자기 일어나더니 스스로에 대해 말하길, "세상 사람들이 모두 나를 미쳤다고 하는데, 오장(吾丈)[120]께 여쭤봅니다." 그러자 소식이 웃으며 말하였다. "나는 대중을 따르겠네."

조주 : 진중순(陳仲醇)이 다음과 같이 말하였다. "내가 생각해보면 고금을 막론하고 걸출한 인물들이 많은데, (그 가운데) 오직 미불만이 미침(광, 顚)으로 세상에 이름났다. 요컨대, 이 미침은 헛되이 얻은 것이 아닌데, 그 미침의 요지는 바로 호연지기(浩然之氣)를 갖추고 있다는 것이다. 후대인들이 작은 일 따위에 얽매이지 않는 자유분방함을 좋아하고 말을 삼가고 행동을 조심하는 것을 별로 내키지 않아 하고, 그 성정이 어물쩍거리고, 자포자기해버리는 것을 좋아하여 미전씨(米顚氏)를 구실 삼아 집착하여 (자신의 행동을) 핑계 대고 의지하고 있다. (사정이 이러한데) 미공의 (진정한) '전'[(顚), 미침)]의 의미를 논하는 것이 어찌 쉽겠는가?"

미공의 서예는 처음 이왕(二王)을 임모(臨摹)하였고,[121] 후에는 안평원(顔平原)

---

[118] 자첨(子瞻) : 소동파(蘇東坡)의 자이다. 당시 미불은 소식과도 교유가 깊었는데, 소식은 그의 서예에 대한 노력을 인정함과 동시에 "비단 주머니 옥 두루마리를 끊임없이 가져오고, 찬연하게 진본을 탈취함을 최상의 지혜라 여기는 듯.(錦囊玉軸來無趾, 粲然奪眞疑聖智.)"이라고 평하여 수단을 가리지 않고 명품 서화를 수집하고자 하는 미불의 습성 또한 꾸짖기도 하는 등 미불이라는 인물을 잘 이해하고 있었던 듯하다. 禹在鎬, 〈蘇軾의 書藝詩를 통해 본 書藝觀〉(嶺南中國語文學會, 《中國語文學》 第71輯, 2016.4), 20쪽 참조.

[119] 유양(維揚) : 양주(揚州)의 별칭으로 지금의 강소성(江蘇省) 양주시(揚州市) 일대를 지칭한다.

[120] 장(丈) : 남자 노인에 대한 존칭(尊稱)

[121] 미불은 유년시절 당의 해서(楷書)를 위주로 임모(臨摹)하기 시작하였는데, 7~8세 무렵에 안진경(顔眞卿)의 글씨를 배우기 시작하고, 이후 류공권(柳公權)과 구양순(歐陽詢)의 글씨를 거쳐, 저수량(褚遂良)의 글씨를 배웠다. 여기서 저수량의 글씨를 배운 시기가 가장 길었는데(실제 기간은 2년에 불과), 그 이유는 저수량의 법(法)이 육조(六朝)의 서법을 이어받아 그를 통해 진인(晉人)의 서법(書法)을 배우고자 함이었다. 미불은 평생을 옛 사람들의 글자를 집고(集古)하는 방식을 통해 학서(學書)하고자 하였는데, 결국에는 '안근류골(顔筋柳骨)'로 대표되는 당의 글씨에 한계를 느꼈고, 궁극적으로 자신의 심미적 요구에 들어맞는 것이 바로 왕희지(王羲之), 왕헌지(王獻之)의 이왕(二王)으로 대표되는 동진

의 서체를 학서(學書)하였는데, 콧등의 작은 알갱이도 도끼로 내리쳐 제거할 수 있을 정도로 서예가 경지에 오르고 (자신만의) 서체로 변화되어 나왔다. (아울러) 운산(雲山)은 하나하나 동원(董源)과 거연(巨然)을 스승으로 삼았으며 시문은 많이 전해지지 않지만, 벼랑의 험준함을 닮은 듯 절묘한 기예가 특출나고 출중하니, 미공(米公)이 미침은 본디 속되지 아니하였다.

양소[兩蘇, 소식(蘇軾)과 소철(蘇轍)], 황예장[黃豫章, 황정견(黃庭堅)], 진회해[秦淮海, 진관(秦觀)], 설하동[薛河東, 설소팽(薛紹彭)], 덕린[德麟, 조령치(趙令時)], 용면[龍眠, 이공린(李公麟)], 유경(劉涇), 왕진경[王晉卿, 왕선(王詵)] 등 (미불과 교유한) 사람들 모두 미불을 좋아하였고, 그와 함께 교유하는 것을 즐거워하였다. 질탕(跌宕)하게 문사(文史)를 짓고, 서화(書畫)에 제사(題辭)와 발문(跋文)을 지으며 교제하였으니, 미불의 미침은 애당초 고루(固陋)하지 않았다.

보진재(寶晉齋)·정명암(淨名庵)·해학암(海岳庵)에 살며 왕희지(王羲之)·사안(謝安)·고개지(顧愷之)·육기(陸機)에서 왕유[王維, 마힐(摩詰)]에 이르기까지의 진적(眞蹟)들을 이금(泥金)을 써서 제첨(題簽)을 쓰고 옥 마구리로 묶어 (보관하였는데 그곳이) 거의 비부(秘府)와 견줄만 하였으니, 미불의 미침은 본디 쓸쓸하지 않았다.

황제를 모시고 태묘(太廟)에서 제사를 지낼 때 제복(祭服)과 관복(藻火)을 씻어 냈는데, (그 정도가 과하여) 관직을 면직당할 정도였다. 결벽증이 심하여 (태묘 제

(東晉)의 서예였다. 미불은 후기로 갈수록 숭진비당(崇晉卑唐)의 서예관과 의취(意趣)를 중시하는 서예 심미관을 여러 편의 서예시에서 드러내었다. 특히 이왕을 서예 최고의 전범으로 삼아 최고로 존중한다는 서예관을 자주 표현하였다. 나아가 미불을 두고 서예가·서예 감식가·서예 수장가라고 칭하는데 그 이유는 타인의 서예 작품뿐만 아니라 심지어 문방사보에 대해 평하는 많은 전적을 남겼기 때문이다. 당연히 서예가와 서첩 등에 관한 평론이나 품평, 진위 내지 소장 이력 등을 담고 있는 시가 미불 서예시 42수 가운데 26수나 되어 가장 많은 부분을 차지한다. 이들 26수 가운데 가장 많이 출현하는 서예가 내지 서예 작품은 바로 왕희지와 왕헌지, 즉 이왕과 관련된 것이다. 이왕을 주제로 삼거나 일부 언급하고 있는 경우는 전체 26수 가운데 14수에 이른다. 따라서 미불 서예에 가장 많은 영향을 미친 인물이 바로 이왕임을 짐작할 수 있다. 미불은 30세 전후까지는 당대 글씨를 임모하였으나, 소식과 교유하면서 그의 권유를 받아 晉人의 글씨를 배우기 시작하였고, 이로 인해 자연스레 미불의 서예시에서는 이왕을 제재로 삼거나 찬양하는 등의 언급을 빈번히 발견할 수 있다. 우재호·김재현, 〈米芾의 書藝詩를 통해 본 書藝觀〉, 중국어문학 제92집, 22-24쪽 인용.

사를 지내는 동안 제복과 관복에 묻은 더러움을) 참지 못하였으니 미불의 미침은 본디 결벽하다.

관(冠)·대(帶)·의(衣)·저고리(襦) 따위의 복장과 기거(起居)함, 언어에 있어 대강 자기의 뜻대로 행하며, 세속에 따르지 아니하였으니 미불의 미침은 본디 당대와는 들어맞지 않았다.

미불은 칙명을 받들어 ≪황정(黃庭)≫과 어병(御屛)을 쓰는데 붓을 떨치고 소매를 휘날리니 글이 거침이 없고 (필치가) 충만해 보였다. (그러자) 천자가 주렴을 걷고 반색하였다. 그리고 술과 과일을 하사하였는데, 미불은 문구(文具)가 더 좋다며 천자 앞에서 무릎을 꿇고 이 벼루를 가져갈 수 있게 간청하였으니, 그대의 미침은 본디 조금도 굴하지 않구나.

미불은 다른 사람에게 서간(書簡)을 부치며 "미불 삼가 절하며 올립니다(芾拜)."라고 쓸 때는 필히 옷깃을 여미고 절하며 썼다고 하니 그대의 미침은 본디 교활함이 없다.

아, 미전(米顚)이여, 세상에 비할 자가 없구나! 고금(古今)에서 비추어 볼 때, 장장사(張長史)[122]에게는 미불의 기이함(怪)이 있고, 예원진(倪元鎭)[123]에게는 미불의 결벽(潔)이 있고, 부문학사(敷文學士)와 고상서(高尚書)는 미불의 필치가 있고, 익살스럽고 우스운 이야기를 하며, 궁정에서 유희(遊戲)하니 동방삭(東方朔)[124]과 이백(李白)에게도 미불의 호방함이 있다. 이 때문에 미공의 미침을 어찌 쉽게 말할 수 있겠는가? 라고 말한 것이다. 미공이 회양군(淮陽軍)[125]에서 졸(卒)했을 때, 하

---

[122] 장장사(張長史) : 당대 서예가 장욱(張旭, 추정 685~759년)을 말한다. 금오장사(金吾長史)를 역임하여 '장장사'라 불리기도 한다.

[123] 예원진(倪元鎭) : 원대(元代) 화가 예찬(倪瓚, 1301~1374년)을 말한다. 자는 원진(元眞)이다. 극단적으로 결벽하며 속진(俗塵)을 꺼려하여 '예우(倪迂)'라고 불릴 정도로 기이한 언동이 많은 점에서 미불과 닮았다고 한다. 그의 결벽에 관한 고사는 ≪우포잡기(寓圃雜記)≫에 전해지기도 한다.

[124] 동방삭(東方朔) : 동방삭(BC 154~92년)은 전한 중기의 관료로, 자는 만천(曼倩)이며 평원군 염차현(厭次縣) 사람이다. 거침없는 행동과 언변으로 해학적이고 호방한 인물로 전해진다. 그와 관련한 여러 일화는 한국에서도 많이 알려져 있다.

[125] 회양군(淮陽軍) : 회양군은 송 태종(太宗) 시기에 설치한 행정구획으로 비현[邳縣, 오늘날의 강소(江蘇) 비주(邳州)], 수녕(睢寧), 수천(宿遷) 현을 관장하였다. 미불은 여기서 대관(大觀) 원년(元年, 1107)

루 전 자신의 평생 서화(書畫)를 모두 불살랐다. 그리고 미리 관 하나를 두고, 향을 피우고 초연히 그 가운데 앉아 있었다. 죽음의 때에 이르렀을 때 불진(拂塵)을 들고는 합장하고 돌아가셨다. 내가 미공의 마음속을 들여다보면, 성정이 곧고 대범하여 아무것도 남기지 않았으니, 성인의 도로 들어가는 문(聖門)은 옛날의 광(狂)에 이르는 것이 아닌가? 수사(洙泗)의 시대는 초나라의 광(狂)은 접여(接輿)126)에 있었고, 염락(濂洛)의 시대에는 초나라의 광이 미불에게 있으니, 그 미침은 따라갈 수 있겠지만, 그 호연지기는 따라갈 수 없다.

[米元章居京師, 被服怪異, 戴高簷127)帽, 不欲置 從者之手, 恐爲所涴. 旣坐轎, 爲頂蓋所礙, 遂撤去, 露帽而坐. 一日出保康門128), 遇晁以道129). 以道大笑,

---

회양군 관청에서 졸하였다.

126) 접여(接輿) : ≪논어(論語)·미자(微子)≫에도 출현하는 춘추시대 초(楚)나라 사람으로 은사(隱士) 육통(陸通)의 자다. 미친 것처럼 가장해 세상을 피했다고 한다. "초나라 미치광이 접여가 노래를 부르며 공자의 수레 앞을 지나가면서 말하였다. '봉황새여, 봉황새여! 어찌 덕이 그리도 쇠하였는가? 이미 지난 일은 다시 말할 수 없고, 앞으로 다가올 일은 쫓아갈 수 있다네. 그만두어라, 그만두어라! 지금의 정치를 하는 사람들은 위태롭다네!' 공자가 수레에서 내려 그와 이야기를 나누고자 하였지만 접여가 빠른 걸음으로 공자를 피해버려 그와 이야기를 나눌 수 없었다.(楚狂接輿歌而過孔子曰 : 鳳兮! 鳳兮! 何德之衰? 往者不可諫, 來者猶可追. 已而, 已而! 今之從政者殆而! 欲與之言. 趨而辟之, 不得與之言.)." 번역은 이강재, ≪논어≫, 살림, 2006, 320쪽을 따랐다.

127) ≪송인일사휘편(宋人軼事彙編)·규차지(暌車志)·권일삼(卷一三)≫에 '첨(檐)'로 기록되어 있는데, '첨(簷)'와 동자이다. 물체를 덮는 물건의 가장자리 또는 돌출된 부분을 지칭한다. 예를 들면, 모첨(帽簷)과 산첨(傘簷)이다.

128) 보강문(保康門) : '보강(保康)'은 '평안함을 지킨다'는 뜻이다. '보(保)'는 '지키다', '강(康)'은 '평안함'을 의미한다.

129) 조이도(晁以道) : 조열지(晁說之, 1059~1129)을 가리킨다. 북송 제주(濟州) 거야(巨野) 사람. 자는 이도(以道) 또는 백이(伯以)고, 자호는 경우생(景迂生)이다. 조단언(晁端彦)의 아들이다. 신종(神宗) 원풍(元豊) 5년(1082) 진사(進士)가 되었다. 문장이 전려(典麗)하여 소식(蘇軾)의 칭찬을 받았다. 철종(哲宗) 원부(元符) 3년(1100) 무극지현(無極知縣)이 되어 글을 올려 왕안석(王安石)을 배척하고 여러 신하들의 잘못을 질타했다. 고종(高宗)이 즉위하자 불려 휘유각대제(徽猷閣待制) 겸 시독(侍讀)에 올랐지만 병으로 나가지 못했다. 성주지주(成州知州)와 비서소감(秘書少監) 등을 역임했다. 사마광(司馬光)에게 ≪태현경(太玄經)≫을 전수받았고, 소옹(邵雍)의 제자 양현보(楊賢寶)에게 역학(易學)을 배웠다. 육경(六經)에 불가, 도가, 법가의 학설들이 섞여 있어 순전(純全)하지 않다는 견해를 가지고 있었는데, 이에 근거하여 육경을 연구할 때는 회의적 관점을 바탕으로 한 문헌비평이 필요하다고 주장했다. 만년에는 불교를 믿었다. 시를 잘 지었고, 산수화도 잘 그렸다. 저서에 ≪시서론(詩序論)≫과 ≪중용전(中庸傳)≫, ≪유언(儒言)≫, ≪조씨객어(晁氏客語)≫, ≪경우생집(景迂生集)≫ 등이 있다. 임종욱 외, ≪중국역대인명사전≫, 2010. 인용.

下轎握手問曰: "晁四130), 你道似甚底131)?" 晁云: "我道你132)似鬼章133)." 二人撫掌絶倒. 時西邊獲賊寨首領鬼章, 檻車入京, 故以道爲戱.134) 芾好古博雅, 世皆目之曰: 米顚, 蔡魯公135)獨深喜之, 嘗爲書畫學博士, 後遷禮部員外郎, 遭白簡逐去, 一日以書抵公, 訴其流落136), 且言擧室百指137)行至陳留. 獨得一舟如許138)大. 遂畫一艇於簡.139) 末時彈文正謂其顚, 而芾又歷告魯公泊140)執政141), 自謂久任中外, 竝被大臣知遇, 擧主142)累數十百, 皆用吏能爲稱首143), 無有以顚薦者. 世遂傳≪米老辨顚帖≫.144)145) 芾知無爲軍146), 見州廨147)立石甚奇, 命取袍笏148)拜之呼曰: "石丈". 言事者149)聞而論之, 朝廷傳

---

130) 조사(晁四): 조씨는 당시 북송의 명문세가로 사촌 관계였던 조보지(晁補之), 조열지(晁說之), 조영지(晁咏之), 조충지(晁冲之) 등이 문학가로 이름났는데, 이를 이르러 '조사'라고 한 것으로 보인다.

131) 심저(甚底): '무엇'을 의미한다.

132) ≪송인일사휘편·규차지≫에 근거하여 '我道你'를 추가하였다.

133) 귀장(鬼章): 송 소식이 지은 사마온공신도비문(司馬溫公神道碑文)에 의하면 "적의 큰 두목 청의를 사로잡아 와서 대궐 아래에 결박시켰다(生致大首領鬼章靑宜結闕下)."고 하였는데, 조이도가 미불을 보고 마치 결박되어 오는 귀장의 모습과 유사하여 크게 웃었다.

134) 원문 출처 및 출현 서적: ≪송인일사휘편·규차지·권일삼≫

135) 채노공(蔡魯公): 북송, 채경(蔡京)을 가리키는데, 정화(政和) 二年(1112년), 노국공(魯國公)으로 영지(領地)를 바꾸어 봉해졌다.

136) 유락(流落): 고향(故鄉)을 떠나 타향(他鄉)에서 전전하는 삶을 의미한다.

137) 백지(百指): 여러 사람을 의미하는 말로, 여기서는 미불의 온 가족을 가리킨다.

138) 허(許): '매우'를 의미한다.

139) 원문 출처 및 출현 서적: ≪고금소(古今笑)·치절부제삼(癡絕部第三)≫

140) 기(泊): '및 또는 과(와)'를 뜻한다.

141) 집정(執政): 국가 정사를 관장하는 대신을 뜻한다.

142) 거주(擧主): 보증 추천인을 말한다.

143) 수(首): 뛰어난 사람을 일컫는 말이다.

144) 원문 출처 및 출현 서적: ≪고금소(古今笑)·치절부제삼(痴絕部第三)≫

145) 변전첩(辨顚帖): 미불이 스스로 항간의 자신에 대한 미침을 탄핵하는 글이다.

146) 지무위군(知無爲軍): 미불은 주로 지방관직을 전전했는데, 그 과정에서 많은 서화 등을 수집하고 교류할 수 있었다. 1104년 그의 말년에 중앙관직인 서학박사로 임명된 후 얼마 지나지 않아 다시 지방장관인 지무위군으로 좌천되었다.

147) 주해(州廨): 주(州)의 관아를 의미한다.

148) 포홀(袍笏): 예복으로 입던 웃옷의 일종인 도포와 손에 드는 예물인 홀을 의미한다.

以爲笑. 或語芾曰: "誠有否?" 徐曰: "吾何嘗拜, 乃揖150)之耳."151) 條註: 畫出米顚小像. 元章爲書學博士, 一日, 上與蔡京論書艮嶽152), 召芾至, 令書一大屛. 顧左右, 宣153)取筆硯, 上指御案154)間端硯155), 令就用之. 芾書成, 卽捧硯跪請曰: "此硯經賜臣濡染, 不堪復以進御. 取進止156)." 上大笑, 因以賜之. 芾舞蹈以謝, 卽抱負趨出, 餘墨霑漬157)袍袖喜見顔色. 上顧謂京曰: "顚名不虛得158)也."159)徽皇聞芾有字學. 一日於瑤林殿張絹圖. 方廣160)二丈161)許162).

---

149) 언사자(言事者): 간원(諫員)을 뜻한다.

150) 읍(揖): 읍은 흔히 반배라고 하는데 배(拜)보다는 가벼운 예법이다. 일반적으로 배는 무릎을 꿇고 예를 갖추는 것을 말하며, 읍은 무릎을 꿇지 않고 손을 모아 예를 갖추는 것을 말한다. 여기서 미불은 남이 돌에 배를 갖췄다며 조소하자 이를 재치있게 반박한 것이다.

151) 원문 출처 및 출현 서적: ≪고금소·치절부제삼≫, ≪석림연어(石林燕語)·권10≫, ≪무위주지(無爲州志)≫.

152) 간악(艮嶽): 송 휘종(徽宗)이 비원에 만든 가산(假山)이다. 1122년에 만들어졌으며, 천하의 진귀한 꽃, 나무, 돌을 모았다 한다. 후에 금나라의 침공으로 파괴되었다.

153) 선(宣): '쓰다', '사용하다'의 뜻으로 쓰였다.

154) 어안(御案): 황제가 사용하는 탁자를 말한다.

155) 단연(端硯): 이하(李賀)의 '양생청화자석연가(楊生靑花紫石硯歌)'에 언급되면서 당대에 등장하였지만 송대에 가장 중시되었다. 구양수(歐陽修)는 단석(端石)이 일반적으로 중시되었을 뿐 아니라 관사(官司)는 해마다 공물로 삼았는데 다른 벼루보다 품질이 좋았기 때문이라 하였다. 미불은 단석의 석질을 하암(下巖)·상암(上巖)·반변암(半邊巖)·후력암(後礫巖)으로 구분하고, 그중에서 하암이 제일이며 물에 잠긴 동굴에서 구한다고 하였다. 단계연은 주로 광동성(廣東省) 조경시(肇慶市) 일대에서 생산되었으며, 조경(肇慶)은 이전에 단주(端州)에 속하였다. 이곳은 수많은 갱이 있는데 이곳에서 벼루의 원석을 채석하였다. 李星培, ≪北宋時代의 書論과 書作 硏究≫, 충남대학교 박사학위논문, 2005, 51쪽 인용.

156) 지(止): 어기 조사로 확정적 어기(語氣)를 표현할 때 사용한다.

157) 담글지(漬): 여기서는 '물들이다, 스며들다'의 의미로 사용되었다.

158) 명불허득(名不虛得): 명예나 명성은 헛되이 얻은 것이 아니라는 뜻으로, 명예나 명성이 퍼질 만한 실제의 조건이 있음을 이르는 말.

159) 황제의 벼루를 얻고 매우 기뻐하였다는 유명한 미불의 일화이다. 하원(何薳), ≪춘저기문(春渚紀聞)≫ 권7 〈미원장조우(米元章遭遇)〉(文淵閣四庫全書 電子版, 上海古籍出版社, 2007)에도 기록되어 전해진다. "又一日, 上與蔡京論書艮嶽, 復召芾至, 令書一大屛. 顧左右宣取筆硯, 而上指禦案間端硯, 使就用之. 芾書成, 卽捧硯跪請曰: '此硯經賜臣芾濡染, 不堪複以進禦. 取進止.' 上大笑, 因以賜之. 芾蹈舞以謝, 卽抱負趨出, 餘墨沾漬袍袖而喜見顔色. 上顧蔡京曰: '顚名不虛得也.'"

160) 방광(方廣): 넓은 네모꼴 모양.

161) 장(丈): 길이의 단위로, 10척(尺)이 1장에 해당하는데, 오늘날의 3.3미터에 해당한다.

162) 허(許): 가량, 정도, 쯤.

設瑪瑙163)硯. 李廷珪墨164). 牙管筆165). 金硯匣166). 玉鎭紙167)水滴168). 召米書之. 上出簾觀看. 賜酒果. 元章乃反繫袍袖. 跳躍便捷. 落筆如雲. 龍蛇169)飛動170). 聞上在簾下. 回顧抗聲171)曰: 奇絶陛下. 上大喜. 盡以硯匣鎭紙之屬賜之.172) 子瞻在維揚設客, 十餘人皆天下士, 元章亦在坐, 酒半173), 忽起立自贊曰: "世人皆以米爲顚, 願質之子瞻." 子瞻笑曰: "吾從衆."174)條註175):

---

163) 마노연(瑪瑙硯): 瑪瑙는 석영(石英)·단백석(蛋白石)·옥수(玉髓)의 혼합물(混合物). 화학(化學) 성분(成分)은 송진(松津)과 같은 규산(硅酸)으로, 광택(光澤)이 있고, 때때로 다른 광물질(鑛物質)이 삼투(滲透)하여 고운 적갈색(赤葛色)이나 백색(白色)의 무늬를 나타냄. 아름다운 것은 장식품(裝飾品)이나 보석(寶石)으로 쓰이고, 기타는 세공물·조각(彫刻) 재료(材料) 따위로 쓰인다. 마노연은 마노(瑪瑙)로 조각하여 만든 벼루이다. 위의 고사는 송·전면(錢愐)의 ≪전씨사지(錢氏私志)≫에도 기록되어 있다. "徽皇聞米元章有字學, 一日于瑤林殿繃絹屛方, 廣二丈許, 設瑪瑙硯, 李廷珪墨, 牙管筆, 金硯匣, 玉鎭紙, 召米書之上, 垂簾觀看, 大喜, 盡以硯石匣, 鎭紙之屬賜之."

164) 이정규묵(李廷珪墨): 중국의 5대10국, 남당에서 제작된 유명한 먹. 이정규의 본래 성(姓)은 해(奚). 이수(허베이성) 사람. 당말의 난을 피하여 흡(안후이성 흡현)에 가서 먹을 만들었다. 남당왕실(이씨)의 총애를 받고 이성(李姓)을 사성받았음. 그 먹은 옥과 같이 단단하고 지문(地文)은 물소뿔 같으며, 묵공 제1인자라고 칭해졌다. 인문(印文)이 邦자인 것이 가장 오래이고 珪자가 그 다음, 珪자는 그 뒤라고 함. 한국사전연구사 편집부, ≪미술대사전(용어편)≫, 1998, 인용. 여러 문헌에서도 이정규묵에 관한 기록을 확인할 수 있는데, 宋 王辟之≪澠水燕談錄·事志≫: "南唐后主留心笔札. 所用'澄心堂紙'、'李廷珪墨'、'龍尾石硯', 三者天下之冠……莆陽蔡君謨嘗評'李廷珪墨'能削木, 墜溝中, 經月不坏." 과 明 陶宗儀≪輟耕錄·墨≫: "至唐末, 墨工奚超與其子廷珪, 自易水渡江, 迁居歙州, 南唐賜姓李氏, 廷珪父子之墨, 始集大成……故世有'奚廷珪墨', 又有'李廷珪墨'. "亦省称"李墨". 마지막으로 宋 陸游≪老學庵笔記≫卷五: "東坡自儋耳歸, 至廣州舟敗, 亡墨四篋, 平生所寶皆盡, 僅于諸子處得'李墨'一丸."이다.

165) 아관필(牙管筆): 상아로 제작한 필관이나 양질의 붓필을 가리킨다.

166) 연갑(硯匣): 벼룻집으로 '연갑' 또는 '연합(硯盒)'이라 칭한다.

167) 진지(鎭紙): 서예에 사용하는 누름돌로, '문진(文鎭)' 또는 '서진(書鎭)'이라 칭하였다.

168) 수적(水滴): 먹을 갈 때 쓰는 문방사우로 '연적(硯滴)' 또는 '서적(書滴)'이라 부른다.

169) ≪송패유초·권지팔(卷之八)≫에 근거하여 '사(蛇)' 자를 보충하여 해석하였다.

170) 용사비등(龍蛇飛騰)을 이르는 말로 용이 살아 움직이는 것 같이 아주 활기 있는 필력을 비유적으로 이르는 말이다.

171) 항성(抗聲): 고성(高聲) 또는 대성(大聲)을 의미한다.

172) ≪송패유초·권지팔≫에도 다음의 일화가 기록되어 있다. (徽皇聞米芾有字學. 一日於瑤林殿張絹圖. 方廣二丈許. 設瑪瑙硯. 李廷珪墨. 牙管筆. 金硯匣. 玉鎭紙永滴. 召米書之. 上映簾觀賞. 令梁守道相伴. 賜酒果. 米反繫袍袖. 跳躍便捷. 落筆如雲. 龍蛇飛動. 聞上在簾下. 回顧抗聲曰. 奇絶陛下. 上大喜. 即以御筵筆研之屬賜之. 尋除書學博士. 一日崇政殿對事畢. 手執劄子. 上顧視. 令留椅子上. 米乃顧直殿云. 皇帝叫内侍要唾盂. 閣門彈奏. 上云. 俊人不可以禮法拘. 上嘗問本朝以書名世者數人. 芾各以其人對. 曰. 蔡京不得筆. 蔡卞得筆而乏逸韻. 蔡襄勒字. 黃庭堅描字. 蘇軾畫字. 上曰. 卿書如何. 曰. 臣書刷字.)

173) 주반(酒半): 술자리에서 술잔이 수 차례 돌고 취기가 올라오는 시각을 지칭함.

陳仲醇[176]曰：予惟古今雋人[177]多矣, 惟米氏以顚著. 要之, 顚不虛得, 大要
浩然之氣全耳. 後人喜通脫[178]而憚檢括[179], 沓拖[180]拉攞[181], 沾沾[182]籍[183]
米顚氏爲口實. 夫米公之顚, 談何容易, 公書初摹[184]二王, 晩入顔平原[185], 擲
斤置削[186], 而後變化出焉, 其雲山[187]一一以董臣[188]爲師, 詩文不多見, 顧崖
絕[189]魁壘[190]如[191]深往者[192], 而公之顚始不俗. 兩蘇・黃豫章・秦淮海・薛河

---

174) 송 조령치(趙令畤)의 ≪후청록(侯鯖錄)≫ 권칠(卷七)에 다음의 일화가 기록되어 있다. "東坡在維揚設
客, 十余人皆一時名士. 米元章在焉. 酒半, 元章忽起立云：'少事白吾丈. 世人皆以芇爲顚, 愿質之.' 坡
雲：'吾從衆.' 坐客皆笑."
175) 해당 문장은 명 진계유(陳繼儒)의 미불의 문장을 모아놓은 ≪미양양지림(米襄陽志林)≫의 서(序)에
기록되어 있다.
176) 진계유(陳繼儒)：중국 명대의 문인으로 자는 중순(仲醇), 호는 미공(眉公)이다. 시가와 문사에 능하였
고, 소식(蘇軾)과 미불(米芾)을 배웠다.
177) 준인(雋人)：걸출한 인물이란 뜻으로 '준(雋)' 자는 '준(俊)'와 통한다.
178) 통탈(通脫)：작은 일 또는 작은 일이나 예절 따위에 얽매이지 아니한 소탈(疏脫)함을 의미한다.
179) 검괄(檢括)：법도를 준수하고 말을 삼가고 행동을 조심함을 이르는 말.
180) 답타(沓拖)：기민하지 못하고 어물쩍거림을 이르는 말.
181) 납라(拉攞)：자포자기해버리고 행위가 검괄하지 못함을 이르는 말이다.
182) 점점(沾沾)：스스로 긍지를 가지거나 흡족하게 여기는 모양 또는 집착하고 고집을 부리는 것을 이
른다.
183) 적(籍)：핑계 또는 구실을 이르는 말.
184) 모(摹)：임모(臨摹)를 이르는 말로, 서화(書畫) 모사(模寫)의 한 방법이다. 서(書)의 경우, 임서(臨書)
라고 한다. '임'은 원작을 대조하는 것을 가리키고, '모'는 투명한 종이를 사용하여 윤곽을 본뜨는 것을
말한다. 넓게는 원작을 보면서 그 필법에 따라 충실히 베끼는 것을 의미한다.
185) 안평원(顔平原)：당대 저명한 서화가 안진경(顔眞卿)을 이르는 말이다. 자는 청신(淸臣)이다. 양국충
(楊國忠)에 의해 쫓겨나 평원태수(平原太守)로 좌천되어 후대에 안평원이라 부르기도 하였다.
186) 척근치삭(擲斤置削)：≪장자・서무귀(徐無鬼)≫에 등장하는 고사로 초나라 영(郢)지역에 유명한 장인
(匠人)으로 도끼질이 대단하였는데, 어떤 사람의 콧등 위에 놓인 작은 흙덩이를 아무런 흔적도 내지
않고 휘둘러 떼어버렸다고 한다. 여기서는 서예의 기예(技藝)가 미묘하여 경지에 오름을 이르는 말이다.
187) 운산(雲山)：미불의 화풍을 뜻한다. 그가 그린 구름과 산의 수묵은 생동감 넘치고 운무가 변화무쌍함
하였으며, 공교하고 세밀한 것보다는 담담한 먹으로 물들이듯이 그렸기 때문에 후세 사람들은 이를
가리켜 미가운산(米家雲山)이라고 말한다.
188) 동거(董巨)：남당(南唐)의 화가(畫家) 동원(董源)과 오대(五代)・송(宋)의 화가(畫家) 석거연(釋巨然)
을 함께 이르러 동거(董巨)라 이른다.
189) 애절(崖絕)：험준한 벼랑을 이른다.
190) 괴루(魁壘)：특출남을 이르는 말이다.
191) ≪미양양지림・미양양지림서≫에 근거하여 본문의 '有'를 '如'로 바꾸어 해석하였다.

東·德麟·龍眠·劉涇·王晉卿之徒, 皆愛而樂與之游, 相與跌宕193)文史194), 品題195)翰墨196), 而公之顚始不孤. 所居有寶晉·淨名·海岳197), 自王·謝·顧·陸眞蹟以至摩詰, 玉躞198)金題199), 幾200)埒201)秘府202), 而公之顚始不寒. 陪祀203)太廟204), 洗去祭服藻火205), 至褫職206), 然潔疾207)淫性不能忍, 而公之顚始不穢. 冠帶衣襦, 起居語默208), 略以意行, 絕不用世法, 而公之顚始不落近代209). 奉敕寫《黃庭》210), 寫御屛, 奮筆211)振袖, 酣叫淋漓212), 天子爲捲

---

192) 애절괴루여심왕(崖絶魁壘如深往) : 조예가 정세하고 깊음을 이르는 말이다.
193) 질탕(跌宕) : 사물이 다변하여 안정적이지 않음을 의미하는데, 인신(引伸) 신이 나서 정도가 지나치도록 흥겨움. 또는 그렇게 노는 짓을 의미하기도 한다.
194) 문사(文史) : 문학, 사학의 저작물 따위를 의미한다. 또한 詩話, 文評류의 글을 의미하기도 한다.
195) 품제(品題) : 시문이나 서화에 제발(題跋)이나 평어(評語)를 의미한다.
196) 한묵(翰墨) : 같은 말로 필묵(笔墨)이며, 필과 묵 즉 문장·서예와 서화 등을 이르는 말이다.
197) 미불이 거주하였던 보진재(寶晉齋)·정명암(淨名庵)·해학암(海岳庵)을 의미한다.
198) 옥섭(玉躞) : 서권을 묶는 옥별자, 족자(簇子)의 마구리를 의미한다.
199) 금제(金題) : 이금(금을 잘게 부수어 금분으로 만든 후 아교에 갠 것)을 써서 쓴 제첨을 의미한다. 제첨은 서화의 제목을 써서 표지에 붙인 길고 가느다란 종이 조각, 혹은 자투리이다.
200) 기(幾) : 거의
201) 날(埒) : '같다'의 뜻이다.
202) 비부(秘府) : 궁중 내 도서, 그림, 비기(秘記)를 보관하였던 장소를 의미한다.
203) 배사(陪祀) : 임금을 모시고 제사를 지내는 것을 뜻하며, 그 담당 관리를 배사관(陪祀官) 또는 배향관(陪享官)이라 한다.
204) 태묘(太廟) : 역대 제왕의 위패를 모시는 사당. 종묘(宗廟)와 그 의미가 같다.
205) 조화(藻火) : 중국 고대 관원의 의복에 등차를 표시하기 위해 새긴 장식으로 마름 무늬와 불꽃 모양이다.
206) 치직(褫職) : 관직을 삭탈 당함을 이르는 말이다.
207) 결질(潔疾) : 결벽(潔癖)을 의미한다.
208) 기거어묵(起居語默) : 기거는 행동을 뜻하고 어묵은 말함과 침묵을 뜻하여 언담(言談)을 이르는데, 기거어묵은 한 사람의 언행과 언담을 뜻한다.
209) 근대(近代) : 요즈음.
210) 황제의 명을 받고 황정경(黃庭經)을 모방하여 주홍사(周興嗣)의 소해(小楷) 《천자문(千字文)》을 쓴 것을 이른다.
211) 《미양양지림·미양양지림서》에 근거하여 본문의 '毫'를 '筆'로 바꾸어 해석하였다.
212) 감창림리(酣暢淋漓)를 이르는 말로 매우 시원스러운 것을 이르는데, 문장이나 회화 등의 문예 작품에서 감정이 충만하고 필치가 유려함을 이르는 말이다.

簾動公213), 撤彻214)賜酒果, 文其215)甚則跪216)請御前硯217)以歸, 而公之顚始不屈挫. 寄人尺牘, 寫至"芾拜", 則必整襟拜而書之, 而公之顚始不墮狡獪218) 嗚呼米顚, 曠代219)一人而已. 求諸古今, 張長史得其怪, 倪元鎭得其潔, 敷文學士220)與高尚書221)得其筆, 滑稽222)談笑, 游223)戲殿庭, 東方朔·李白得其豪. 故曰: 米公之顚, 談何容易, 公沒於淮陽軍, 先一月224), 盡焚其平生書畫. 預置一棺, 焚香淸坐其中. 及期擧佛225), 合掌而逝.226) 吾視其胸中, 直落落227)無一物者, 其聖門228)所謂古之狂歟? 洙泗229)之時, 楚狂在接輿;, 濂

213) ≪미양양지림·미양양지림서≫에 근거하여 본문의 '色'를 '公'로 바꾸어 해석하였다.
214) ≪미양양지림·미양양지림서≫에 근거하여 본문의 '撤'를 '徹'로 바꾸어 해석하였다.
215) ≪미양양지림·미양양지림서≫에 근거하여 본문의 '其'를 '其'로 바꾸어 해석하였다.
216) ≪미양양지림·미양양지림서≫에 근거하여 본문의 '傀'를 '跪'로 바꾸어 해석하였다.
217) ≪미양양지림·미양양지림서≫에 근거하여 본문의 '硏'를 '硯'으로 바꾸어 해석하였다.
218) ≪미양양지림·미양양지림서≫에 근거하여 본문의 '詐'를 '墮狡獪'로 바꾸어 해석하였다.
219) 광대(曠代) : 당대에 견줄 자가 없음을 이르는 말이다.
220) 부문학사(敷文學士) : 미불의 자(子)인 미우인(米友仁, 1074~1151)을 가리킨다. 미우인은 부문각직학사(敷文閣直學士)를 지냈는데, 아버지의 산수와 화조의 화법을 계승하였다.
221) 고극공(高克恭) : 중국 원(元)나라 때의 화가로 미불(米芾)과 미우인(米友仁) 부자(父子)를 사사하여 미법산수(米法山水) 양식을 정비했다.
222) 골계(滑稽) : 익살스럽거나 말주변이 뛰어남. 이런 인물들의 일화를 기록한 것을 '골계전'이라 한다.
223) ≪미양양지림·미양양지림서≫에 근거하여 본문의 '遊'를 '游'로 바꾸어 해석하였다.
224) ≪미양양지림·미양양지림서≫에 근거하여 본문의 '日'를 '月'로 바꾸어 해석하였다.
225) ≪미양양지림·미양양지림서≫에 근거하여 본문의 '拂'를 '佛'로 바꾸어 해석하였다.
226) 미불의 죽음에 관한 기록은 여러 문헌에도 기록되어 있다. 명대(明代) 주시은(朱時恩)이 편찬한 ≪불조강목(佛祖綱目)≫, ≪부수집(㵎水集)≫, ≪이견지(夷堅志)≫, ≪堯山堂外紀≫ 등이다. ≪堯山堂外紀≫ 卷五十四에 다음과 같이 기록되어 있다. "미불은 만년(晩年)에 선(禪)을 배워 깨달은 바가 있었으며 회양군에서 사망했다. 죽기 한 달 전, 집안일을 미리 처리하고 친척과 벗들에게 작별 편지를 썼으며 평생 즐기던 서화(書畫)와 기물을 모두 불태워버렸다. 관 하나를 미리 마련해 그 안에서 앉거나 누워 먹고 자며 생활하였다. 죽기 7일 전에는 훈채나 고기를 먹지 않았고 옷을 갈아입고 목욕한 후 향을 피우고 정좌(靜坐)했으며 죽을 날이 되자 여러 동료들을 불러 불진(拂塵)을 들어 보이며 '중향국에서 와서 중향국으로 돌아간다.'는 말을 마친 후 두 손을 합장하고 세상을 떠났다(米元章晩年學禪有得, 卒于淮陽軍. 先一月, 區處家事, 作親友別書, 盡焚其所好書畫奇物, 預置一棺, 坐臥飮食其中. 前七日, 不茹葷, 更衣沐浴, 焚香淸坐而已. 及期, 遍請郡寮, 擧拂示衆曰: "衆香國中來, 衆香國中去." 擲拂合掌而逝.)" 또한 미불의 게송 〈臨化偈〉에도 관련 내용이 전해진다. "중향국에서 왔다가(衆香國中來), 중향국으로 돌아가는 구나(衆香國中去). 사람들은 거세(去世)와 내세(來世)를 알고 싶어 하나(人欲識去來), 왔다가는 것은 본래 저러할 따름이네(去來事如許). 하늘 아래 한 늙은 중(天下老和尚), 윤회의 길 잘 못 들었구나(錯入輪回路)."

洛230)之時, 楚狂在芾. 其顛可及也, 其浩然之氣不可及也.]

[설명]

　북송(北宋) 미불(米芾, 1051~1107)은 시(詩)·서(書)·화(畵)에 모두 뛰어나 '삼절(三絶)'이라 불렸는데, 특히 서예에 뛰어났던 미불은 북송 4대가로 일컬어질 만큼 빼어난 일면을 보여주고 있다. 그는 유년시절 안진경(顔眞卿), 저수량(褚遂良)을 시작으로 '이왕(二王)'에 이르기까지 철저히 고법(古法)을 임서(臨書)하였고, 이에 머무르지 않고 형식과 기교의 측면보다 개성과 주관적 의취(意趣)를 강조하는 '상의서예(尙意書藝)'을 추구하여 진취적 예술가로 평가된다.

　그러나 특이한 점은 그의 예술적 성취와는 상반되게 미불의 언행은 고아(高雅)한 이미지의 예술가와는 다소 거리가 멀었다는 것이다. 심지어 그에 관한 문헌 기록을 보면, 예술적 성취보다 기이한 행동이 더 두드러질 정도이다. ≪송사(宋史)·미불전(米芾傳)≫231)에서도 이를 엿볼 수 있는데, 예술가로서 미불의 시·서·화에 대한 당대인들의 호평(好評)과 더불어 각 가지의 기행(奇行)이 소개되어 있는데, 크게 4가

---

227) 낙낙(落落) : 작은 일에 얽매이지 않고 대범함을 이르는 말.
228) 성문(聖門) : 공자가 말한 도에 이르는 문 또는 그 문하를 지칭하며 공자의 도를 전하는 것을 의미하기도 한다.
229) 수사(洙泗) : 중국의 수수(洙水)와 사수(泗水)를 지칭하는데, 중국 산동성(山東省) 곡부(曲阜)를 지나는 두 개의 강물 이름이다. 이곳이 공자의 고향에 가깝고 또 그 강물 사이의 지역에서 제자들을 가르쳤기 때문에, 보통 유가(儒家) 또는 공자의 도를 뜻하는 말로 쓰인다.
230) 염락(濂洛) : 송(宋)나라 때 학자인 주돈이(周敦頤)와 정호(程顥)·정이(程頤)를 대표하여 부르는 것으로, 이들이 살던 지역 명칭이 각각 염계(濂溪)와 낙양(洛陽)인 데서 유래함. 전하여 성리학(性理學)에 밝은 학자들이 많은 지역을 가리키기도 한다. 미불은 북송 사람이다.
세종대왕기념사업회,≪한국고전용어사전≫, 2001, 인용.
231) ≪송사·미불전≫ : "米芾字元章, 吳人也. 以母侍宣仁后藩邸舊恩, 補洽光尉. 曆知雍丘縣·漣水軍, 太常博士, 知无爲軍. 召爲書畫學博士, 賜對便殿, 上其子友仁所作≪楚山淸曉圖≫, 擢禮部員外郞, 出知淮陽軍. 卒, 年四十九. 芾爲文奇險, 不蹈襲前人軌轍. 特妙于翰墨, 沉着飛翥, 得王獻之筆意. 畵山水人物, 自名一家, 尤工臨移, 至亂眞不可辨. 精于鑒裁, 遇古器物書畵則極力求取, 必得乃已. 王安石嘗摘其詩句書扇上, 蘇軾亦喜譽之. 冠服效唐人, 風神蕭散, 音吐淸暢, 所至人聚觀之. 而好潔成癖, 至不與人同巾器. 所爲譎異, 時有可傳笑者. 无爲州治有巨石, 狀奇丑, 芾見大喜曰 : "此足以當吾拜!" 具衣冠拜之, 呼之爲兄. 又不能與世俯仰, 故從仕數困. 嘗奉詔仿≪黃庭≫小楷作周興嗣≪千字韻語≫. 又入宣和殿觀禁中所藏, 人以爲寵. 子友仁字元量, 力學嗜古, 亦善書畵, 世号'小米', 仕至兵部侍郞, 敷文閣直學士.",≪宋史≫권 444〈列傳〉제203,〈文苑6〉의〈米芾傳〉(≪二十五史≫(全12冊 중 7-8冊), 上海古籍出版社, 1986.12)

지로 구분된다. '결벽(潔癖)', '배석(拜石)', '기복(奇服)', '서화(書畫)에 집착한 소장가'이다. 그를 둘러싼 복합적 평가를 잘 보여준다.232) ≪송사≫이외에 후대 ≪벽전소사≫를 포함하여 많은 중국 전적(典籍)에서도 유사한 내용이 전해지고 있으며 그의 대표적 별호(別號)인 '미전(米癲)'이라 칭하며 묘사하고 있다.

특히 서예와 관련해서는 미불은 일생을 구서행각(求書行脚) 했을 뿐만 아니라, 서예와 불가분 관계인 지(紙)·필(筆)·묵(墨)·연(硯)에 대단히 집착하였는데, 관리였음에도 어떠한 세속의 평가와 구속도 거부하는 듯 행동하였다. 여러 일화에서 확인할 수 있는데, 황제의 벼루를 얻고는 옷소매를 먹물로 적신 채 뛰어다닌 일화233), 왕희지의 첩(帖)을 얻고자 채유(蔡攸)에게 자살할 것이라 협박한 일화234) 등은 잘

---

232) ≪송사·미불전≫ 미불의 예술가로서 호평과 각 가지 기행에 관한 기록을 살펴보면, "그의 문장은 기교(奇巧)하며 다소 난삽(難澁)한데, 전인(前人)을 답습하지 않았으며(不蹈襲前人軌轍), 서예와 그림에도 뛰어나 일가를 이루었다고 기록(特妙于翰墨, 沉著飛翥, 得王獻之筆意, 畫山水人物, 自名一家), 심지어는 왕안석(王安石)이 그의 시를 부채에 써넣었으며(王安石嘗摘其詩句書扇上), 이를 소식이 칭찬(蘇軾亦喜譽之)했다고 한다. 그의 예술적 성과에 대한 당대인들의 평가와 성과를 엿볼 수 있는 대목이다. 그와 달리 후반부는 그의 奇行에 관한 기록이 나온다. 마음에 드는 옛 서화나 기물이 있으면 반드시 얻고자 하였으며(遇古器物書畫則極力求取, 必得乃已), 당(唐)나라 사람의 의관을 모방하여 착용하였으며(冠服效唐人), 결벽증이 있어 다른 사람과 수건이나 그릇 등의 물건은 같이 쓰지 않는 등(而好潔成癖, 至不與人同巾器. 所爲譎異) 이러한 행동이 다른 사람들에게 전해져 웃음거리가 되었다고 전한다(時有可傳笑者). 더욱이 그의 대표적 기행적 행동이라 할 수 있는 '배석(拜石)'에 관해서도 전하고 있는데, 奇石을 보고는 "'내가 족히 절을 올릴만하다'라고 하며 의관을 단정히 하고는 절을 하고 그 기석을 형이라 불렀다(此足以當吾拜, 具衣冠拜之, 呼之爲兄)." 해석은 우재호 외, 〈米芾의 書藝詩를 통해 본 書藝觀〉(≪中國語文學≫ 第92輯, 2023.4), 7쪽을 따랐다.

233) 송대 하원[(何薳), 1077~1145]의 ≪춘저기문≫ 권7 〈미원장조우〉(文淵閣四庫全書 電子版, 上海古籍出版社, 2007)에 다음과 같은 기록이 전해진다. "하루는 황제와 채경(蔡京)이 간악(艮嶽, 艮岳)에서 서예에 대해 논하며, (서예에 조예(造詣)가 깊은) 미불을 불러 이르게 하였다. 그리고 큰 병풍의 글을 쓰도록 하였다. 좌우를 두리번 돌아보고는 붓과 벼루를 가져와 쓰려하자 휘종(徽宗)이 자신의 어안(御案) 사이에 놓인 단연(端硯)을 가리키며 그것을 사용하도록 하였다. (이후) 미불이 글을 다 쓰고는 이내 벼루를 받쳐 들고 무릎을 꿇으며 청하였다. "이 벼루는 신에게 내려주시어 이미 적시어 버렸습니다. 다시는 어전(御殿)에 둘 수 없사오니 신이 가지고 가게 해 주시옵소서." 그러자 휘종이 크게 웃으며 그것을 하사하였다. 미불이 춤을 추면서 사례하고는 벼루를 끌어안고 부리나케 달려갔다. 벼루에 남아 있던 묵이 도포 의 소매 자락을 적시는데도 매우 즐거워하는 얼굴색을 보였다. 황제가 채경을 돌아보며 말하였다. "미쳤다는(顚) 명성이 헛되어 얻은 것이 아니구나." (又一日, 上與蔡京論吏艮嶽, 復召芾至, 令書一大屛. 顧左右宣取筆硯, 而上指禦案間端硯, 使就用之. 芾書成, 卽捧硯跪請曰 : '此硯經賜臣芾濡染, 不堪複以進禦. 取進止.' 上大笑, 因以賜之. 芾蹈舞以謝, 卽抱負趨出, 餘墨沾漬袍袖而喜見顔色. 上顧蔡京曰 : '顚名不虛得也.')"

234) 마종곽(馬宗霍) 의 ≪서림기사(書林紀事)≫ : "미불이 진주(眞州)에 있을 때 배에서 채유(蔡攸)를 뵙게 되었는데, 채유가 왕희지의 〈왕략첩(王略帖)〉을 꺼내 보여주었다. 이에 미불이 놀라 감탄하며 그의

알려진 것들이다. 당대의 그에 대한 일부의 평가는 문자 그대로 상식에 벗어난 미친(癲) 인물이었다.

하지만 그의 집착은 단순한 사물에 대한 욕망에 그치는 것이 아니었다. 문방사우를 분석하고 정리하여 기록으로 남기는 등 단순한 애호(愛好)를 넘어섰다. 예를 들면, ≪연사(硏史)≫의 경우 26종의 벼루를 재질, 농도, 먹의 갈림, 광택 등으로 세분화하여 분석하여 기록하기도 하였다.[235] 이러한 점에서 그의 기이한 언행을 상징하는 미전(米癲)을 피상적으로 바라볼 것이 아니라 자신의 호오(好惡)와 예술적 열망을 자유롭게 추구하는 성정으로 일면 이해해 볼 수 있겠다.

당시 미불과 교유하였던 북송의 대문호 소식(蘇軾)과 황정견(黃庭堅)의 평가도 이와 같은데, 소식은 미불의 서예를 향한 광적 열정을 높이 사는 한편 비상식적 행위를 나무라기도 하였으며,[236] 황정견은 세상 사람들 그를 미치광이라 부르지만 기행 이면의 사유를 언급하며 변호하기도 하였으며,[237] 또한 지방 말단의 관직을 전

그림과 바꿀 것을 청하였다. 그러나 채유가 난색을 보이자 미불이 말하길 '만약 제 말대로 따라주시지 않으면 여기서 바로 첩을 강에 버리고 저도 빠져죽겠습니다.'하며 크게 소리치며 배의 현에서 뛰어내리려고 하자 이에 채유가 즉시 주었다. 그러자 미불이 매우 기뻐하였다(米元章在眞州, 嘗謁蔡攸於舟中, 攸出右軍王略帖示之. 元章驚歎, 求以他畫易之, 攸有難色. 元章曰：“若不見從, 某即投此江死矣.” 因大呼, 據船舷, 船欲墮. 攸遂與之, 乃喜)."

[235] 서화 관련 미불의 대표적 저술 및 미불의 문집으로는 ≪서사(書史)≫, ≪서평(書評)≫, ≪해악명언(海嶽名言)≫, ≪해악제발(海嶽題跋)≫, ≪발비각법첩(跋秘閣法帖)≫, ≪보장대방록(寶章待訪錄)≫, ≪평자첩(評字帖)≫, ≪연사(硏史)≫, ≪화사(畫史)≫, ≪방원암기(方圓庵記)≫, ≪산림집(山林集)≫, ≪보진집(寶晉集)≫, ≪보진산림집습유(寶晉山林集拾遺)≫, ≪보진영광집(寶晉英光集)≫ 등 매우 다양한데, 서예 진적(眞跡)에 대한 평가, 감식, 수장, 그리고 서예 이론에 관한 본질적인 특성 등에 관해 자신만의 관점을 제시하고 있다. 우재호 외, 〈米芾의 書藝詩를 통해 본 書藝觀〉(≪中國語文學≫ 第92輯, 2023.4), 7쪽 인용.

[236] 소식의 시 〈차운미불이왕서발미이수(次韻米芾二王書跋尾二首)〉에서 "미불이 글씨를 쓰면 하루에 천 장을 쓰는데, 평생토록 홀로 각고하여 누구와 아름다움 다투나(元章作書日千紙, 平生自苦誰與美)"라 언급하며 그의 서예에 대한 진지한 태도와 노력을 인정하면서, "비단 주머니 옥 두루마리를 끊임없이 가져오고, 찬연하게 진본을 탈취하니 최상의 지혜인 듯(錦囊玉軸來無趾, 粲然奪眞疑聖智)"라며 절도도 서슴치 않는 그의 비상식적 행동을 나무라고 있다. 한 작가의 시에서 한 인물에 대한 상반된 평가를 내리고 있는 것이다. ≪소식시집(蘇軾詩集)≫ 권29, 〈차운미불이왕서발미이수〉 중 둘째, 1536쪽. 해석은 禹在鎬, 〈蘇軾의 書藝詩를 통해 본 書藝觀〉, (≪中國語文學≫ 第71輯, 嶺南中國語文學會, 2016.04), 20쪽을 따랐다.

[237] "미불이 양주(揚州)에 있을 때 한묵(翰墨)을 즐겼는데 그 명성이 대단하였다. 그러나 그의 의관 차림이 일반적인 법도와 달랐다. 일상생활에 말수가 적고 대체로 자기의 뜻대로 행하여 사람들이 그를 일

전하였지만 진적(眞蹟)을 찾아다니며 진귀한 서화(書畫)를 배에 싣고 세상을 떠도는 그의 모습을 문인들이 시에 언급하며 고고(孤苦)한 예술가의 이미지로 묘사되어, 후대 미불은 '미가선(米家船)', '홍관월(虹貫月)'으로 불리기도 하였다.[238]

러 미치광이라 한다. 그런데 그의 시구(詩句)를 보면 매우 뛰어나니 결코 미치지 않았다. 이 사람은 아마 세속과 맞지 않아 일부러 격의 없는 행동으로 세상을 놀라게 할 따름일 뿐이리라(米黻元章在揚州, 遊戲翰墨, 聲名籍甚. 其冠帶衣襦, 多不用世法. 起居語默, 略以意行. 人往往謂之狂生. 然觀其詩句合處, 殊不狂. 斯人蓋旣不偶於俗, 遂故爲此無町畦之行以驚俗爾)."(≪山谷題跋≫ 권1,〈書贈俞淸老〉: 屠友祥 校注, ≪山谷題跋校注≫, 上海遠東出版社, 2011, 25쪽), 해석은 우재호 외,〈米芾의 書藝詩를 통해 본 書藝觀〉(≪中國語文學≫ 第92輯, 2023.4), 6쪽을 따랐다.

[238] 송대 황정견 ≪희증미원장≫ 二首其一: "창강에 밤이 새도록 무지개가 달을 꿰니, 이는 틀림없이 미가의 서화선일 터이네.(…중략…滄江盡夜虹貫月, 定是米家書畫船)."

참고문헌

[한국]

곽노봉, 〈종요의 서예연구〉, ≪한국사상과 문화≫ 제64집, 2012.

구양수 저·강민경 역, ≪귀전록≫, 학고방.

궈롄푸 지음·홍상훈 옮김, ≪왕희지 평전≫, 연암서가, 2007.

김명신, 〈≪東坡志林≫의 판본과 〈異事〉篇 연구〉, ≪中國小說論叢≫ 제71집, 2023.

김석우 지음, ≪두예 춘추학에 대한 새로운 이해≫, ㈜일조각, 2019.

김연주, 〈고개지(顧愷之)의 '천상묘득(遷想妙得)'〉, ≪조형교육≫ 68집, 2018.

김용표 역, ≪동파지림 상≫, 세창출판사, 2012.

김용표 역, ≪동파지림 하≫, 세창출판사, 2012.

김장환 譯注, ≪세상의 참신한 이야기 세설신어2≫, 신서원, 2008.

김장환 옮김이, ≪세설신어보3≫, 지식을만드는지식, 2010.

김학주 譯, ≪도연명≫, 명문당, 2013.

김학주, ≪중국문학사≫, 신아사, 2014.

남영진 역, ≪당송전기선집≫, 한국문화사.

남예지, ≪조선시대 왕희지 고사도 연구≫, 홍익대학교 대학원 석사학위 논문, 2022.

누노메 초우·정순일 옮김, ≪중국 끽다(喫茶) 문화사≫, 동국대학교출판부, 2012.

류다린(劉達臨) 지음·노승현 옮김, ≪중국성문화사≫, 심산문화, 2003.

리우이링 지음·이은미 옮김, ≪차의 향기-교양으로 읽는 중국 생활 문화≫, 산지니, 2006.

李鍾石, ≪中國 南方地域 六朝時期 馬文化의 考古學的 考察≫, 고려대학교 석사학위논문, 2018.

李海元, 〈唐詩에 나타난 西域 樂器〉, ≪中國學論叢≫ 제33집, 2011.

민관동, ≪中國古代小說在韓國研究之綜考≫, 武漢大學出版社, 2016.

박세욱, 〈顧愷之의 문학에 관한 小考〉, ≪中國語文學≫ 제48집, 2006.

배 다니엘, 〈中國 古典詩에 나타난 대나무 묘사 고찰〉, ≪中國學報≫ 제66집, 2012.

변성규 편저, ≪竹林七賢≫ 중국시인총서 당전편 205, 문이재, 2002.

세종대왕기념사업회, ≪한국고전용어사전≫, 2001.

邵玉明, 〈남방의 진물(珍物), 북방의 전기(傳奇) : 한당대(漢唐代) 여지에 얽힌 사연과 여지시의 형상 분석〉, ≪淵民學志·第18輯≫ 2012.

송희경, 〈개화기 米芾古事圖 주제의 표현양상〉, ≪美術史論壇(Art history forum)≫ Vol.39, 2014.

신동준 역주, ≪좌구명의 국어國語≫, 인간사랑, 2005.

심규호, ≪완적집≫, 문예신서 386.

심우영, ≪영회시(詠懷詩)≫, 서울 : 지식을만드는지식, 2010.

심재기, 〈酒德頌 ―古文諺解散藁(12)―〉, ≪한글+漢字문화≫, 2019.01.

우재호 외, 〈唐代 梅花詩에 나타난 梅花의 상징성〉, ≪中國語文學≫ 제61집, 2012.

우재호 외, 〈米芾의 書藝詩를 통해 본 書藝觀〉, ≪中國語文學≫ 제92집, 2023.

우재호, 〈蘇軾의 書藝詩를 통해 본 書藝觀〉, (≪中國語文學≫ 第71輯, 嶺南中國語文學會, 2016.

우재호, ≪당나라 시인들이 서예를 노래하다≫, 영남대학교 출판부, 2020.

袁宏道 저·심경호 외 역주, ≪역주 원중랑집1≫, 소명출판, 2004.

이강재, ≪논어≫, 살림, 2006.

이나미 리츠코 지음·김석희 옮김, ≪중국의 은자들≫, 한길사, 2002.

이수웅, ≪역사 따라 배우는 중국문학사≫, 2010.

이승우, ≪4000년을 걸어온 바둑의 역사와 문화≫, 현현각 양지, 2010.

이조(李肇)) 지음·이상천 역주, ≪당국사보≫, 학고방, 2006.

임어당 저·진영희 역, ≪소동파 평전≫, 지식산업사, 2012.

임원빈, 〈林逋 詩歌의 內容考察〉, ≪중국학연구≫제58집.

임종욱 외, ≪중국역대인명사전≫, 2010.

장기근 저, ≪백락천≫, 석필, 2006.

전경욱, ≪한국전통연희사전≫, 2014.

전관수, ≪한시어사전≫, 국학자료원, 2007.

정세진, 〈예찬의 淨과 至味 추구〉, ≪중국문학≫ 제113집, 2022.

정용석 외, 〈≪향보≫에 나타난 향기요법에 대한 고찰〉, ≪한방재활의학회지≫ VoL. 9. No 1. 1999.

조기형 외, ≪한자성어·고사명언구사전≫, 이담북스, 2011.

조민환, 〈倪瓚의隱逸적 삶과 회화미학의 상관관계에 관한 연구〉, ≪한국사상과 문화≫ 제91집,

2022, 414~415쪽.

차주환, ≪중국시론≫, 서울대학교출판부, 2003.

최병규 지음, ≪중국 시가와 소설의 입문서≫, 한국문화사, 2008.

최은철 편역, ≪서예술사전≫, 서예문인화, 2014.

포송령 지음·김혜경 옮김, ≪요재지이·3권≫, 민음사, 2003.

한국고전번역원 김철희 역, ≪성호사설(星湖僿說)·제5권·만물문(萬物門)≫

한국고전번역원 신호열 역, 1988, ≪阮堂全集·제4권·서독(書牘)·〈與金君〉≫

한국고전번역원 양주동 역, ≪동문선·제6권·칠언고시≫, 1968.

한국고전번역원 임정기 역, ≪목은시고(牧隱詩稿)≫제24권.

한국고전번역원 임창순 역, ≪동문선(東文選)·제100권·傳·국순전(麴醇傳)≫

한국고전번역원 전주대학교 한국고전학연구소·한국고전문화연구원·서종태(역), ≪존재집(存齋集)≫ 卷二十·잡저(雜著)

한국사전연구사 편집부, ≪미술대사전(인명편)≫, 1998.

한국사전연구사, ≪미술대사전(인명편)≫, 1998.

한국사전연구사, ≪종교학대사전≫, 1998.

한국인문고전연구소, ≪중국인물사전≫

허우범, ≪삼국지 인물≫, 차이나랩.

許抗生 외·김백희 역, ≪위진현학사·상≫, 세창출판사, 2013.

許抗生 외·김백희 역, ≪위진현학사·하≫, 세창출판사, 2013.

혜강 지음·한홍섭 옮김, ≪혜강집≫, 소명출판, 2006.

Stephen Owen 저·장세후 역, ≪초당시≫, 중문출판사, 2000.

[중국]

干國詳, 〈何故作驢鳴〉, ≪教育研究與評論≫ 2017年 第6期.

杜正乾, 〈儒士悲歌 : 唐衢生平事迹考索〉, ≪史志學刊≫ 2023 第3期.

李丹丹, 〈≪世說新語≫中"驢鳴"的文化意義分析〉, ≪牡丹江師範學院學報≫ 2011年 第6期.

司马迁, ≪史記≫, 中華書局, 北京, 1982.

石學敏, ≪针灸學≫, 中國中医药出版社, 北京, 2007.

章宏偉, 〈明代科擧与出版业的關系─以湯賓尹爲例〉, ≪學習与探索≫ 2013年 第12期
張榮東, ≪中國古代菊文化硏究≫, 南京師範大學 博士學位論文, 2008.
錢伯城 箋校, ≪袁宏道集箋校≫, 上海古籍出版社, 1981.

[원전]

≪梁書·劉峻列傳≫
≪孟子·離婁章句≫
≪三國志≫
≪世說新語≫
≪蘇軾詩集≫
≪宋書·劉穆之傳≫
≪宋書·後廢帝紀≫
≪宋稗類鈔≫
≪語林≫
≪錢氏私志≫
≪晉書·卷五十一≫
≪晉書·杜預傳≫
≪晉書·陸雲傳≫
≪晉書·阮籍列傳≫
≪晉書·王戎列傳≫
≪晉書·王濟列傳≫
≪晉書·王濟傳≫
≪晉書·王羲之傳≫
≪晉書·嵇康傳≫
≪晉書·和嶠列傳≫
≪晉書·皇甫謐列傳≫
≪春渚紀聞≫

역저자

❑ 金宰賢
- 영남대학교 중국언어문화학과 박사 수료
- 한중경제사회연구소 사무국장

❑ 樓澤園
- 中國 丽水學院 民族學院(人文學院) 漢語言文學系 講師
- 영남대학교 중국언어문화학과 박사

❑ 劉晨旭
- 영남대학교 중국언어문화학과 석사 과정

중국의 기막힌 옛사람들
— 벽전소사(癖顚小史)

초판인쇄 _ 2024년 8월 20일
초판발행 _ 2024년 8월 23일

편저자 _ [明] 華淑
역저자 _ 金宰賢・樓澤園・劉晨旭
펴낸이 _ 장의동
발행처 _ 중문출판사
주소 _ 대구광역시 중구 봉산문화길 70
전화 _ (053) 424-9977
등록번호 _ 1985년 3월 9일 제 1-84

ISBN _ 978-89-8080-650-8 93910

정가 _ 20,000원